Kyra Kasper

FALSCH VERBUNDEN…
oder auch nicht

Roman

Die Deutsche Nationalbibliothek verzeichnet diese Publikation in der Deutschen Nationalbibliografie; detaillierte bibliografische Daten sind im Internet über dnb.d-nb.de abrufbar.

Ungekürzte Lizenzausgabe
Herstellung und Verlag: Books on Demand GmbH, Norderstedt

Einbandgestaltung: Kyra Kasper
Einbandfoto: Patrick Soboll

ISBN-Nr.: 9-78383705-098-1

Das Buch

Eine schnell dahin gekritzelte Handynummer verbindet Tom
fälschlicherweise mitten in der Nacht mit einer jungen Frau. Allein ihre
Stimme bringt Tom ins Schwärmen und er setzt alles daran, die
Fremde kennen zu lernen. Als er endlich am Ziel seiner Träume
scheint, passiert ein schreckliches Verbrechen, dass sämtliche
Seifenblasen zum Platzen bringt. Aber Tom gibt nicht auf ...

Die Autorin

Kyra Kasper wurde 1964 in Marl (Westfalen) geboren. Im Mai 2008
entstand die Idee zu ihrem ersten Buch. Sie lebt auch heute noch in
Marl und hat zwei Söhne.

Für Patrick und Robin

Danke, dass Ihr zwei an mich geglaubt habt. Ihr seid die besten Kinder, die sich eine Mutter nur wünschen kann. Ich bin unendlich stolz auf Euch.
Ein Dankeschön an Patrick für das wunderschöne Coverdesign.

Danke außerdem an meine beste Freundin Christa. Ohne deine Unterstützung und deinen Glauben an mich wäre dieses Buch nicht das, was es ist.

1

Es ist wieder einer dieser nicht enden wollenden Samstagabende. Sarah Müller sitzt alleine zu Hause. Sie ist 29 Jahre alt. Zum tausendsten Mal an diesem Abend verflucht sie, nicht mit Linda, ihrer besten Freundin in die Disco gegangen zu sein. Aber sie ist in letzter Zeit wirklich nur noch eine Spaßbremse. Ihrer Stimmung nachgebend, hat sie sich heute Abend Titanic auf DVD angeschaut. Mit einer Packung Taschentücher, einer Schachtel Pralinen und einer großen Tasse Cappuccino hat sie es sich auf ihrer gemütlichen Couch bequem gemacht.

Diese Couch ist auch ein Wunsch, den Sarah sich nach langem Sparen erfüllen konnte. Sie liebt dieses Designerstück. Beim Schnüffeln im Internet ist sie auf die Seite einer bekannten Designerfirma gestoßen. Sarah hatte schon immer ihren eigenen Geschmack und hatte sich sofort in das Sofa beziehungsweise eher die Recamiere Gaudi verliebt. Aus rotem Samt mit goldenen Klauenfüßen. Über 2000 Euro musste sie dafür sparen und statt einen dazu passenden Sessel zu nehmen musste sie sich in den Riesensessel der Linie Slow Rider verlieben. In dem gleichen dunkelroten Samtstoff mit dem silbernen Paisley Muster wie die Recamiere musste sie alleine dafür fast genauso viel hinlegen wie für das Sofa. Sarah ist stolz auf ihre Wohnung. Im Gegensatz zu den Sitzmöbeln im Wohnzimmer ist das verchromte Regalstecksystem nicht gerade das, was Designer in den grünen Klee loben würden. Aber der jungen Frau gefällt es. Eine graue Tapete und ein silbergrauer Teppich passen genauso in das Ambiente, wie der verchromte Wohnzimmertisch. An der Wand hat ein Kunstwerk Einzug gehalten, das sie selbst als Kind gemalt hat. Ein einfaches rotes Herz auf etwas hellerem rotem Grund. Eine Stereoanlage vermisst man ebenso, wie irgendwelche anderen High Tech Geräte. Allein ein einfacher Fernseher und ein DVD Player sind im Regal zu finden und jede Menge Bücher.

Sie lässt ihr Leben Revue passieren. Gut, sie hat einen guten Abschluss in der Schule gemacht, hat dann die Ausbildung als Rechtsanwaltsfachangestellte mit sehr guten Noten abgeschlossen. Hat eine wunderbare Anstellung und arbeitet gewissenhaft in einer renommierten Anwaltskanzlei in Hamburg. Mit ihren Kollegen und den Chefs kommt sie gut klar, hat aber außerhalb der Arbeit keinerlei Kontakte zu ihnen. Job ist Job und Heim ist Heim, das war eigentlich immer ihre Devise.

Bis... ja bis vor zwei Jahren dieser wahnsinnig gut aussehende und charmante David Worris als Rechtsreferendar der Kanzlei beigetreten ist. Sie hatten sich beide Hals über Kopf ineinander verliebt. Sarah hatte alle ihre Bedenken, die ihr Kopf ihr in den Weg gestellt hatte beiseite gefegt und dieses Mal ihr Herz entscheiden lassen. Was für eine Farce.

Es waren mehr als leidenschaftliche eineinhalb Jahre für sie beide gewesen. Aber dann tauchte eines Tages eine dunkelhaarige und sehr braun gebrannte Schönheit in der Kanzlei auf. Groß gewachsen, sehr elegant, sehr schlank, strahlend weiße Zähne und ein gnadenlos herzliches Lächeln. Sie stellte sich als Frau Sarina Worris vor und fragte, ob sie ihren Mann sprechen könne.

In diesem Moment fiel Sarah aus allen Wolken. Sie brachte kaum ein Wort zustande und stammelte nur wirres Zeug. Gut, dass ihre Kollegin Britta Knopf die Sache sofort durchschaut hatte und Frau Worris in das Büro ihres Mannes geführt hatte. Sarah nahm wortlos ihre Tasche und sagte zu Britta, dass sie sich nicht wohl fühle und zum Arzt gehen müsse. Die Kollegin nickte nur teilnahmsvoll. Sarah ging wie in Trance nach Hause und setzte sich auf ihren Lieblingssessel. Dieser sündhaft teure Schaukel-Sessel, bei dem das Untergestell fest auf dem Boden stand, und die Sitzfläche des Sessels sich bei Bedarf sanft hin und her wiegen konnte.

Sie erinnerte sich noch, als ob es gestern war:

Stundenlang und ohne eine Träne zu vergießen hatte sie in diesem Sessel gesessen. Sie stand unter Schock. Das konnte doch nicht ihr passiert sein. Das war jetzt nicht wirklich geschehen.

Am Abend klingelte das Telefon bei ihr. Sie hatte den Anrufbeantworter noch nicht abgeschaltet und so hörte sie ihre eigene Ansage: „Hallo, Sie sind mit dem Anschluss von Sarah Müller verbunden. Leider bin ich im Moment nicht zu Hause. Entweder lasse ich mich von meinem Chef ärgern oder ich bin mit meinem Schatz unterwegs. Bitte hinterlassen Sie eine Nachricht nach dem Signalton ... Pieeep..." David meldete sich: „Schatz, Sarah, bitte, es ist nicht so wie du denkst. Ich wollte es dir ja schon lange sagen. Aber irgendwie hat sich halt nie der richtige Zeitpunkt gefunden. Sarah bitte, ich weiß dass du zu Hause bist. Nimm doch bitte den Hörer ab. Wir müssen miteinander reden."

Da kamen sie auf einmal. Die Tränen die den ganzen Tag nicht geflossen sind kamen nun wie ein Sturzbach aus ihr herausgeschossen. Sie konnte nicht mehr aufhören zu weinen. Das Telefon klingelte wieder und wieder. Sie schaltete den Anrufbeantworter ab.

Nein, sie wollte keinerlei Ausflüchte hören wie, wir hatten eine Krise, es lief nicht so gut, ich habe mich in dich verliebt, ich meinte es ehrlich. Na klar, er meinte es ehrlich, dachte sie sarkastisch, so ehrlich, dass er wieder zu seiner wohlhabenden Frau, deren Vater ein bekannter und einflussreicher Anwalt in München war, zurückging.

Es klingelte an der Tür. Sie reagierte nicht, bis sie Linda an der Tür hämmern hörte, sie solle endlich aufmachen. Sie wisse, dass sie zu Hause sei, weil sie das Licht im Wohnzimmer habe brennen sehen.

Wie eine Schlafwandlerin ging Sarah zur Tür und öffnete ihrer besten Freundin. Linda erschrak und wollte wissen was los war. Sarah erzählte ihr unter Tränen, was vorgefallen war.

Linda nahm das Telefon und rief Britta, Sarahs Kollegin an. „Hallo Britta, hier ist Linda. Du weißt ja, was heute vorgefallen ist oder?" Pause „Kannst du für Sarah bitte zwei Wochen Urlaub eintragen? Sie ist im Moment wirklich nicht in der Lage in die Kanzlei zu kommen. Ich denke mal, das wirst du dem Chef ja nicht großartig erklären zu brauchen oder?" Wieder Pause. „Ist in Ordnung, ich richte es ihm aus. Ich brauch ja nicht fragen, wie es Sarah geht. Bitte kümmere dich um Sie und richte ihr liebe Grüße aus." Nachdem Linda Britta das Versprechen gegeben hatte, beendeten sie das Telefonat.

Linda Abu Khamel war schon immer die energischere von den beiden Freundinnen gewesen. Während Sarah klein, blond und blauäugig daherkam, und in jedem Menschen die Beschützerinstinkte weckte, trat Linda wie eine Amazone auf. Sie war hoch gewachsen mit ihren einmeterfünfundsiebzig. Sehr schlank und hatte einen Gang wie eine Raubkatze. Sie hatte einen so dunklen Teint, den sie mit Sicherheit ihrem aus Dubai stammendem Vater zu verdanken hatte. Große braune, nein fast schwarze Augen, die einen zu durchbohren schienen, strahlendweiße Zähne, die jeder Zahnpastareklame den Neid hochgetrieben hätten und eine schwarze Haarmähne, die ihr in wilden Locken bis zu ihrem süßen Po hinunterfiel. Das einzige, was in diese perfekte

Erscheinung überhaupt nicht zu passen schien, waren die vorwitzigen Sommersprossen, die sich auf Lindas Nase und Wangen tummelten. Ein Erbe ihrer irischen Mutter.

Sarah sah Linda nur an. „Und was bitte schön, soll ich nach den zwei Wochen machen? Ich kann unmöglich wieder in der Kanzlei arbeiten, wenn David noch dort ist." Linda antwortete „Britta hat mir gerade gesagt, dass der Chef heute bekannt gegeben hat, dass David die Firma verlässt und bei seinem Schwiegervater als Partner in die Kanzlei einsteigt." Sarah schaute Linda traurig an. Ein langes Schweigen entstand.

„Na klar, so ehrlich meinte er es was? Natürlich zurück zu Schwiegerpapa in die Firma. Als Partner. Und natürlich wollte er nur Erfahrungen außerhalb des Familienbetriebes sammeln. Was für ein Heuchler."

Erneut flossen Tränen. Linda wusste, dass sie Sarah jetzt nicht trösten durfte. In Solchen Situationen konnte ihre Freundin es nicht ertragen, wenn jemand den Arm um sie legte und trösten wollte. Sie musste allein damit fertig werden. Also setzte sie sich nur daneben und beide schwiegen den ganzen Abend.

Jetzt, ein halbes Jahr später, hatte Sarah sich wieder gefangen. Aber die Erinnerung tat immer noch sehr weh. Warum musste ihr das eigentlich passieren? In ihren Gedanken nahmen die Einrichtung einer gemeinsamen Wohnung immer wieder Formen an. Naja er hatte dazu eigentlich nie wirklich etwas gesagt. Jetzt im Nachhinein musste sie zugeben, dass er über sämtliche Zukunftspläne, die sie ansprach immerzu schwieg. Warum war ihr das eigentlich niemals aufgefallen?

Sarah ging weiterhin ihrer Tätigkeit im Büro nach. Es wurde nach ihrem Urlaub über dieses Thema nie wieder gesprochen und auch der Name Worris wurde nicht wieder erwähnt.

Abgehakt. So einfach war das jedoch für Sarah nicht.

Im letzten halben Jahr vergrub sie sich nur noch allein zu Hause. Linda war oft genug abends vorbeigekommen und zerrte sie förmlich an den Haaren nach draußen. War mit ihr ins Kino gegangen, ins Musical gefahren, hatte sie mit zu Freunden geschleift.

Aber Sarah wollte keine anderen Männer kennen lernen. Zu tief saß die Enttäuschung.

Sarah schaltet den DVD Player aus. Sie geht ins Badezimmer, lässt das Wasser in die Wanne laufen. Ein schönes Vanilleölschaumbad wird großzügig in das Wasser gekippt. Sie schaut auf die Uhr. Es ist halb zwölf. Ein wenig in der heißen Wanne relaxen. Vielleicht macht das und ein Glas Wein dann so müde, dass sie mal wieder durchschlafen kann. Vielleicht?

Sie zieht sich ihre alte verbeulte Jogginghose aus, und ihr Shirt. Packt beides in den Wäschekorb. Sie schaut in den Spiegel. Was sie sieht, schaut gar nicht mal schlecht aus. Sarah ist klein nur ganze einmetersechzig. Aber sie wiegt auch nur neunundvierzig Kilo. Sie hat einen knackigen Po und ein paar sehr hübsche Brüste, die so manchen Mann schon ins Schwärmen gebracht hatten. Für ihre Größe fand Sarah, waren die zwar ein wenig zu groß, aber sie würde nie an sich rumschnippeln lassen, nur allein der Schönheit wegen. Sie hatte langes blondes Haar. Naturlocken, die sie regelmäßig zur Verzweiflung brachten. Wie oft wollte sie sich die Haare schon kurz schneiden lassen? Aber dann würden sie sich noch mehr kringeln, also ließ sie es lieber sein.

Ihre mandelförmigen Augen strahlen in einem tiefen Blau und ihre kleine Stupsnase hatte ihr schon manche Sprüche eingebracht. Sie schmunzelt leicht. Naja altes Mädchen, vielleicht wird für dich auch bald die Sonne wieder scheinen, denkt sie sich und steigt in das heiße Nass.

Wohlig reckt und streckt sie sich in der Wanne. Als das Wasser sich abkühlt, nimmt sie ihren riesigen Badeschal, wickelt sich ein und begibt sich ins Bett. Ihre Haare werden unter einem Handtuchturban versteckt. Mit ihrer Lieblingsdecke kuschelt sie sich tief ein und schließt die Augen. Aber zur Ruhe kommt sie nicht.

Sie schaut auf die Uhr. Es ist mittlerweile schon nach zwei Uhr. Sie muss etwas gegen ihre Schlaflosigkeit tun denkt sie. In diesem Moment klingelt ihr Handy. Sie schaut auf das Display. „unbekannter Teilnehmer" steht dort. Sie geht ran und meldet sich: „Hallo, hier ist Sarah, mit wem spreche ich denn bitte?" Pause, dann ein Räuspern. „Äh hallo, hier ist Thomas Schäfer, äh, na ja, ich glaube ich habe mich verwählt. Sorry."

„Oh, kein Problem", sie will gerade auflegen, da hört sie „Sie haben eine sehr nette Stimme. Darf ich mich bei Ihnen noch mal melden?" Wieder Pause. Mittlerweile ist sämtliche Schläfrigkeit aus Sarah gewichen. „Naja, Thomas? Ich kenne Sie nicht und auch Sie wissen doch gar nichts von mir. Wen wollten Sie eigentlich erreichen?" ‚Oh Mann', denkt sie, ‚musst du wieder so neugierig sein?'

„Oh Entschuldigung. Ich wollte meinen Kumpel Mike anrufen. Der kommt heute aus dem Urlaub und ich sollte ihn eigentlich vom Flughafen abholen. Ich habe mit ihm vereinbart, dass ich mich um zwei Uhr bei ihm melde, aber er hat mir wohl seine Nummer falsch aufgeschrieben. Nun, so richtig böse bin ich ihm nicht, denn allein weil ich Sie nun am Telefon habe, müsste ich ihm dafür eigentlich einen ausgeben." Er lacht. Ein dunkles sympathisches Lachen, genau wie seine Stimme.

Vor ihrem inneren Auge bildet sich verschwommen ein Bild. Nebelartig zwar, doch das, was sich durch den Nebel ihrer Fantasie zeigt, macht sie neugierig. „Also Sarah?" „Ja bitte?" „Darf ich Sie denn nun noch mal anrufen?" Sarah schmunzelt ein wenig über die schon ziemliche Frechheit ihres Telefonpartners. „Ja na also darf ich Sie mal fragen, wie alt Sie eigentlich sind?" „Oh aber klar doch. Ich bin 35 Jahre alt, Sarah. Und wie alt sind Sie?" Wieder hört sie sein leises Lachen und stellt sich vor, wie sich um seine Augen Lachfältchen bilden. „Ich bin 29 Jahre alt", hört sie sich sagen und lauscht, irgendwie abwartend und gespannt. Die ganze Situation ist schon irgendwie absurd. Sie telefoniert mit einem Wildfremden und ihr Herz klopft. Sie ist fast atemlos vor Spannung. „Ich würde Sie wirklich gerne noch einmal anrufen. Dann aber vielleicht zu einer anderen Tageszeit." Wieder dieses Lachen. „Sie haben eine sehr nette und sympathische Stimme. Darf ich diese Nummer unter Sarah bei mir abspeichern?" Jetzt ist es an ihr zu lachen. Glockenhell, und ihn kribbelt es auf einmal in seinem Bauch, als ob ein Geschwader Hubschrauber soeben dort gestartet ist.

Zu ihrer eigenen Überraschung hört sie sich sagen „Ja, das dürfen Sie, aber wenn Sie meine Nummer schon unter ‚Sarah' abspeichern, sollten wir dann nicht auch ‚Du' zu einander sagen?" Atemlos wartet sie auf seine Antwort die wie aus der Pistole geschossen kommt. „Ja natürlich, gerne. Du Sarah, es ist so spät. Ich hoffe inständig, dass ich dich nicht geweckt habe oder?" Sie lächelt „Nein das hast du nicht. Ich hatte die letzte Zeit einige schlaflose Nächte." Oh Mann, wie kommt sie dazu, ihm von ihren Problemen zu erzählen. Schon hört sie ihn sagen, dass es ihm ähnlich gehen würde. Er wolle sie aber nicht weiter von ihrer Nachtruhe abhalten und wünsche ihr eine gute Nacht und schöne Träume. Sie erwidert ganz automatisch „Ja Gute Nacht und schlaf gut." Dann ist das Gespräch beendet.

Sie legt sich wieder ins Bett und lässt das Gespräch Revue passieren. Hat dies wirklich stattgefunden? Lange liegt sie noch wach und überlegt, ob er sich wohl wirklich wieder meldet? Leicht irritiert, doch in ihrem Kopf ein verschwommenes Bild von einem Mann, schläft sie schließlich ein.

Zur gleichen Zeit wählt Thomas die Festnetznummer von Mike. Eine ziemlich verschlafene Stimme meldet sich. Als er hört, wer am Apparat ist, schimpft er gleich los. „Mensch Tom, ich habe vor über einer Stunde mit deinem Anruf gerechnet. Jetzt habe ich mir ein Taxi genommen um nach Hause zu fahren." Thomas lacht. „Naja du hast mir ja deine Handy Nummer gegeben und ich habe auch dort angerufen." „Nee, is klar Alter", brummelt Mike „deshalb hat mein Handy auch nicht geklingelt oder was?" „Ja Alter", Tom lacht immer noch „du hast mir wohl deine Nummer falsch aufgeschrieben. Ich habe eine junge Dame aus dem Schlaf gerissen." Tom erzählt Mike was passiert war und nach ein paar Minuten hat er einen gespannten und gar nicht mehr so verschlafenen Zuhörer.

Mike fragt Tom Löcher in den Bauch, aber außer ihrem Namen und ihr Alter weiß Tom ja fast gar nichts über sie. Ihre Stimme klingt ihm immer noch in den Ohren. Und auch dieses Bauchkribbeln hat noch nicht wirklich nachgelassen. „Mike, sag mal, meinst du ich soll sie wirklich wieder anrufen?" Tom ist ein wenig verunsichert.
„Ja na klar doch. Warum denn nicht? Was hast du zu verlieren? Du bist doch sowieso schon viel zu lange alleine."

Sie unterhalten sich noch eine Weile über Mikes Urlaubsreise und verabschieden sich mit den Worten „bis Montag".

Tom Schäfer und Mike Haringer sind beste Freunde seit der Schulzeit. Streiche wurden gemeinsam ausgecheckt, Kämpfe gemeinsam ausgetragen. Es kam nie vor, dass nur Tom ein blaues Auge hatte, Mike hatte dann mit Sicherheit auch eines oder umgekehrt. Sie waren wie Geschwister, nur mit verschiedenen Eltern.

Nach der Schulzeit absolvierten beide ihre Ausbildung in einer Autowerkstatt. Danach waren sie gemeinsam zur Meisterschule gegangen und hatten sich vor ein paar Jahren mit einem Autohandel mit angeschlossener Werkstatt selbstständig gemacht. Das Geschäft florierte. Sie konnten sich nicht beklagen.

Tom sah eigentlich recht gut aus. Er war ganze einsneunzig groß, hatte durch die körperliche Arbeit sein Sixpack und seine Armmuskeln ziemlich trainiert, hatte schwarze kurze wellige Haare und seine stahlblauen Augen konnten nicht nur freundlich durch die Welt schauen. Er war meist ein wenig unrasiert und hatte eine – wie nannte Mike sie noch – Adlernase.

Leider lief es in Toms Privatleben nicht so glatt. Er lernte vor fünf Jahren Steffi kennen und lieben. Sie waren unzertrennlich, hatten dann vor drei Jahren geheiratet. Es war eine Traumhochzeit und es schien, dass der Himmel nur für Tom und Steffi die Sonne scheinen ließ. Sie waren glücklich wie Tom es nie in seinem Leben für möglich gehalten hatte.

Die Krönung war dann vor zwei Jahren, als Steffi ihm eröffnete, dass sie schwanger sei und sie Eltern werden würden.

Doch dann schlug das Schicksal grausam zu. Kurz nach dieser himmlischen Eröffnung, die ihn und Steffi noch eine Wolke höher trugen, passierte es. Steffi war mit dem Auto unterwegs zur Werkstatt, weil sie Tom noch Papiere vorbeibringen wollte, die er daheim vergessen hatte. Unterwegs an einer defekten Ampel geschah es dann. Der Lkw Fahrer war kurz eingenickt. Sekundenschlaf sagte die Polizei hinterher. Er fuhr mit voller Geschwindigkeit in die linke Seite von Steffis kleinem Mini. Steffi war auf der Stelle tot.

Als die Polizei zu Tom in die Werkstatt kam, dachte er, sie würden ihn nach einem Unfallwagen befragen. Aber dann kam die ganze Grausamkeit heraus. Tom stand unter Schock. Mike und die Polizisten mussten ihn ins Krankenhaus bringen, und dort verbrachte er mehrere Wochen, bis er wieder einigermaßen er selbst war.

Seine Trauer wollte nicht enden. Er redete sich immer wieder ein, dass er Schuld an Steffis Tod war. Egal, wer ihm widersprach, er beharrte stur wie ein alter Maulesel auf seinem Standpunkt.

Nun, das war jetzt zwei Jahre her, na ja eigentlich 22 Monate, 5 Tage und 11 Stunden. Er würde diesen Moment in seinem Leben nicht vergessen.

Aber er hatte auch gemerkt, dass das Leben weiter ging. Ganz normal. Er verstand es lange Zeit nicht. Wieso konnte alles so normal weiter gehen, wenn doch für ihn die Welt zusammengebrochen war?

Und nun heute dieser Anruf. Es war das erste Mal seit langer Zeit, dass sein Bauch mit so einem Kribbeln auf eine Frauenstimme reagierte. Sie hörte sich an wie ein Engel. Mensch Tom, er ruft sich selbst zur Besinnung. ‚Vielleicht ist sie total dick, hat vorstehende Zähne und eine dicke Hornbrille. Bilde dir jetzt bloß nichts ein.' Seufzend legt er sich ins Bett und schläft ein. Im Traum erscheint ihm jedoch eine kleine weibliche, sehr zierliche Person mit langen blonden Haaren.

2

Die Sonnenstrahlen schleichen sich durch das geschlossene Fenster und kitzeln sie. Sarah schlägt die Augen auf und schaut auf die Uhr. Es ist 13.20 Uhr. Das darf doch wohl nicht wahr sein. Sie hat den ganzen Morgen verschlafen. Gähnend steht sie auf und geht zum Telefon. Sie wählt Lindas Nummer. Nach zweimal klingeln meldet sich eine auch nicht ganz wache Linda „Ja hallo", gähnt sie ins Telefon „Hey Süße warum rufst du so früh an? Was ist passiert?"

Sarah lacht. „Es ist passiert, dass wir wohl beide verschlafen haben. Wir haben schon nach 13 Uhr. Wollten wir nicht heute auf diese Ausstellung und danach essen gehen?"

„Oh Mann, ja", fluchend schimpft Linda vor sich hin. „Also die Ausstellung war doch nur vormittags oder? Sollen wir dann gleich nur essen gehen? Was meinst du? Ich brauch ne Zeit, sollen wir uns um 17 Uhr im Au Quai treffen? Wir können ja nach dem Essen noch etwas über den Dom schlendern. Was meinst du?"

Der Hamburger Dom ist das größte Volksfest im Norden Deutschlands. Es gibt den Frühjahrsdom, den Sommerdom und den Winterdom. Dieses Volksfest findet in der Regel einen ganzen Monat lang statt.

„Ja das ist schon in Ordnung. Ich brauch auch erst mal ne Weile zum wach werden." Dann erzählt sie Linda von dem nächtlichen Telefonat. Sofort ist Linda hellwach. „Hat er sich heute schon gemeldet?" will sie wissen. Sarah verneint, schaut aber vorsichtshalber noch mal auf ihr Handy um zu sehen, ob er vielleicht doch schon eine Nachricht geschrieben hat. Doch das Display zeigt nichts Derartiges an.

Leise seufzt sie. Doch das hätte sie in Lindas Hörweite lieber nicht getan. Linda hört in solchen Sachen die Flöhe husten und ist sowieso in der ganzen Clique als Madame Kuppelfee bekannt.

„Süße lass uns da gleich beim Essen drüber reden ja?" versucht Sarah aus den Fängen ihrer Freundin zu entkommen. Nach einigem Hin und Her ist Linda damit einverstanden. Sie beenden das Gespräch. Tief seufzend geht sie in die Küche und schaltet ihre Kaffeemaschine an, um sich einen starken Kaffee zu machen. Warum hat sie ausgerechnet Linda davon erzählt. Sie schüttelt leicht schmunzelnd den Kopf. Madame Kuppelfee wird keine Ruhe geben, bis sie nicht die kleinste Kleinigkeit herausgefunden hat. Na das kann ja gleich heiter werden, denkt die junge Frau und begibt sich ins Bad, um ihre Morgentoilette zu verrichten.

Das Au Quai ist ein inspirierendes Lokal, wo man sowohl einen Business-Lunch einnehmen kann, aber auch einen ganz gemütlichen privaten Abend verbringt. Es handelt sich zum einen um ein Restaurant und zum anderen um einen exklusiven Club, der von den Inhabern aus einem klassischen Kühlhaus umgebaut wurde. Geschaffen für die schönste Nebensache der Welt: vorzügliches Essen. Linda hatte mitgedacht und auf der Panoramaterasse direkt an der Elbe einen Tisch bestellt. Sowohl Linda, als auch Sarah lieben die mediterrane Küche über alles. Nebenan im Au Quai Club La Nuit runden die verglaste Holzterasse die Ganzheit des Konzeptes ab. Obwohl sehr exklusiv gestaltet, bietet das Au Quai auch etwas für den normalen Geldbeutel der beiden Freundinnen, die sich gerade auch samstags hier gerne mal aufhalten um die verschiedenen DJ's, Events und Veranstaltungen mitzuerleben.

Als Linda endlich im Au Quai eintrifft, völlig aus der Puste und mit verzaustem Haar muss Sarah doch lachen.

„Was hast du wieder angestellt, dass du so ausschaust", lacht sie, umarmt Linda und gibt ihr rechts und links ein Küsschen auf die Wange. „Ich habe schon mal einen Wein für uns bestellt. Ist dir der 2006er Riesling Klassik Anselmann recht?" die Freundin zwinkert Linda zu. Sie weiß genau, dass dies der einzige Wein ist, den Linda nicht mag. Linda schüttelt sich auch sofort. „Ist ja schon gut", lacht Sarah „ich habe uns je ein Glas Lanson Black Label bestellt. So zur Feier des Tages. Ich habe das Gefühl, ich muss einen neuen Lebensabschnitt beginnen."

Linda runzelt die Stirn und schaut Sarah ungläubig an. „Sag jetzt bloß dass hat dieser Typ, der dich heute Nacht angerufen hat, bewirkt? Und ich versuche dir das schon seit so vielen Monaten in den Kopf zu hämmern." Kopfschüttelnd erwidert ihr Gegenüber, „na ja, es kann sein, dass dieser Anruf ein Anstoß war. Aber ich habe die letzten Tage sowieso sehr viel nachgedacht. Weißt du, ich glaub dieser Anruf hat mir dann den letzten Schubs gegeben."

„Muss ja ein toller Typ sein", nuschelt Linda und steckt sich eine Zigarette an. „Mensch Linda, hier darf man doch nicht mehr rauchen, mach die sofort wieder aus." „Quatsch Süße, was glaubst du, warum wir hier draußen sitzen", schmunzelt Linda. „Also erzähl mal von diesem Mister Supermann."

Der Kellner kommt und bringt den Wein. Er schaut die beiden Frauen fragend an. Linda kann es nicht lassen und flirtet auf Teufel komm raus mit ihm. Der arme Kerl bekommt einen puterroten Kopf und weiß nicht genau, wohin er schauen soll. Sie ist aber auch ein Biest. Sie muss sich natürlich mit ihrem weit ausgeschnittenen Shirt genau so hinsetzen, dass dem netten Kerl fast die Augen raus fallen. Sarah versteckt sich hinter ihrer Speisekarte. Sie kann sich das Lachen nicht verkneifen. Als der Kellner jedoch ziemlich verwirrt und leicht stotternd nach ihren Wünschen fragt, bestellt sie in ihrem besten Französisch für ihre Freundin und sich: einen Ruccola Salat mit Parmesan, Pinienkernen und Balsamico Vinaigrette, einen Loup de Mer mit Kräutern für sich, eine Bouillabaisse von Fisch und Krustentieren mit Sauce Rouille, Parmesan, Knoblauch und Brotchips für Linda. Der Kellner fragt nach dem Dessert und sowohl Linda als auch Sarah lehnen dies dankend ab.

Linda grinst wie ein Honigkuchenpferd. „Musstest du wieder so angeben Süße?" „Naja manchmal macht es halt Spaß", erwidert Sarah. „Aber musstest du denn den armen Kerl so in die Verlegenheit bringen? Der wusste ja gar nicht mehr wo er hinschauen sollte. Das Dessert holen wir uns später auf dem Dom oder?" fragt sie ihre Freundin. Linda nickt zustimmend und kann sich kaum halten vor lachen. Der Mädelabend hat ja gut angefangen. Wenn die beiden zusammen stecken, kommt meistens nur Unsinn dabei heraus. Sarah nippt an ihrem Wein und ist begeistert. Auch Linda rollt ihre Augen schwärmerisch gen Himmel und meint trocken, dass man sich diesen Luxus wirklich mal öfter leisten sollte.

In diesem Moment piept der Nachrichtensignalton von Sarahs Handy: „Sie haben Post!"

Sie kramt ihr Handy aus ihrer Handtasche heraus und schaut auf das Display. Gut, dass sie die Nummer letzte Nacht noch abgespeichert hatte. Dort stand: Neue Nachricht von Thomas. Linda, gar nicht neugierig, beugt sich über Sarah und schielt auf das Display. „Nun mach die Nachricht schon auf, bist du denn gar nicht neugierig?"

„Naja", sagt ihre Freundin „irgendwie hab ich ein flaues Gefühl im Magen." Sie öffnet die Nachricht und die beiden lesen gemeinsam die Zeilen:

„Hallo schöne Unbekannte, erst einmal möchte ich mich nochmals für die Störung der Nachtruhe entschuldigen. Du, bzw. deine Stimme sind mir die ganze Nacht nicht aus dem Kopf gegangen. Ich würde dich gern fragen, was du für eine Haarfarbe hast, denn im Traum habe ich einen Engel mit langen blonden Haaren gesehen..."

Linda prustet los und Sarah dreht sich weg und liest alleine weiter

„... ich hab mich erst jetzt getraut dir zu schreiben, aber du gehst mir nicht aus dem Kopf. Da ich nicht wieder mit einem Telefonanruf stören möchte, habe ich diese Art der Kommunikation gewählt. Vielleicht sollten wir ja auf diesem Wege uns ein wenig kennen lernen. Natürlich nur, wenn deinerseits auch dazu Interesse besteht. Über eine Antwort würde ich mich ehrlich freuen. Lieben Gruß Tom."

Sarah dreht sich wieder zu ihrer Freundin um, der vor Lachen die Tränen laufen. „Man ist das ein Schleimer", sagt Linda. Sarah schüttelt den Kopf und meint nur „Er ist doch nur höflich, außerdem kennen wir uns ja noch gar nicht." Sie bekommt einen hochroten Kopf. Linda schaut sie verdutzt an und sagt „Mensch Süße, hast du dich etwa...? Lass mal bitte den Rest der Nachricht auch lesen ja?" Sarah reicht Linda das Handy rüber und diese liest stumm die Nachricht.

„Hm. Und was gedenkst du nun zu tun?" fragt sie. Sarah zuckt kurz mit den Schultern und sagt, dass sie später darauf antworten wird. „Warum tust du es denn nicht gleich? Wer weiß, wann wir beide daheim sind. Mach schon, noch ist das Essen nicht da und mich stört es wirklich nicht."

Sarah nimmt ihr Handy, überlegt kurz und tippt dann die Antwort ein:

„Hallo Tom, vielen Dank für die netten Zeilen. Ja auch ich habe an dich gedacht. Aber im Traum habe ich dich nicht gesehen *zwinker* Ich habe tatsächlich blonde lockige lange Haare, die mir fast bis zum Po reichen. Wie konntest du das wissen? Du machst mich auch ziemlich neugierig. Für die nächtliche Störung brauchst du dich nicht zu entschuldigen, da ich ja bereits erwähnt habe, dass ich sowieso nicht einschlafen konnte. Im Moment sitze ich mit meiner Freundin im Au Quai auf der Elbterasse. Hm.. vielleicht kennst du das ja gar nicht. Ich weiß ja noch nicht einmal, wo dein Heimathafen sich befindet. Also ich komme aus Hamburg. Und wie sieht es bei dir aus? Wünsche dir einen angenehmen Abend. Lieben Gruß Sarah."

„Willst du mal lesen", fragt sie Linda. Linda schaut sich die Antwort an und nickt nur. „Mach mal, ich bin ja mal gespannt woher der ist und ob er überhaupt noch antwortet."

Sarah drückt auf „Senden", innerhalb kürzester Zeit erhält sie die Information, dass ihre Nachricht zugestellt wurde. Unruhig rutscht sie auf ihrem Stuhl herum.

„Na sag mal was ist denn los mit dir, " fragt Linda „du benimmst dich wie eine 16-jährige vor ihrem ersten Kuss." Wieder errötet die Angesprochene. Linda denkt sich ihren Teil. Sie ist sich sicher, dass da noch was entstehen kann. So hat sie ihre Freundin schon lange nicht mehr erlebt. Und das nur, weil sie eine Stimme kurz am Telefon gehört hat. Naja aber Linda wundert sich bei ihrer Freundin schon lange über nichts mehr.

Der Kellner bringt die Vorspeise. Linda schaut ihn aufreizend lächelnd an. Der arme Kerl bekommt wieder einen hochroten Kopf und stürzt hastig davon. „Mensch du Hexe, jetzt lass doch die Spielchen. Der arme Kerl ist gerade mal trocken hinter den Ohren", grinst Sarah. Linda zuckt nur mit den Schultern, nuschelt mit vollem Mund, dass er seine Erfahrungen ja auch machen müsse und widmet sich voll und ganz ihrem Salat.

Auch Sarah genießt das Essen. Nachdem die Teller abgeräumt sind bestellen beide noch ein Glas Wein und warten auf den Hauptgang. Linda erzählt von ihrem Stress im Laden. Sie arbeitet in einer kleinen Boutique auf der Poststraße. Die Inhaberin ist eine berühmte Designerin, die auch nur Exklusivkunden zu ihrem Kundenstamm zählt. Linda schimpft über die Macken der einen oder anderen Kundin und regt sich so sehr auf, dass die Freundin aus dem Lachen nicht mehr heraus kommt. „Wenn deine Kunden wüssten, wie du über sie redest..." „.. dann würden sie mich einen Kopf kürzer machen", vollendet Linda den Satz und nickt zustimmend. Naja aber ist doch wahr. Nur weil ihre Männer das dicke Geld haben, sind die Damen doch nicht auch gleich Stars, Professoren und so weiter. Das kotzt mich manchmal echt an. Von Anstand haben diese Damen nichts mehr an sich."

Sarah nickt. „Ich weiß was du meinst. Ich erlebe es ja in der Kanzlei auch oft genug. Die Mandanten meinen auch sie sind die Herrgötter und wir „Tippsen" müssten springen, wenn sie anrufen. Aber Süße so ist halt unser Leben oder?"

Linda grummelt eine Zustimmung.

Dann wird der Hauptgang serviert und beide Freundinnen verstummen und genießen nur noch das exquisite Gericht.

Mittlerweile ist es schon nach sieben Uhr und die beiden beschließen, die Rechnung zu bezahlen und den Abend weiter zu bestreiten. „Sollen wir nach dem Dom noch mal herkommen in den Club?" fragt Linda. Sarah verneint mit den Worten, dass sie ja schon letzte Nacht so schlecht geschlafen habe und heute mal etwas früher ins Bett wolle. Schließlich ist morgen ja wieder Montag und die Arbeitswelt habe sie dann wieder.

Linda stimmt zu. Sie zahlen, Linda, die es nicht lassen kann, wirft dem Kellner noch mal einen schmachtenden Blick zu, der daraufhin stolpert und mit samt dem Tablett einen Salto macht. Die beiden Freundinnen können jetzt nicht mehr. Sie rennen aus dem Lokal und fallen sich draußen auf der Straße lachend unter Tränen in den Armen. „Du bist eine Hexe und ein Biest ohne gleichen. Du musst aufpassen, dass du gleich auf dem Dom nicht im Hexendorf festgehalten wirst", Sarah zieht Linda am Arm und winkt ein Taxi heran.
Beide steigen lachend ein und nennen dem Fahrer die Zieladresse.
„Bitte zur Glacischaussee." Der Fahrer nickt nur, schaltet den Taxameter ein und fährt los.

Zwischendurch kann es Sarah nicht lassen und schaut immer wieder verstohlen auf ihr Handy. Linda schmunzelt verschmitzt, aber sie kennt ihre Freundin zu gut, um jetzt einen Kommentar dazu abzugeben.

Am Taxistand Budapester Straße Ecke Clacischaussee steigen die beiden Freundinnen aus. Immer noch lachend, zahlen sie die Fahrt und marschieren eingehängt und albern schnatternd auf den Dom. Als erstes kommen sie an den Shaker. Ein Fahrgeschäft, was beide immer wieder fasziniert. Sie zahlen und lassen sich bei der Musik von Nik P's Ein Stern durch die Luft wirbeln. Quietschend und lachend genießen sie die Fahrt. „Viel zu kurz", sagt Linda, als die Geschwindigkeit abnimmt und sie schließlich aussteigen.

Weiter geht's zum Geistertempel, und in den Gläsernen Irrgarten. Die beiden Frauen haben Spaß wie die kleinen Kinder und so mancher neidischer Blick folgt den beiden. Auch der Eurostar wird von den beiden Freundinnen „geentert". Und dann geht's ins Hexendorf.

Das ist immer noch der liebste Ort der beiden. Auf einer Sonderveranstaltungsfläche wird dieses Hexendorf jedes Mal wieder präsentiert. Über dreißig Buden und Geschäfte laden zum Staunen und Mitmachen ein. Highlight ist ein original Badehaus mit zwei großen Badezubern, in denen sich die Besucher in mitten der Laufmeile bei einem Becher Met verwöhnen lassen können. Das lassen sich auch die beiden Freundinnen nicht nehmen. Sie genießen dieses Vergnügen jedes Mal aufs Neue. Leicht angeschwipst durch den Wein und den Met hören sie sich die Life-Musik der Dudelzwerge an und schauen den Darstellern zu, die ihre diversen Hexereien zum Besten geben. Wie die kleinen Kinder machen sie bei allen Hexereien mit und Sarah gewinnt am Ende wirklich einen echten Hexenbesen. „Eigentlich müsstest du den ja gewonnen haben", sagt sie zu Linda und klatscht ihrer Freundin mit dem Besen eins aufs Hinterteil. „Hey„also ehrlich so viel besser als ich bist du auch nicht meine kleine Hexe." Schmunzelt sie. Die beiden genehmigen sich noch ein Glas Met und machen sich auf den Weg, um noch die anderen Attraktionen zu bestaunen.

Vorbei geht's nun am Atlantis-Rafting. Die Freundinnen schauen eine Weile zu, sind sich aber nun einig, dass sie aufgrund des genossenen Weines doch nicht mehr dort einsteigen wollen. Sie schlendern vorbei am Schunkler, genehmigen sich an der nächsten Bude je eine Zuckerwatte und strahlen sich fröhlich naschend an. „Ist das Leben nicht herrlich", lacht Sarah. „Ja Süße, du hast vollkommen recht", stimmt Linda zu.

Als sie am Autoscooter vorbei und am Dom Dancer angekommen sind, verweilen sie noch ein Weilchen. Linda holt ihre Zigaretten raus und steckt sich eine an. Sarah schüttelt nur den Kopf. Dann laufen Sie weiter und kaufen sich eine Tüte gebrannte Macadamia Nüsse und eine Tüte gebrannte Pecanüsse. Die Wilde Maus und den Looping the Loop lassen sie links liegen. Doch am Tauchboot U 3000 kommen die beiden dann doch nicht vorbei.

Mit viel Gejohle und Gekreische meistern sie auch diese Fahrt. Aber dann sind sie sich sicher, dass sie nun wirklich genug haben.

Sie gehen gemütlich zum Taxistand. Unterwegs kann Sarah es nicht lassen, sich für zu Hause noch mit einem Paradiesapfel, kandierten Erdbeeren und einem Lebkuchenherz auszustatten. Linda schlägt bei Erdbeeren in Schokolade gleich doppelt zu und nimmt auch noch eine Ananas in Schokolade mit. Voll beladen und leicht schwankend laufen sie auf ein Taxi zu, steigen ein und nennen dem Fahrer die Adresse von Sarah.

„Du sag mal, willst du heute Nacht bei mir bleiben"; fragt Sarah die Freundin „es ist doch schon so spät, und ich kann dich morgen früh zu Hause rauslassen. Ich muss doch eh früher im Büro, als du im Laden sein. Was meinst du?" Linda nickt. „Ja das ist wohl das Beste. Ich habe jetzt auch keine Lust, alleine nach Hause zu fahren. Wir können lieber im Bett noch ein wenig quatschen." Lachend erwidert die Freundin „Eigentlich wollte ich heute Nacht mal schlafen, aber wenn du rauchen willst, dann gehst du auf den Balkon ok?" „Aber sicher doch, muss ich mir dann vorher was drüber ziehen oder darf ich dann auch nur im Slip auf den Balkon gehen?" Sarah schaut ihre Freundin drohend an. Sie weiß genau, dass dieses Biest, wenn sie es drauf anlegt sie zu ärgern, so was mit Sicherheit bringen würde. Die aber lacht nur und klopft Sarah auf die Schulter. „Keine Panik Süße ich werde ganz brav sein." Sarah grummelt etwas vor sich hin, was Linda jedoch nicht versteht.

Den Rest der Fahrt schweigen die beiden. Linda beobachtet jedoch, wie ihre Freundin wieder verstohlen ihr Handy aus der Tasche holt, und auf das Display schaut. Doch sie sagt keinen Ton.

3

Tom wacht auf. Er schaut auf die Uhr. Es ist gerade mal neun Uhr am Morgen. Sonntag, er kann ausschlafen. Er zieht sich die Decke noch einmal über den Kopf und dreht sich um. Dann taucht ein Bild vor seinem inneren Auge auf. Hatte er das alles nur geträumt? Auf einmal ist er hellwach. Er schwingt seine Beine aus dem Bett, schlürft in die Küche und wirft die Kaffeemaschine an. Er braucht mindestens einen starken Kaffee am Morgen, um zu funktionieren.

Er geht ins Wohnzimmer, schnappt sich sein Handy, drückt automatisch die Fernbedienung des Fernsehers und schaltet VIVA ein.

Monroses neuester Hit trällert durch das Wohnzimmer. Er runzelt die Stirn. Nicht unbedingt sein Ding, aber man kann es ertragen.

Er drückt schnell ein paar Tasten auf dem Handy und schaut in Kontakte nach. Tatsächlich, er hat dort einen Kontakt stehen „Sarah". Also war das doch kein Traum. In seinen Ohren klingt noch die warme und unheimlich angenehme Stimme dieser Frau.

Er rauft sich die Haare, legt das Handy neben die Kaffeemaschine und schüttet sich eine Tasse Kaffee ein. Schwarz und heiß. So muss Kaffee schmecken. Er schlürft in langsamen Schlucken seinen Kaffee und schlendert rüber ins Bad. Die Tasse stellt er auf das Waschbecken. Schmeißt die Dusche an und stellt sich darunter. Was wollte er heute unternehmen?

Mit Mike konnte er heut mit Sicherheit nichts anfangen, der war ja erst heute Nacht aus dem Urlaub gekommen und hatte noch genug zu erledigen. Sollte er bei dem Wetter einfach mal alle fünfe gerade sein lassen und in den englischen Garten gehen. Seine digitale Kamera, die er sich vor fast zwei Jahren gekauft hatte, hatte er noch nie wirklich ausprobiert. Vielleicht sollte er jetzt mal damit anfangen, ein paar Fotos zu schießen. Das könnte Spaß machen. Er war von je her von Menschen, Gesichtern fasziniert. Der Gesichtsausdruck war es, der seine Fantasie anregte und ihn zu jedem Menschen Geschichten erfinden ließ.

Wie oft hatten er und Mike im Biergarten gesessen und versucht, in den Gesichtern der Menschen zu lesen und zu raten, was diese gerade bewegte.

Voller Tatendrang springt er aus der Dusche, rubbelt sich trocken. Nimmt seinen Kaffee und trinkt ihn in einem Zug leer. Brrr kalt. Naja dann schnell die nächste Tasse einschenken und nen heißen hinterher trinken.

Er nimmt seine Cam aus dem Schrank. Die Batterien werden, da er sie auch noch für andere Sachen benutzt, regelmäßig geladen.

Er legt alles auf den Tisch und schlürft den heißen Kaffee runter. Den Rest Kaffee füllt er in eine Thermoskanne, stellt eine Tasse daneben. Jetzt schnell anziehen und dann raus in die freie Natur. Er freut sich wie ein kleines Kind. Ein ganzer Tag zum faulenzen. Mensch ging es ihm doch gut. Er nimmt sich vor, am späten Nachmittag mal bei Mike anzuklingeln und diesen zu überreden was essen zu gehen. Schließlich wird er ja nichts im Haus haben, wo er doch gerade aus dem Urlaub zurück ist.

Er zieht Jeans an, ein einfaches altes Poloshirt, seine Turnschuhe. Packt alle Sachen in seinen Rucksack und macht sich mit dem Fahrrad auf den Weg in den Park. Unterwegs hält er noch beim Bäcker an, um sich für das Frühstück mit Butterhörnchen zu versorgen. Nachher würde er sich am Chinesischen Turm ein Weißwürstl mit Brezeln und nem Weizenbier schmecken lassen.

Der Englische Garten ist eine über vier Quadratkilometer große Grünanlage im Münchner Nordosten. Tom liebt besonders den Chinesischen Turm und das Japanische Teehaus.

Der Chinesische Turm wurde 1789 nach einem Entwurf von Joseph Frey von Johann Baptist Lechner errichtet. Ganz aus Holz erreicht er eine Höhe von fünfundzwanzig Metern.

Als Vorbild für den Chinesischen Turm war die doppelt so hohe „Große Pagode" im königlichen Schlossgarten Kew Garden in London, die sich wiederum an einer Porzellanpagode in den Gärten eines chinesischen Kaisers orientierte. Der Chinesische Turm fiel in der Vergangenheit mehreren Bränden zum Opfer, wurde aber stets originalgetreu wieder aufgebaut. Zuletzt im Jahre 1952. Am Chinesischen Turm befindet sich der mit 7000 Sitzplätzen zweitgrößte Biergarten Münchens.

Und genau dort sitzt er bei gutem Wetter abends des Öfteren mit Mike nach Feierabend auf ein Weizenbier.

In den frühen 70er Jahren wurde dann am Südende des Englischen Gartens auf einer kleinen Insel im dort zu einem See ausgeweiteten Schwabinger Bach dann ein japanisches Teehaus und ein japanischer Garten erschaffen. Dies wohl anlässlich der Olympischen Sommerspiele und der seit dem bestehenden Städtepartnerschaft mit Sapporo, dem Austragungsort der Winterspiele.

In diesem Teehaus findet regelmäßig die traditionelle japanische Teezeremonie statt.

Dieses Teehaus ist sein erstes Ziel. Er schließt sein Fahrrad ab, nimmt seine Cam aus dem Rucksack und marschiert los. Unterwegs macht er immer wieder Schnappschüsse von Menschen, die auf einer Bank sitzen, auf der Wiese liegen. Das wird ein Spaß werden, sich dann mal einen Abend mit Mike zusammen zu setzen und diese Bilder zu betrachten.

Oder aber. Tom bleibt stehen. Also diese Frau geht ihm wirklich nicht aus dem Kopf. Er geht weiter, setzt sich auf die Wiese, packt seinen Kaffee aus und schüttet etwas in die Tasse. Dann holt er sein Butterhörnchen aus der Tüte und isst glücklich sein Frühstück, trinkt zwischendurch seinen Kaffee und schaut sich die Leute an. Gerade die Frauen werden heute von Tom einer genaueren Betrachtungsweise unterzogen. Wie sieht sie wohl aus? Ob sie wirklich Ähnlichkeit mit seinem Traumbild hat? Woher sie wohl kommt. Sie ist 29. Sechs Jahre jünger als er. Naja das ist nicht ganz so viel. Er schüttelt grinsend den Kopf. Auf was für Gedanken er kommt.

Er legt seinen Kopf auf den Rucksack und döst ein. Als er wach wird schaut er auf die Uhr. Ungläubig schüttelt er den Kopf. Es ist halb zwölf. Nun jetzt aber ab zum Chinesischen Turm. Da wartet eine leckere Brotzeit auf ihn. Im Stillen denkt er sich noch wie gut er es doch hat. Er setzt sich an einen leeren Tisch. Die Kellnerin fragt freundlich nach seinen Wünschen und innerhalb kürzester Zeit ist Tom mit allem versorgt, was einen Mann zu dieser Stunde in Bayern glücklich macht.

Er kramt sein Handy raus und schaut aufs Display. Was hat er erwartet. Dass diese schöne Unbekannte ihm eine Nachricht schreibt?

Und wie kommt er eigentlich darauf, dass es sich um eine schöne Unbekannte handelt? Vielleicht ist sie ja potthässlich, mit einer dicken Hornbrille auf der Nase, Zellulite an den Schenkeln und über hundert Kilo auf den Rippen. Tom schüttelt sich kräftig bei diesem Gedanken. Die Kellnerin, die gerade vorbei kommt schaut ihn an und fragt „Ist bei Ihnen alles in Ordnung? Schmeckt es Ihnen nicht?" Tom beeilt sich zu sagen „Doch alles klar. Ich musste nur gerade an etwas Unangenehmes denken." Leicht errötete er. Oh Mann wie viele Fettnäpfchen taten sich da vor einem auf, wenn man nachdachte? Die Kellnerin meint nur „Scho recht" und geht weiter.

Er nimmt sein Handy raus und tippt eine Nachricht an Mike: *„Hi altes Haus. Hast du deinen Jetlag überwunden und bist wieder unter den Lebenden? Wie wäre es heute Nachmittag so gegen 17 Uhr im Fünf Jahreszeiten. Ich hab mal wieder Lust auf ein richtig deftiges Steak. Gruß Tom"*

Nicht ganz zwei Minuten später piept sein Handy und die Antwort von Mike ist da *„Alles klar Alter. Ich hol dich um halb fünf zu Hause ab und dann fahren wir gemeinsam. Geht das in Ordnung?"*

Tom bestätigt die Nachricht kurz und wendet sich dann wieder seinem Essen zu. Als er satt ist, bezahlt er und zieht weiter seines Weges. Er macht noch einen Haufen Fotos und macht sich dann auf den Heimweg. Zu Hause angekommen räumt er pflichtbewusst alles weg. Steigt noch mal unter die Dusche und macht sich fertig. Schwarze Jeans, weißes Hemd, seine Slipper. Eben noch ein wenig Gel in die Haare, damit diese sich nicht allzu sehr kräuseln. Wie er diese Naturlocken hasst. Er denkt kurz übers Rasieren nach, entscheidet sich aber dann dagegen. Wozu? Hat er doch erst gestern getan. Er grinst sein Spiegelbild an, streckt sich übermütig die Zunge raus und geht in die Küche. Noch einen schnellen Kaffee. Mike müsste ja auch gleich aufkreuzen.

Er macht den Fernseher im Wohnzimmer an, schaltet einmal mit der Fernbedienung durch die Kanäle. Den Kauf der Satelliten Schüssel hat er bisher nicht bereut. Naja er hockt ja auch seit Steffis Tod oft genug vor der Kiste und vergräbt sich daheim.

Wird mal langsam Zeit, dass ich wieder anfange zu leben, denkt er sich.

Er ist auf einem dieser Kontaktsender gelandet. Gespannt schaut er sich die Bilder der Frauen an, die da über den Bildschirm flackern. Schon oft hat er sich gedacht, warum diese Frauen wohl auf diese Art und Weise sich wie in einem Katalog zur Schau stellen. Naja, das ist deren Angelegenheit. Er ist sich sowieso nicht sicher, ob diese Art der Kontaktpflege ganz koscher ist, oder ob nicht irgendwelche dubiosen Geschäftemacher dahinter stecken.

Dann stockt ihm der Atem. Ein Bild schiebt sich nach vorne. Da steht SARAH. Eine junge Frau, lange blonde lockige Haare, strahlend blaue Augen und ein Lächeln, für das er alles hergeben würde, wenn es ihm gelten würde. Jetzt weiß er, dass er dieses Bild schon einmal gesehen hat. Irgendwann mal beim durchzappen. Und der Name der Unbekannten am Telefon. Das also hatte seinen Traum ausgelöst. Er seufzt. Naja das war wohl nichts alter Freund. Wer weiß wie diese Unbekannte aussieht. Besser du lässt doch die Finger davon.

Er schaltet den Fernseher aus.

Mike verspätet sich mal wieder. Das ist wieder typisch. Jetzt ist es schon nach fünf und der Knabe ist immer noch nicht da. Er nimmt allen Mut zusammen und öffnet das Nachrichten Menü seines Handys und tippt eine Nachricht ein:

„Hallo schöne Unbekannte, erst einmal möchte ich mich nochmals für die Störung der Nachtruhe entschuldigen. Du, bzw. deine Stimme sind mir die ganze Nacht nicht aus dem Kopf gegangen. Ich würde dich gern fragen, was du für eine Haarfarbe hast, denn im Traum habe ich einen Engel mit langen blonden Haaren gesehen. Ich hab mich erst jetzt getraut dir zu schreiben, aber du gehst mir nicht aus dem Kopf. Da ich nicht wieder mit einem Telefonanruf stören möchte, habe ich diese Art der Kommunikation gewählt. Vielleicht sollten wir ja auf diesem Wege uns ein wenig kennen lernen. Natürlich nur, wenn deinerseits auch dazu Interesse besteht. Über eine Antwort würde ich mich ehrlich freuen. Lieben Gruß Tom."

Dreimal liest er sich die Nachricht noch durch. Ja, das würde wohl in Ordnung gehen. Und bevor ihn der Mut wieder verlässt drückt er auf „SENDEN".

In diesem Moment klingelt es an der Tür. ,Na endlich denkt er', steckt sein Handy ein, schnappt sich den Haustürschlüssel und trabt runter. Mike grinst und zieht schon den Kopf ein. Sorry Alter, aber ich hab gerade noch nen netten Anruf von der Brünetten bekommen, die uns am Donnerstag vor meinem Urlaub ihren alten Golf rein gebracht hat. Mike strahlt über das ganze Gesicht. Sie wird ihn morgen Mittag noch mal reinbringen, weil irgendetwas mit der Scheibenwaschanlage nicht funktioniert.

Tom lacht in sich hinein. Ja er hat schon gemerkt, dass Mike auf die nette Dame, wie heißt sie gleich noch, Anja Breuer, abfährt. Er schwingt sich zu Mike ins Cabrio und Mike gibt Gas. Unterwegs piepst auf einmal Toms Handy. Ungeduldig zieht er es aus seiner Jeans. Er schaut aufs Display, eine neue Nachricht. Er öffnet und liest den Namen „Sarah". Jetzt wird er vollends ungeduldig und liest:

„Hallo Tom, vielen Dank für die netten Zeilen. Ja auch ich habe an dich gedacht. Aber im Traum habe ich dich nicht gesehen *zwinker* Ich habe tatsächlich blonde lockige lange Haare, die mir fast bis zum Po reichen. Wie konntest du das wissen? Du machst mich auch ziemlich neugierig. Für die nächtliche Störung brauchst du dich nicht zu entschuldigen, da ich ja bereits erwähnt habe, dass ich sowieso nicht einschlafen konnte. Im Moment sitze ich mit meiner Freundin im Au Quai auf der Elbterasse. Hm.. vielleicht kennst du das ja gar nicht. Ich weiß ja noch nicht einmal, wo dein Heimathafen sich befindet. Also ich komme aus Hamburg. Und wie sieht es bei dir aus? Wünsche dir einen angenehmen Abend. Lieben Gruß Sarah."

Leicht errötet er. Er nimmt sich fest vor heute Abend, wenn er nach Hause gekommen ist, auf ihre Nachricht zu antworten. Aber dazu muss er sich erst mal genau überlegen, was er da zurück schreiben kann.

Im Fünf Jahreszeiten angekommen suchen sich die zwei einen Tisch in der hinteren Ecke und bestellen erst mal zwei Weizen bei der freundlichen Kellnerin.

Mike, der mitbekommen hat, dass Toms Handy gepiept hatte will nun unbedingt wissen, was los ist. Kurz bringt Tom Mike auf den neuesten Stand, erzählt ihm von seinem Traum, von dem Bild im Fernsehen, von den Nachrichten.

Die Kellnerin kommt mit dem gewünschten Hefeweizen und fragt sie nach ihrer Bestellung. Sie sind sich wie immer schnell einig. Für jeden ein großes Rumpsteak BBQ mit Ofen Kartoffel, gefüllt mit Kräuter Quark, einem kleinen Salat und Sauce.

Mike erzählt derweil von seinem Urlaub und fragt Tom, wie es zwischenzeitlich in der Firma gelaufen ist.

Dann kommt das Essen und beide genießen schweigend ihr Steak. Verstohlen schaut Tom immer wieder auf sein Handy. „Was guckste denn immer auf das Ding. Erwartest du noch ne Nachricht", grinst Mike ihn an. Tom bekommt einen roten Kopf „Du weißt doch, was sie geschrieben hat. Naja ich muss ja noch antworten. Aber ich weiß nicht wirklich was ich schreiben soll." Mike lacht „Mensch Alter, du bist doch sonst nicht auf den Mund gefallen. Was ist denn los mit dir?"
„Naja, irgendwie geht mir diese Stimme nicht aus dem Kopf. Ich würde sie zu gerne näher kennen lernen, aber ich hab auch Angst, weil ich ja nicht weiß wie sie aussieht und wie sie so drauf ist." Mike runzelt die Stirn „Ja du hast schon recht, aber wenn du es nicht versuchst, wirst du es auch nie erfahren. Mensch aussehen ist doch nebensächlich, Hauptsache ist doch, dass sie vom Charakter was drauf hat, ein bisschen Intelligenz gepachtet hat und Spaß versteht oder meinst du nicht auch?"
Jetzt muss auch Tom lachen. „Ja da hast du mal wieder recht, ich werde ihr gleich, wenn ich daheim bin, eine Nachricht rüber schicken. Mal schauen, was dann zurückkommt."

Sie essen schweigend weiter und beschließen dann relativ schnell, zu zahlen und heimzufahren. Mike ist immer noch leicht vom Flug angeschlagen und sie wollen beide am nächsten Morgen früh in der Firma sein.

Mike setzt Tom zu Hause ab und fährt weiter. Tom schaut ihm noch nachdenklich hinterher. Mikes Worte hat er noch im Ohr. Er geht in die Wohnung, schaltet das Licht ein und den Fernseher. Dann nimmt er sich eine Flasche Hefeweizen aus dem Kühlschrank, kickt seine Schuhe von den Füßen, knöpft sein Hemd auf, nimmt aus dem Wohnzimmerschrank ein Glas und macht es sich auf seiner Couch bequem.

Er nimmt sein Handy zur Hand, denkt kurz nach, öffnet die Nachricht von Sarah, überfliegt sie noch mal kurz und antwortet:

„Hallo Sarah, also erst einmal Danke für deine Nachricht. Ich bin aus München und ich kenne weder das Au Quai, noch kenne ich Hamburg. So, du hast also lange blonde lockige Haare? Das könnte ja dann hinkommen mit dem Engel, den ich im Traum begegnet bin *zwinker* Hast du denn auch blaue Augen? Also ich beschreibe mich mal, aber ich würde mich freuen, wenn du dich auch mal beschreiben würdest, weil, lange blonde lockige Haare sagen ja nicht wirklich viel aus oder *zwinker* Ich bin eigentlich ziemlich tageslichttauglich. 190 groß, ziemlich trainiert, schwarze kurze wellige Haare, blauen Augen, meist ein wenig unrasiert. Außerdem bin ich humorvoll, offen und ehrlich. Jetzt bin ich aber mal gespannt, ob dir meine Beschreibung gefallen hat. Wünsche dir einen schönen Abend. Lieben Gruß Tom"

4

Sarah schließt ihre Wohnung auf. Beide ziehen ihre Schuhe aus und lassen sich ein wenig erschöpft auf der Couch fallen. Sie fragt Linda, ob sie noch einen Kaffee haben möchte und diese bejaht es. „Machst du einen? Dann geh ich schon mal unter die Dusche, das kann ich jetzt gut brauchen. Kann ich mir von dir ein Shirt aus dem Schrank nehmen?"

„Na klar mach mal, ich geh nachher. Ich mach uns jetzt mal nen Kaffee und dann können wir es uns noch ein Weilchen gemütlich machen. Irgendwie bin ich total geschafft." In diesem Moment kommt der Nachrichtenton aus Sarahs Handy. Schnell kramt sie das Handy aus ihrer Tasche raus und liest die Nachricht von Tom. Linda, die das noch gerade eben zwischen Tür und Dusche mitbekommen hat, kommt ins Wohnzimmer zurück und schaut ihre Freundin fragend an. Diese hält Linda das Handy hin und diese liest die Nachricht. „Na klasse, München, konntest du dir nicht einen aussuchen, der noch weiter weg wohnt?" fragt sie die Freundin. „Mensch das hab ich mir doch nicht ausgesucht, " ein tiefer Seufzer ertönt, „was soll ich denn jetzt machen? Soll ich ihm antworten? Hat das überhaupt einen Sinn bei der Entfernung?" Linda lacht „Süße, wenn du es nicht versuchst, wirst du es auch nicht herausfinden. Von der Beschreibung her scheint er ganz nett auszusehen, " zwinkert sie ihre Freundin an.

„Geh duschen du Ziege, " grummelt Sarah und legt sich bäuchlings auf die Couch. Sie nimmt das Handy, überlegt kurz und tippt eine Antwort ein.

Sie drückt auf Senden und hat ein kribbeliges Gefühl im Bauch.

Währenddessen zappt Tom durch die Fernsehsender. Er ist nervös. Weiß aber auch nicht warum eigentlich. Da piept sein Handy und er liest ihre Nachricht.

„Hallo Tom, ja ich habe auch blaue Augen. Aber ich war bestimmt nicht in deinem Traum, das hätte ich doch gemerkt. Ein Engel bin ich – wenn ich meiner Freundin Glauben schenken darf – leider auch nicht. Wohl eher das Gegenteil *grins* Aber das kannst du ja, wenn du magst, und

nicht zu feige bist, selbst herausfinden. Also deiner Größe habe ich nur lächerliche 160 cm entgegen zu setzen. Ich bin schlank, habe wie gesagt blaue Augen und blonde Haare na ja und eine Stupsnase *zwinker* Ich bin nicht auf den Mund gefallen, habe meistens mehr Unsinn im Kopf als gut sein sollte, bin ziemlich humorvoll, sage offen was ich will und nicht will. Tja, dass du Hamburg nicht kennst, ist natürlich sehr schade, aber was nicht ist, kann ja noch werden *schmunzel*. Ich kenne München, da ich letztes Jahr mit meiner besten Freundin auf der Wiesn war. *grins* Vielleicht sind wir uns ja doch schon mal begegnet? Wer weiß das schon. Wünsche dir auch einen schönen Abend. Lieben Gruß Sarah."

‚Wow, das hört sich aber mehr als gut an", denkt sich Tom und das Bild der Sarah aus dem Fernsehen kommt ihm wieder in den Kopf. Seufzend schüttelt er sich, trinkt einen Schluck Bier und nimmt sein Handy wieder zur Hand um ihr zu antworten. Was soll er darauf denn schreiben?

„Hallo Kleine. Also dass du kein Engel bist, das kann ich ja nun gar nicht glauben. Deine Stimme hat mich ja schon verzaubert *zwinker* Und der Rest deiner Beschreibung hört sich auch alles andere als schlecht an. Ich würde dich zu gerne sehen, wäre das sehr ungeduldig. Wenn du magst, kann ich dir ein Foto von mir rüber schicken. Oder sollen wir uns lieber erst mal weiter so inkognito ohne Bild kennen lernen? Was machst du denn beruflich? Und, äh, na ja, bist du eigentlich Single? Lieben Gruß Tom"

Linda kommt aus dem Bad und kuschelt sich auf den Sessel. Sie nimmt die Tasse Kaffee, die sie sich aus der Küche geholt hat und schlürft behaglich. „Na komm, lies mal vor ja? Dieser Typ macht mich echt neugierig." Sarah liest die Nachrichten vor und schaut die Freundin fragend an. „Was meinst du? Soll ich wirklich weiter machen? Der wohnt doch so weit weg, meinst du das hätte überhaupt eine Chance?" Linda schaut nachdenklich in ihre Tasse. Dann schaut sie Sarah in die Augen und meint „Süße, wenn ich dich nicht so gut kennen würde, dann würde ich sagen, lass es sein. Aber du bist doch nach diesem Anruf und den paar Nachrichten mit dem Herzen schon viel zu sehr dabei oder liege ich da falsch?"

Sarah streckt ihrer Freundin die Zunge raus. „Warum bist du eigentlich immer so verdammt direkt? Aber du hast Recht. Ich bin neugierig. Er hat so eine tolle Stimme. Aber meinst du ich soll ihm schreiben dass wir das vorläufig ohne Bild tun sollen. Besteht da nicht die Gefahr, dass man sich ein Bild von demjenigen macht und dann die Enttäuschung hinterher nur größer ist?"

„Mein Schatz, wer sich ein Bild von dir macht, kann es sich eigentlich gar nicht so machen wie du ausschaust. Außerdem bist du für jeden Mann wie ein sechser im Lotto. Siehst du eigentlich nie die Blicke der Männer, wie sie dir hinterher schauen? Wo hast du nur immer deine Augen?" Sarah wird knallrot und murmelt was Unfeines.
Dann nimmt sie das Handy und tippt eine Antwort ein:

„Hallo Tom, das sind aber viele Fragen auf einmal. Also zuerst einmal Ja, ich bin Single. Ich arbeite als Rechtsanwaltsfachangestellte in einer Hamburger Anwaltskanzlei. Und was machst du beruflich? Also ehrlich gesagt bin ich auch ziemlich neugierig auf dich. Aber meinst du nicht, dass wir uns erst einmal so schreiben sollen? Ich finde das ein bisschen spannender. Naja wir könnten ja auch telefonieren, aber im Moment gefällt mir diese Art der Kommunikation sehr gut. *zwinker* Einfach spannend. Geht's dir da auch so? Magst du mir denn erzählen, was du für Hobbys hast? Und, hast du eigentlich auch so nen neugierigen Freund wie ich ne Freundin habe? *grins* oh autsch, jetzt hab ich einen Löffel vor den Arm geworfen bekommen. Du siehst ich bin im Moment nicht alleine *zwinker* Freu mich schon auf deine Antwort. Lieben Gruß, die Kleine."

Linda liest mit und muss lachen. „Du bist echt ein Biest. Ich bin ja mal gespannt was er schreibt und ob er überhaupt heute noch schreibt. Sollen wir nicht mal langsam ins Bett gehen? Es ist mittlerweile schon wieder nach zwölf?" Sarah legt das Handy auf den Wohnzimmertisch und steht auf. „Ich gehe auch noch kurz unter die Dusche." Auf dem Weg dorthin zieht sie sich aus und lässt die Sachen einfach auf den Boden fallen. Linda lacht laut auf. „Du bist echt verrückt Süße. Was glaubst du wen du damit anmachen kannst?" Sarah dreht sich um, hält ihre Hände vor ihren Brüsten und ihrem Intimdreieck und sagt „Meine Liebe, wenn es dich auch nicht anmacht, aber es ist ein klasse Gefühl, sich in seiner eigenen Wohnung benehmen können wie man es möchte. Du weißt genau wie das ist, machst es doch auch nicht anders."
Grinsend dreht sie sich wieder um und stolziert, wie man nackt nur stolzieren kann ins Bad. Kurz darauf hört Linda die Dusche rauschen.

Sie nimmt die Fernbedienung und schaltet den Fernseher ein. Zappt einige Zeit durch das Programm und schaut dann ungläubig auf den Fernseher. Was sie sieht kann sie nicht glauben. Was ist das für ein Sender? Dating Fernsehen? Den kennt sie gar nicht. Aber das ist doch Sarah. Und ihr Name steht auch da. Was soll das denn? Das soll die Kleine ihr mal erklären. Sie rutscht unruhig auf dem Sessel hin und her. Steht auf, holt sich noch einen Kaffee. Das Rauschen aus der Dusche verstummt. Linda kehrt zurück in die Küche und füllt die Tasse ihrer Freundin auch gleich noch einmal. Den wird sie brauchen, denkt sie sich.

Sarah kommt mit einem Handtuch umwickelt aus dem Badezimmer. Sie schaut Linda an, will gerade etwas sagen, da fällt ihr Blick auf den Fernseher. Mit weit aufgerissenem Mund bleibt sie stehen, zeigt mit der Hand auf den Bildschirm. Sie fängt an zu stottern. „Llllinda, wwas ist das??" Total geschockt setzt sie sich hin. „Das wollte ich dich gerade fragen? Hast du da dein Foto hingeschickt?" „Bist du irre? Warum sollte ich das tun? Wir kommen die zu dem Foto?"

Linda überlegt kurz. „Du sag mal du hast doch mal vor einiger Zeit das Shooting für die Katalogaufnahmen aus Spaß mitgemacht oder?" „Ja schon, aber die haben doch gesagt, dass müsse wiederholt werden, weil die Fotos nichts geworden sind. Meinst du etwa...?" Sie verstummt. „Um Gottes Willen, wenn das jemand aus der Kanzlei sieht? Oder meine Oldies? Oder auch andere? Ich kann mich ja nirgends mehr sehen lassen. Was mach ich denn dann? Kann man dagegen vorgehen?"
Linda schaut Sarah prüfend an. Der Schock ist echt. „Ich denke mal, da solltest du morgen mal mit deinem Chef drüber reden. Gott sei dank sind ja nur normale Fotos gemacht worden oder?" Sarah nickt nur. Ihre Gedanken überschlagen sich. Na klasse, das wird wieder eine schlaflose Nacht geben.

In diesem Moment meldet sich das Handy. Sarah nimmt es auf und liest – da die Freundin eh schon wieder einen langen Hals bekommt – die Nachricht laut vor:

„Hallo Kleines, eigentlich würde ich dich lieber Engel nennen, denn genau das habe ich im Gefühl, dass du einer bist. Also ich bin auch Single. Schon seit fast zwei Jahren, aber darüber reden wir lieber persönlich oder? Ich habe mit meinem besten Freund Mike zusammen *eine Autoreparaturwerkstatt aufgemacht. Bin also selbstständig, was so viel heißt wie selbst ständig zu arbeiten *grins* Ja du hast recht, diese Art der Kommunikation ist spannender. Aber ich weiß nicht wie lange ich das noch aushalte. Ich platze ja jetzt schon vor Neugierde. Was meinen besten Freund betrifft, ja der hat mir auch schon Löcher in den Bauch gefragt. Sag mal ist deine Freundin auch Single? Wir könnten dann ja die zwei auch miteinander verkuppeln *grins* Für diesen Satz wird Mike mich umbringen, aber egal. Hast du den Löffel wenigstens zurückgeworfen? *lach* Also ich hätte es getan. Du ich wollte dir noch was sagen, das ist total irre. Ich hatte gestern nachdem wir telefoniert haben noch den Fernseher an ... „*

Sarah schluckt und trinkt nen Schluck Kaffee. Sie sieht Linda an, die auch schon nervös auf dem Sessel rumrutscht. „Komm lies weiter vor."

„... na ja ich habe Fernsehen über Satellitenschüssel weißt du? Und als ich die Programme so durchgezappt habe, da habe ich auf so nem Kontaktsender tatsächlich ne Frau gesehen die auch Sarah heißt. Sie hat auch total lange blonde Haare und blaue Augen. Wahrscheinlich habe ich deshalb letzte Nacht von einem Engel geträumt. Ich hoffe du bist jetzt nicht sauer, weil ich dir das geschrieben habe. Aber ich bin nun mal ein offener Mensch und sage was ich denke. Ist doch echt ein Zufall oder? *grins* Würde mich freuen wenn du noch antwortest, denn ohne eine Antwort kann ich bestimmt nicht schlafen. Bussi (ich hoffe ich darf das) Tom"

Sarah hat einen hochroten Kopf und atmet kaum. Linda schaut sie betroffen an. „Du musst es ihm sagen. Bitte fang gar nicht erst damit an, ihm so was zu verschweigen. Auch wenn es dir jetzt peinlich ist. Aber du hast nichts zu verlieren, denk bitte daran ja. Du kennst ihn noch nicht. Also kannst du nichts kaputt machen weil noch nichts da ist. Erklär ihm doch einfach alles. Süße, ich geh schlafen, überleg es dir. Du wirst eh noch ne Weile hier hocken und mit ihm hin und her schreiben. Das wird sich dann morgen rächen. Schlaf gut." Mit einem leichten Kuss auf die Stirn trippelt Linda ins Schlafzimmer und macht die Tür hinter sich zu.

Sarah dreht sich der Magen um. Warum muss eigentlich immer ihr so was passieren? Sie hat doch gar nicht auf der Stirn stehen ‚Probleme zu mir'. Auch hat sie keine Anzeige aufgegeben mit ‚Schwierigkeiten gesucht'. Sie starrt einfach nur auf den Fernseher. Die Bilder verschieben sich vor ihren Augen.

Nach einer ganzen Weile piept ihr Handy erneut.

„Hallo Kleines, habe ich was Falsches geschrieben? Bin ich zu schnell? Dann tut es mir leid. Wünsche dir eine Gute Nacht und hoffe du meldest dich noch einmal. Gruß Tom"

Oh Gott sie muss schnell eine Antwort schreiben. Linda hat Recht. Sie muss es aufklären. Besser jetzt per SMS, als am Telefon. Das getraut sie sich dann doch nicht. ,Bist schon ein rechter Feigling meine Liebe', sagt sie zu sich selbst und tippt die Nachricht ein.

Tom sitzt auf der Couch und rauft sich die Haare. ,Mann bist du blöd. Warum hast du so einen Scheiß geschrieben. Jetzt hörst du nie wieder was von ihr' denkt er sich. Er schaut auf sein Handy, fast so als ob er es hypnotisieren wolle. Er seufzt tief auf, bringt die leere Flasche und das Glas in die Küche. Geht noch mal ins Bad und stellt sich unter die kalte Dusche. „Werde endlich wach Kumpel, das sollte wohl nicht sein" sagt er zu sich selbst. Mit dem Handtuch um die Hüfte will er ins Schlafzimmer gehen, da fällt ihm ein, dass der Fernseher noch läuft. Wieder sieht er dieses engelsgleiche Gesicht auf dem Bildschirm. Grummelnd läuft er ins Wohnzimmer. Da piept das Handy. Er rennt fast darauf zu und im gleichen Moment stößt er einen spitzen Schrei aus. Er hat sich den Zeh an seinem Sessel angestoßen. Laut fluchend und nach Atem japsend hüpft er auf einem Bein durchs Wohnzimmer und schnappt sich das Handy vom Tisch.

Er setzt sich auf die Couch und liest die Nachricht.

„Hallo Tom, also erst mal NEIN, du hast gar nichts Falsches geschrieben. Aber ich war gerade so geschockt – nicht von deiner Nachricht – dass ich einen Moment Zeit brauchte zum Nachdenken. Linda hat gerade durch die Programme gezappt. Naja und da haben wir dieses Bild, was du dann später in deiner Nachricht angesprochen hast gesehen. Tom, also na ja, das ist mein Foto. Frag mich bitte nicht, wie es da hingekommen ist. Ich habe da wirklich keine Ahnung. Linda hatte mich vor einigen Wochen überredet, bei so einem Foto Shooting für Katalogfotos mitzumachen. Wir dachten das wäre ein Riesenspaß und vielleicht nehmen die mich bei irgend so einem Versandhaus in den Katalog auf.

Dann habe ich von der Firma nichts mehr gehört. Als ich nachgefragt habe, wurde mir nur lapidar erklärt, dass die Fotos wohl noch einmal gemacht werden müssten, weil die alle nichts geworden sind. Wir hatten zwar ein mulmiges Gefühl, aber ehrlich gestanden habe ich danach nicht weiter drüber nachgedacht. Du wirst jetzt denken natürlich blond oder? Du kannst dir also vorstellen, wie geschockt wir gerade waren, als wir das gesehen haben. Und noch geschockter war ich, als ich dann in deiner SMS gelesen habe, dass du das Bild auch gesehen hast. Mensch kannst du dir vorstellen, wie es jetzt in mir aussieht. Weißt du wie peinlich mir das ist? Was musst du jetzt von mir denken. Aber ich wollte dir nur noch sagen, dass du mich wenn du das noch willst ruhig Engel nennen darfst und dass ich mich über das Bussi sehr gefreut habe. Wenn ich jetzt nichts mehr von dir hören sollte, dann verstehe ich das. Wünsche dir eine Gute Nacht und hoffe, dass du besser schlafen kannst als ich. Dir auch ein liebes Bussi Sarah."

Er rauft sich wieder die Haare. Das gibt es nicht. SIE ist diese Sarah? Sie sieht genauso aus wie auf dem Bild im Fernsehen? Sie hat dieses umwerfende Lächeln, für das jeder Mann sterben würde? Diese strahlenden tiefblauen Augen, in denen er gerne versinken würde? Sein Herz klopft nicht mehr es rast. Zitternd liest er die Nachricht noch einmal und noch einmal. Wenn sie jetzt nichts mehr von ihm hören sollte dann verstehe sie das? Ist diese Frau noch normal? Kein Mann der Welt würde sich das entgehen lassen, diesen Kontakt aufrecht zu erhalten. Und er kennt sogar ihre Stimme. Er wusste sofort bei dem Telefonat, dass er da etwas ganz liebes am Hörer hatte. Oh Mann warum war Hamburg so verdammt weit weg. Aber Entfernungen sind ja dazu da um überbrückt zu werden. „Ich werde das schon schaffen mein süßer Engel. Das verspreche ich dir. Und ob ich noch was von dir hören will. Und du weißt nicht was ich noch will, " murmelt er vor sich hin. „Ich muss ihr sofort schreiben. Sie wird sonst die ganze Nacht nicht schlafen können. Und ich auch nicht."

Sarah hat sich mit ihrer Decke in ihren Sessel gekuschelt und schaukelt sanft hin und her. Sie hat das Handy in der Hand und starrt darauf. Eine winzige Träne schleicht sich aus ihrem linken Auge und läuft ihre Wange hinunter. Wütend reibt sie diese fort. „Du bist selbst schuld, wenn er sich nicht mehr meldet. Aber ich würde es mir so sehr wünschen." Sie legt den Kopf zurück und schaukelt weiter. Langsam fallen ihre Augen zu.

Das Klingeln lässt sie hochschrecken. Sie hält den Atem an und schaut auf das Display. „von Tom" haucht sie und öffnet die SMS.

„Hallo Engel, ja du bist ein Engel, und wenn du glaubst, dass ich jetzt nichts mehr von dir wissen möchte, dann hast du dich aber getäuscht. Ich möchte jetzt mehr als alles andere zuvor von dir wissen. Also warst du doch in meinem Traum. Ich kann es kaum fassen. Darf ich ehrlich zu dir sein? Ich weiß, es hört sich jetzt abgedroschen an, aber du hast mir schon Bauchkribbeln am Telefon bereitet, als ich nur deine Stimme gehört habe. Jetzt aber dein Bild gesehen zu haben, mit dem WISSEN, dass DU es wirklich bist, ist einfach die Krönung. Und du bist wirklich Single? Ich kann es kaum glauben. Sarah ich schenke dir mein Herz, wenn du es möchtest. Ich möchte dich kennen lernen und ich möchte dich sehen und auch irgendwann treffen. Bitte gib mir die Chance dazu und sag ja. Wir haben doch nur zu gewinnen oder was meinst du dazu? Du bist für mich ein wahr gewordener Traum. Ich schicke dir ein ganz zärtliches Busserl. Meldest du dich noch, auch wenn es schon so spät ist? Bitte ich warte sehnsüchtig auf eine Antwort. Bussi Tom"

Jetzt laufen ihr doch die Tränen. Oh Gott sollte es wirklich sein, dass er ihr nichts übel nahm. Dass er das nicht schlimm fand? Sie nahm allen Mut zusammen, suchte aus dem Handy ein Foto raus, was sie im Park zeigte. Linda hatte das letzte Woche gemacht. „Du bekommst jetzt ein Bild, damit du siehst, wie ich ausschaue", sagt sie laut. Dann fügt sie zu dem Bild die Nachricht ein.

„Hallo Tom, hier ist ein Bild von mir, was Linda letzte Woche gemacht hat. Ich denke, da du das im Fernsehen gesehen hast, ist es nur fair, dir eins zu senden, was privat aufgenommen wurde. Du wirst schon sehen, dass ich wirklich kein Engel bin *zwinker* Es freut mich, dass du Bauchkribbeln hast. Denn das zeigt mir, dass ich mit meinen Gefühlen nicht alleine da stehe. Auch ich habe die Schmetterlinge schon fliegen gehört, als ich deine Stimme am Telefon gehört habe. JA ich bin es und JA ich bin Single. Aber auch darüber würde ich dann lieber persönlich mit dir reden. Das würde die Nachrichten sprengen. Meinst du nicht auch. Es ist lieb von dir, dass du mir dein Herz schenken willst. Sagen wir mal so, ich nehme es in Pflege und pass gut darauf auf. Wäre das fürs erste in Ordnung? Du hast dich in mein Herz auch schon reingekuschelt. Lass uns einfach mal schauen, was die Zeit uns bringt ja? Ich hoffe nur, ich werde kein Alptraum für dich. *schmunzel* Danke für das zärtliche Busserl. Es ist auf jeden Fall angekommen. Naja du hast

schon Recht. Verlieren können wir nichts, nur gewinnen. Aber das wird dann ein Deutschlandreisespiel werden oder? Bist du wirklich bereit für dieses Abenteuer? Dann lass uns die Chance wahrnehmen, die Frau Schicksal und Herr Zufall uns geschickt haben. Danke dass du nicht weiter nachgefragt hast, aber ich denke das wird bei dir noch kommen oder lieg ich da falsch? Lass uns jetzt aber trotzdem versuchen zu schlafen. Ich denke mal, dass du morgen auch früh raus musst oder? Ich muss um acht im Büro sein und Linda vorher noch zu Hause absetzen. Schlaf gut und träum was Schönes. Bussi dein Engel."

Tom liest die Nachricht und schaut sich das Foto an. Sein Herz macht einen Sprung. Er tippt sofort die Antwort ein:

„Hallo Engel, ich habe ein ganz gutes Gefühl. Ich fühle, dass da was ganz besonderes ist, etwas das groß werden kann. Ich glaub es werden lange Tage werden, bis wir uns mal wirklich sehen werden. Und dann hätte ich wirklich nichts dagegen, wenn du mir das Busserl persönlich gibst. Ich wünsche dir eine gute Nacht und vielleicht träumst du ja auch von mir? Naja ich seh nicht so gut aus wie du, aber gleiches Recht für beide. Ich schick dir auch mal ein Bild. Das hat Mike auf ner Autoausstellung vor ca. nem halben Jahr aufgenommen. Ich werde jetzt auch versuchen zu schlafen. Ich muss ja heute auch wieder früh raus. Wünsche dir eine gute Nacht mein Engel. Süßes Küsschen aus München. Tom"

Er sendet die Nachricht mit Foto ab und seufzt einmal tief. Im Bett liegt er, die Arme verschränkt hinter dem Kopf und träumt bereits mit offenen Augen.

Sarah räumt noch die Tassen weg, macht die Kaffeemaschine für morgens fertig und stellt die Zeitschaltuhr dafür ein. In dem Moment, als sie gerade auch ins Bett gehen möchte piept ihr Handy wieder. Sie stürzt ins Wohnzimmer, hat sie doch gar nicht mehr mit einer Antwort gerechnet, und öffnet die MMS. WOW was für ein Mann denkt sie sich und liest die Nachricht. Es zuckt in den Fingern um zu antworten. Aber dann meldet sich ihr Verstand. Wenn sie jetzt zurück schreibt, dann würde es die Nacht kein Ende mehr geben. Und ein paar Stunden Schlaf könnte sie bei aller Liebe auch gebrauchen. „Na dann mal ins Bett altes Mädchen", sagt sie zu sich selbst und legt sich schlafen. Aber der Schlaf lässt noch eine Weile auf sich warten, zu intensiv ist das Bild, was vor Sarahs Augen schwebt.

5

Der Wecker klingelt. Die kleine Blondine grummelt, rollt sich langsam auf die Seite und stellt ihn ab. Linda jedoch springt aus dem Bett und schüttelt ihre Freundin. „Los aufstehen, denk dran, du musst mich erst noch nach Hause bringen", grinst sie. Sarah murmelt etwas von grausam, von Freunden und Feinden, schrecklichen Montagen und steht seufzend und gähnend auf.

Sie hasst es, wenn jemand morgens so guter Laune ist wie Linda. Sie selbst braucht morgens erst einmal mindestens eine halbe Stunde und zwei Tassen starken Kaffee um wirklich ansprechbar zu werden. Das hat sie schon so oft verflucht, aber bisher konnte sie es nicht erfolgreich ändern.

Sie geht ins Badezimmer, muss erst mal wach werden. Ein Schwall kaltes Wasser ins Gesicht, ansonsten hilft da gar nichts mehr. Ohje, sie schaut in den Spiegel und sieht dunkle Ringe unter ihren Augen. Sie hätte wesentlich eher ins Bett gehört. Aber wozu gibt es Make-up. Dann muss halt heute ein wenig mehr restauriert werden. Linda würde das wieder mit Altbausanierung kommentieren. Als sie aus dem Bad kommt, fällt sie ihrer Freundin fast um den Hals. Diese steht vor ihr mit einer großen Tasse heißen starken Kaffee in der Hand und hält sie ihrer Freundin vor die Nase. Sarah grinst und nimmt die Tasse. Nach den ersten paar Schlucken geht's ihr besser. „Oh Süße du weißt genau was ich morgens brauche. Danke." „Kein Problem", antwortet Linda „schließlich möchte ich mich heute morgen nicht mit deiner schlechten Laune umgeben. Sag mal hat dieser Tom oder wie er heißt eigentlich gestern noch geantwortet?" Sarah nickt und reicht ihr Handy an Linda weiter. „Lies selbst." Linda setzt sich an den Esstisch, schlürft ihren eigenen Kaffee und liest nachdenklich die Nachrichten. „Sag mal Kleine, kann es sein, dass du dich Hals über Kopf verliebt hast? Das hört sich nämlich fast so an. Bitte sei vorsichtig ja. Er kommt von so weit her und du weißt noch überhaupt nichts über ihn. Nicht dass dir wieder jemand weh tut." „Mach dir keine Gedanken, " Sarah legt den Arm um Lindas Schulter und ihren Kopf an den ihrer Freundin „Ich weiß dass ich es langsam angehen sollte, aber, na ja, also ich kann es einfach nicht beschreiben. Alleine bei den Nachrichten habe ich so ein Kribbeln im Bauch bekommen, dass es schon echt nicht mehr normal ist."

Sie nimmt Linda das Handy aus der Hand und schaut nach, aber diese kommt ihr zuvor „Er hat heute morgen noch keine Nachricht geschickt." „Na er wird halt auch morgens Stress haben. Er muss ja heut auch arbeiten." Sarah nimmt ihren Kaffee und schlürft ins Schlafzimmer um sich anzuziehen. Sie hasst Montage, aber da muss sie durch.

Kurz darauf sind beide Freundinnen unterwegs. Sarah lässt Linda zu Hause raus, die beiden verabschieden sich und sie fährt ins Büro.

Sie überlegt die ganze Zeit hin und her, ob sie ihren Chef wegen der Fotos ansprechen soll. Irgendwie ist ihr die ganze Sache ziemlich peinlich. Aber andererseits kann es ja auch nicht angehen, dass ihr Foto für irgendeinen Telefonkontakt oder Flirt-Line missbraucht wird. Na Gott sei dank wurde dabei nicht ihre Nummer angegeben, sondern eine andere. Sarah geht davon aus, dass es sich dabei um ein Call Center handelt.

Im Büro angekommen ist sie wie immer die Erste. Sie geht in die Küche und macht erst mal die Kaffeemaschine fertig. Sie weiß ganz genau, wenn die Anwälte kommen, dann sind die ersten zwei bis drei Liter Kaffee in Rekordzeit verschwunden. Sie lächelt. Sie liebt ihre Arbeit. Und sie liebt dieses Büro. Es ist sehr minimalistisch eingerichtet. Eine einfache Anmeldung in Form einer weißen Theke. Gegenüber die Wartezimmerecke, die lediglich durch einen Paravent abgeteilt ist. Zwölf Stühle aus Chrom mit schwarzen Ledersitzen vervollständigen das Bild. An den Wänden Drucke von Alfred Gockel. Sarah hatte einmal ihren Chef gefragt, wie er darauf kommt, ausgerechnet 12 Stühle in das Wartezimmer zu stellen. Daraufhin meinte er, es würde ihn an die 12 Geschworenen im Geicht erinnern. Was natürlich Quatsch war. Einfach nur ein Spleen von Vielen, die ihr Chef manchmal an den Tag legt. Die Küche besteht aus einer einfachen Küchenzeile in weiß. Die Büroräume der Chefs sind den jeweiligen Bewohnern angepasst, die jeder für sich ihre Ideen dort eingebracht haben. Das Schreibbüro ist einfach mit 5 Schreibtischen ausgestattet. Überall stehen Pflanzen, um dem eintönigen Weiß ein wenig Farbe einzuhauchen. Sarah durfte bei der Ausstattung ihres Büros mit entscheiden. Sie hat jedoch die gleichen Möbel wie im Schreibbüro ausgesucht. Lediglich bei der Bilderwahl und der Wahl des Schreibstuhls hat sie sich ihren eigenen Kopf durchgesetzt. Jetzt ziert ein Druck von Andy Warhol ihr Büro und ihr Schreibtischstuhl ist einer dieser Chefsessel aus dunkelblauem Leder.

Es ist sehr stressig und manchmal könnte sie auch ihre Chefs erwürgen, aber der Kontakt zu den Menschen, ob am Telefon oder auch in der Kanzlei ist ihr sehr wichtig. Um nichts auf der Welt würde sie ihren Beruf aufgeben. Obwohl... Sie hatte damals, als sie mit David zusammen war, schon darüber nachgedacht, wie es wäre, Kinder zu haben. David hatte sich ja nie wirklich zu den Zukunftsplänen geäußert. Sarah verzieht ihre Miene. Heute weiß sie genau, warum. Sie seufzt tief auf, nimmt sich einen Kaffee und geht in ihr Büro. Dort schaltet sie den Computer an und fragt als erstes die E-Mails ab.

Kurze Zeit später ist auch Britta da. Mit einer Tasse Kaffee bewaffnet kommt sie in Sarahs Büro. „Hallo Kleine, wie war dein Wochenende? Sag mal sind die Chefs heute alle unterwegs zu Terminen?" Sarah nimmt den Terminplaner und schaut nach. „Nein, Herr Bruckner ist heute den ganzen Tag hier", seufzt sie „aber Herr Marlenko hat drei Termine beim Amtsgericht in Hamburg und Herr Dreeling ist von heute bis Mittwoch in Stuttgart. Dort läuft doch vor der großen Strafkammer diese Strafsache. Du weißt schon." Britta nickt, „Na super, dann geht uns ja heute Vormittag nur der Bruckner auf den Keks." Sarah schaut ihre Kollegin schweigend an. „Sind die Azubienen schon da? Wenn die gleich kommen schick mir Julia und Vanessa mal rein ja? Die müssen mir heute die Fristen und Terminsachen für die ganze Woche raussuchen. Du weißt ja, Monatsmitte. Wir müssen die Zahlungseingänge überprüfen. Achso ja was ich noch fragen wollte, machst du mit Nele die Prüfungsvorbereitungen weiter, oder hast du selbst zu viel zu tun?"

Britta überlegt kurz. „Wir sind doch voll besetzt im Moment oder?" Sarah nickt „Na dann sind Frau Schulz und Frau Lackmann doch eh im Schreibbüro und Sandra ist in der Annahme. Das geht klar. Nur heute Nachmittag denke ich mal, dass ich da keine Zeit haben werde. Da hab ich zwei Unfallsachen, wo ich selbst die Unfalldaten mit den Mandanten aufnehmen muss."

„Das geht klar, heute Nachmittag kann ich das dann übernehmen, wenn du mit Nele noch nicht weiter gekommen bist. Die muss zusehen, dass sie die Prüfung besteht. Das Zwischenzeugnis war ja nicht prickelnd. Also dann lass uns mal loslegen"

Britta schließt die Tür hinter sich und lässt ihre Kollegin mit ihrer Arbeit allein. Der Vormittag schleppt sich dahin. Zwischendurch schaut Sarah immer wieder auf ihr Handy. Aber keine Nachricht im Eingang. Sie seufzt.

6

Zur gleichen Zeit ist Tom in der Werkstatt mit Mike am debattieren. Er hatte heute Morgen tatsächlich verschlafen und musste sich sputen, um noch geradewegs pünktlich in die Werkstatt zu kommen. In der ganzen Hektik hat er sein Handy daheim liegen lassen und ist natürlich jetzt total gefrustet. „Mike ich muss gleich eben kurz nach Hause mein Handy holen. Das ist wichtig FÜR MICH. Du wirst doch wohl mal für ne halbe Stunde ohne mich auskommen oder?" „Du weißt genau, dass gleich noch zwei Unfallschäden reinkommen. Und wir haben die Sachverständigentermine auch schon ausgemacht. Naja komm ist in Ordnung, aber beeile dich ja? Ich kann mich schließlich nicht gleichzeitig um zwei Schäden kümmern und das weißt du genau. Mann die Frau würd ich gerne sehen, die dir den Kopf so verdreht hat", grinst Mike.
„Na wenn ich mein Handy hier hätte, könnte ich sie dir ja auch zeigen", grummelt Tom zurück. „Sie hat mir gestern noch ein Foto rüber geschickt. Und ich sag dir nur WOW. Und ich sag dir noch was, in zwei Wochen haben wir doch das lange Wochenende oder? Donnerstag Feiertag. Was hältst du davon wenn wir die Werkstatt für die Tage schließen und wir beide düsen hoch nach Hamburg? Sarah hat die ganze Zeit eh schon von ihrer besten Freundin gesprochen. Wir könnten doch dann zu viert Hamburg unsicher machen oder nicht?"

Mike schaut Tom an als ob er vom anderen Stern kommt. „Ja nee is klar, da machen wir dann mal eben die Werkstatt zu. Bist du komplett irre geworden?" „Na du warst ja im Urlaub, also kann ich auch mal abhauen. Und wenn du nicht mitkommen willst, dann fahr ich eben alleine hoch. Mein Entschluss steht fest."

„Aber du weißt doch gar nicht, ob die Dame dich auch sehen will", gibt Mike zu bedenken. „Außerdem vielleicht kommt sie ja an dem Wochenende auch nach hier." „Ja klar", Tom wird langsam echt sauer „und dann kommt sie nach hier und ich muss arbeiten? Das soll wohl nicht dein Ernst sein oder? Nee lass mal, ich fahr eben kurz und bin dann in ner halben Stunde wieder hier. Halt die Stellung Alter."

Mike schaut Tom hinterher. So hat er seinen Freund schon lange nicht mehr erlebt. Wie kann es sein, dass ein einzelner Anruf dessen Leben so auf den Kopf stellt. Diese Frau muss wirklich was besonderes sein, denkt er sich. Aber, sein Kumpel hat es auch verdient mal wieder glücklich zu werden. Vielleicht war er gerade eben doch ein wenig zu heftig. Die Werkstatt läuft gut, und mal einen Tag schließen, gerade nach einem Feiertag, das würde schon nicht so schlimm werden. Er geht ins Büro und schlägt den Kalender auf. Also das wäre dann Freitag der 25. Mai. Keine Eintragungen im Kalender. Mike setzt sich an den Computer und macht auf die Schnelle einen Aushang fertig:

Liebe Kunden,
bitte haben Sie Verständnis dafür, dass die Werkstatt am Freitag,
den 25. Mai aus privaten Gründen geschlossen bleibt.
Vielen Dank für Ihr Verständnis.
Ihr A.W.S.H. Team
Thomas Schäfer und Mike Haringer

Er geht auf Drucken und sucht im Schreibtisch nach einer Prospekthülle, geht dann zur Werkstatttür und hängt das Schild gut sichtbar über die Öffnungszeiten. ‚So mein Alter, ich hoffe du bist jetzt zufrieden', denkt er sich und geht wieder in die Werkstatt.

Tom muss sich beherrschen, um nicht die Geschwindigkeitsbegrenzung zu überschreiten. Er ist so nervös. Es könnte ja sein, dass Sarah ihm einen guten Morgen gewünscht hat. Aber ehrlich gesagt wollte er sich ja wieder melden. Er hastet die Stufen zu seiner Wohnung rauf und rast ins Wohnzimmer. Er schnappt das Handy und schaut aufs Display. Nichts. Tom ist total enttäuscht. Aber was hatte er erwartet? Einen Kommentar auf sein Foto. Vielleicht einen guten Morgen Gruß oder sogar ein Küsschen. Tom schüttelt unwillig den Kopf. Kurz kommt ihm das Wort „WEIBER" in den Sinn, schämt sich aber im gleichen Augenblick schon wieder dafür. Vielleicht hatte sie heute Morgen ja auch Stress. Es ist ja auch recht spät geworden. Er nimmt das Handy und tippt eine Nachricht ein:

*„Hallo Engelchen, ich wünsche dir einen wunderschönen guten Morgen. Ist es bei dir heute Morgen auch ein wenig hektischer zugegangen als sonst? *zwinker* Also ich musste mich ganz schön beeilen. In dem ganzen Stress habe ich dieses verfluchte Handy dann daheim liegen lassen. Und jetzt hab ich mich kurz für ne halbe Stunde aus der Firma verabschiedet um es zu holen, damit ich dir einen Guten Morgen Gruß schicken kann. Mike hat zwar geknurrt, aber der beruhigt sich auch*

schon wieder *grins*. Du sag mal, ich hätte da so eine Idee. Aber ich weiß nicht, ob es dir recht ist. Wir haben hier am 24. Mai nen Feiertag. Naja und ich hab Mike vorgeschlagen, am Freitag die Werkstatt zu schließen und einen Kurztrip nach Hamburg zu machen. Was meinst du? Hättest du an dem Wochenende vielleicht mal einen Tag Zeit, vielleicht auch mit deiner Freundin, um für zwei alte Knaben Fremdenführer zu spielen? Bitte überleg es dir zusammen mit deiner Freundin und gib mir dann kurz Bescheid. Ich würde mich auf jeden Fall freuen. Ein liebes Bussi Tom."

Tom liest sich die Nachricht noch einmal in aller Ruhe durch und geht auf SENDEN. Jetzt ist es raus, und Mike kann machen was er will, er auf jeden Fall wird nach Hamburg fahren. Nur noch zwei Wochen, noch nicht mal. Sein Herz macht einen Freudensprung.

Jetzt aber los und zurück zur Werkstatt, sonst verscherzt er es sich wirklich noch mit seinem alten Kumpel.

Tom fährt seinen Wagen auf das Werkstattgelände. Er liebt dieses Auto. Eigentlich ist der Wagen viel zu groß für ihn. Aber warum sollte man sich nicht so was leisten, wenn man doch schon selbstständig ist und genug Geld verdient? Der silberne Mercedes ML 360 ist sein ganzer Stolz. Er liebt das Fahrverhalten und die Bequemlichkeit dieses Autos. Das ist kein Vergleich zu Mikes fast 20 Jahre altem Mustang. Aber genauso wie Tom die Vorzüge seines Autos liebt, liebt Mike sein Auto abgöttisch.

Tom schließt den Wagen ab und geht zur Werkstatt. Er sieht schon von weitem, dass über den Öffnungszeiten ein weißes Blatt hängt. Tom geht näher und liest. Er grinst über das ganze Gesicht. Auf seinen besten Kumpel ist halt doch Verlass. Da hat er ja noch nicht mal übertrieben, als er Sarah die Nachricht geschickt hat. Jetzt muss er nur hoffen, dass Mike auch mitfährt nach Hamburg.

Laut pfeifend betritt er die Werkstatthalle. Mike kommt ihm schon lachend entgegen: „Ich sehe, du hast das Schild gelesen ja?" Tom grinst „Ja ich habe es gelesen. Danke Kumpel. Und? Fährst du denn dann mit nach Hamburg hoch? Ich habe gehört, dass Sarah eine sehr nette Freundin hat."

Mike grummelt sich was in den Bart von wegen Kuppelei und Tom solle ihn mit den Weibern in Ruhe lassen. Aber er nickt und sagt „Weil ich dich nicht alleine fahren lassen kann, ohne dass du wieder irgendwelche Dummheiten machst, fahre ich mit. Siehst ja, noch nicht mal nen einfachen Anruf konntest du erledigen, ohne dich wieder in Schwierigkeiten zu bringen." Lachend dreht Mike sich weg, weil er genau weiß, dass, wenn Tom jetzt was zwischen die Finger bekommt, dieses Teil dann in seine Richtung wirft.

Tom geht ins Büro und widmet sich seiner Arbeit.

7

Sarah ist zugepackt mit Arbeit. Der Kaffee ist mittlerweile wieder einmal kalt geworden, aber das ist ja in diesem Job kein Wunder. Sie geht in die Küche, um sich einen frischen Kaffee zu holen. Natürlich könnte sie jetzt die Auszubildenden scheuchen und sich bedienen lassen. Aber das ist nicht ihre Art. Die haben ihre eigene Arbeit zu erledigen.

Als sie aus der Küche wieder in ihr Büro zurückkehrt geht der Signalton ihres Handys an. „Sie haben Post". Sarah schließt die Tür hinter sich, setzt sich in ihren Stuhl und nimmt das Handy. Eine Nachricht von Tom. Sie nippt an ihrem Kaffee und liest dabei die Nachricht. Ihr Herz macht einen Freudensprung. Er will sie sehen. Er will sie wirklich kennen lernen. Und er kommt dafür extra nach Hamburg. Aber von was für einem Feiertag redet er da in zwei Wochen. Sie schaut in den Kalender. Ach ja Fronleichnam. Na das mag ja in München ein Feiertag sein. Aber hier muss an diesem Tag ganz normal gearbeitet werden. Sie muss unbedingt mit Linda Kriegsrat halten. Ob sie sich frei nehmen soll? Sie nimmt den Telefonhörer und wählt die Nummer der Boutique. Nach ein paar Freizeichen meldet sich eine Stimme. „Chez Belle Abu Khamel am Apparat. Womit darf ich Ihnen weiterhelfen?"

„Hallo Linda", sprudelt es aus Sarah raus „ich muss dir was erzählen." Sie erzählt ihrer Freundin von Toms Nachricht und dessen Vorhaben, in knapp zwei Wochen nach Hamburg zu kommen. Die Begeisterung ist so heftig herauszuhören, dass auch die Freundin davon angesteckt wird. Sie fragt „Aber wir haben doch dann gar keinen Feiertag. Willst du extra dafür zwei Tage Urlaub einreichen? Und für mich wären es ja drei Tage, ich muss ja schließlich Samstag auch arbeiten." Es entsteht eine kurze Pause. Sarah erwidert: „Also ich für meinen Teil nehme auf jeden Fall frei. Ich kann ja mit den beiden tagsüber durch Hamburg ziehen. Ich hab doch noch so viel alten Urlaub, den ich nehmen muss. Ich hab ja schließlich die letzte Zeit ohne Unterbrechung gearbeitet. Und nach Feierabend können wir dich doch dann abholen und die Abende gemütlich ausklingen lassen, was meinst du? Vielleicht könntest du dir ja zumindest den Samstag frei nehmen."

Linda verspricht, mit Clarissa, ihrer Chefin darüber zu reden. Sie verabreden, dass Sarah nach Feierabend in der Boutique vorbeikommt und sie dann gemeinsam zu Linda fahren.

Sarah überlegt, ob sie Tom schon eine Nachricht zurück schicken soll. Aber da kommt ein Anruf auf ihrem Apparat rein und sie stürzt sich wieder in die Arbeit. Sie arbeitet die ganze Mittagspause durch und beschäftigt sich am Nachmittag mit Nele und erklärt dieser die Vollstreckung in allen Einzelheiten. Als sie abends um 18 Uhr endlich auf die Uhr schaut, ist sie erschrocken. Sie hat gar nicht gemerkt, wie schnell die Zeit vergangen ist. Aber das geht ihr ja immer so. Wenn sie einmal in ihrer Arbeit vertieft ist, dann hört und sieht sie nichts anderes mehr. Leise meldet sich ihr schlechtes Gewissen. Sie hat Tom immer noch nicht geantwortet. Hoffentlich ist er jetzt nicht beleidigt. Sie fährt den Computer runter und nimmt ihr Handy. Wenigstens eine kurze Nachricht sollte sie ihm schicken.

„Hallo Tom, entschuldige bitte, dass ich mich jetzt erst bei dir melde. Ich hab nen ziemlich stressigen Tag gehabt und leider wirklich keine Zeit gefunden, dir deine Nachricht zu beantworten. Ich habe mich sehr über den Morgengruß gefreut und freue mich wirklich, wenn Ihr in zwei Wochen nach Hamburg kommt. Leider müssen Linda und ich arbeiten. Diesen Feiertag gibt es hier in Norddeutschland nicht *seufz* Aber ich werde heute Abend mit Linda Kriegsrat halten und dir dann Mitteilung geben, wie wir die Sache lösen werden. Ich kann mir auf jeden Fall den Donnerstag und den Freitag frei nehmen, so dass ich euch beiden als Fremdenführer zur Verfügung stehe. Was mit Linda ist, kann ich leider noch nicht sagen. Auf jeden Fall freuen wir uns auf ein Kennen lernen. Und ich freue mich ganz besonders. Lieben Gruß und ein zärtliches Bussi. Sarah"

Sie schickt die Nachricht raus und packt ihre Sachen zusammen. Alle anderen haben das „Schiff" schon verlassen. Sie schaut noch mal in alle Büros, ob auch alle Geräte ausgeschaltet sind, geht in das Aktenarchiv, wo der Hauptserver steht und startet die Datensicherung. Ihr entfährt ein leiser Seufzer. Alles muss sie selbst machen, aber dafür bekommt sie zumindest in dieser Kanzlei auch ein ansehnliches Honorar für ihre Arbeit gezahlt. Und das – das weiß Sarah genau – ist nicht bei allen Anwälten der Fall.

Sie kontrolliert die Küche, ob die Kaffeemaschine ausgeschaltet ist, schließt alle Fenster und holt ihre Tasche und Jacke aus ihrem Büro. Feierabend. Endlich.

Sie nimmt noch die Post mit, die die Auszubildenden am Empfang hinterlegt haben und geht. In der Tiefgarage nimmt sie Kurs auf ihr Auto. Noch etwas, worauf sie wahnsinnig stolz ist. Sie hat sich – zwar mit Leasing – ihren Traum erfüllt. Einen nigelnagelneuen Fiat 500. Schwarz und böse. Sie streicht ehrfürchtig über die Chromleiste des glänzenden Fahrzeuges, schließt auf und sinkt seufzend in den Sitz.

Nur jetzt noch die Post wegbringen und dann auf zu Linda. Die wird dann mittlerweile auch fertig sein.

An der Boutique angekommen sieht sie schon von draußen, dass Linda bereits bei den Feierabendvorbereitungen ist. Sarah schlüpft schnell noch in den Laden. „Hallo Süße, habt ihr was Neues rein bekommen?" Linda schaut die Freundin grinsend an und sagt: „Du hast Glück, Clarissa ist am Wochenende in Mailand gewesen und hat neue Ware mitgebracht. Willst du noch durchschauen? Dann lass mich aber kurz die Türe abschließen. Ich hab jetzt keine Lust mehr auf Kundschaft." Sarah nickt nur und schaut sich begeistert den Warenposten an. Seufzend zieht sie ein schwarzes Kleid aus dem Ständer. „Oh Mann das ist ja ein Traum." Linda nickt. „Ja aber ein sehr teurer Traum. Selbst mit Abzug der Prozente können wir beide uns das kaum leisten", seufzt sie. „Clarissa hat mal wieder exklusiv zugeschlagen. Ist für uns unbezahlbar."

Sarah schaut sich die anderen Sachen auch noch an und schüttelt bei den Preisen entgeistert den Kopf. „Das wird die wirklich los bei den Preisen oder?" wendet sie sich an Linda. „Na klar, Sarah mal ganz ehrlich, das eine oder andere Teil habe ich auch schon woanders in ner Boutique gesehen. Okay, nicht in dieser Qualität, aber immerhin auch über die Hälfte günstiger. Ich glaub wir müssen unbedingt mal wieder nen Bummeltag einlegen."

„Ja vielleicht sollten wir mal in der Mittagspause losziehen" grinst Sarah. „Ich hab so viele Überstunden angesammelt, da kann ich ruhig auch mal die Pause ausdehnen. Was meinst du?" Die Freundin stimmt begeistert zu. Die beiden gehen aus dem Ladenlokal, schließen die Tür ab und gehen zu Sarahs Auto. „Das ist echt ein Schmuckstück", sagt Linda anerkennend. „Ach hör doch auf, du lässt doch auf deins nichts kommen", schmunzelt Sarah. „Du und dein Beetle."

Linda lacht. Das war ihr Traum, den sie sich mit Hilfe einer kleinen Erbschaft, die sie vor einem Jahr gemacht hatte, erfüllt hat. Ihre Tante aus

Saudi Arabien hatte ihr ein wenig Geld hinterlassen. Das musste für diesen Traum herhalten. Übrig blieb noch ein Betrag, mit dem Linda ihre Wohnung teilweise neu gestalten konnte.

Beide waren sich einig, dass es ihnen in dieser Hinsicht richtig gut ging. Sie wussten – im Gegensatz zu manch anderen Frauen in ihrem Alter – auch diese schwer erarbeiteten Dinge zu schätzen und bekamen dadurch keinerlei Höhenflug.

Linda schlägt vor, bei Demir noch einen Döner fürs Abendessen mitzunehmen. Sarah druckst ein wenig herum. „Du, sei mir nicht böse, aber darauf hab ich heute absolut keinen Appetit. Wie wäre es denn mit chinesisch?" „Das ist in Ordnung. Lass uns doch rüber zu Bao Yen fahren. Oder willst du dort essen?" Sarah fährt Richtung Alsterburgstraße und schüttelt den Kopf. „Nein lass uns das Essen einpacken. Ich bin echt geschafft. Möchte nur noch was essen. Ich werde heute nicht alt. Es ist gestern einfach zu spät geworden. Allerdings müssen wir noch Tom eine Nachricht senden, damit er weiß, wie das in zwei Wochen abläuft okay?"

Die beiden setzen sich bei Linda in die Küche. Küche ist vielleicht zu viel gesagt. Linda hat die Möbel dafür eher zusammengewürfelt. Blickfang ist ein riesiger, antiker Buffetschrank, den Linda auf einem Trödelmarkt erstanden hat, und den sie in mühevoller Kleinarbeit selbst restauriert hat. Sarah kann sich noch an die Wochen mit Blasen an den Händen erinnern, als sie mit Linda die alte Farbe mit Hilfe von Glasscherben von dem edlen Holz gekratzt hat. Ein einzelner edelstahlfarbener Kühlschrank, der Herd mit Edelstahlfront und die Abzugshaube, ebenfalls Edelstahl, die so gar nicht da hineinpassen wollen, ziehen ebenfalls die Blicke auf sich. Ansonsten hat Linda die Zeile mit Schränken aus Buchenholz vervollständigt. Auf der gegenüberliegenden Seite hat sie eine Essgruppe aus Rattangeflecht stehen. Es sieht zumindest gemütlich aus. Die Freundinnen ziehen die Jacken aus, streifen sich die hohen Pumps von den Füßen und setzen sich. Linda holt eine Karaffe Orangensaft aus dem Kühlschrank, zwei Gläser und stellt sie ebenfalls auf den Tisch.

Genüsslich verzehren sie das Essen. Nachdem sie fertig sind, räumt Sarah den Müll ab und Linda macht für beide einen Espresso. Das ist ein Teil des Luxus, den sie sich gegönnt hat. Langsam nippend trinken sie. Dann sagt Linda: „Ich habe schon mit meiner Chefin gesprochen.

Der Samstag würde in Ordnung gehen. Da könnte ich frei machen. Allerdings ist bei Donnerstag und Freitag das absolute No Go." Sarah seufzt „Na gut, dann muss ich mich um die beiden Knaben kümmern, und sie tagsüber beschäftigen. Vielleicht wollen sie ja auch was alleine machen. Wir werden sehen. Ich denke Mal das bekommen wir schon hin. Oder meinst du nicht?"

Du hast Recht, aber dann solltest du Tom mal langsam ne Nachricht schicken. Wenn er nur halb so drauf ist wie du, dann wird er mit Sicherheit schon ziemlich nervös auf deine Antwort warten. Sarah lacht, nimmt das Handy und gibt die Nachricht ein:

„Hallo Tom, also ich habe mit Linda gesprochen. Sie bekommt leider nur den Samstag frei, so dass Ihr zwei mit mir als Fremdenführerin am Donnerstag und Freitag, zumindest tagsüber vorlieb nehmen müsstet *zwinker* Ich hoffe, ich kann zwei gestandenen Männern die Zeit auch gut vertreiben *grins* Vielleicht macht Ihr euch mal Gedanken, wann Ihr hier in Hamburg eintrefft, und wo Ihr unterkommt. Wir könnten ja dann für Donnerstag einen Treffpunkt vereinbaren. Was meinst du? Bussi Sarah"

Tom sitzt immer noch im Büro und bearbeitet Kostenvoranschläge. Mike hat schon Feierabend gemacht. Irgendwie hat Tom heute keine Lust nach Hause zu gehen. Zum ersten Mal seit langer Zeit ist er richtig ruhelos. Wenn er es sich eingesteht, würde er lieber heute schon, als erst in 10 Tagen nach Hamburg fahren. Aber er muss sich noch gedulden. Er fragt sich schon seit Stunden, ob sein Engel ihm wohl auf seinen Vorschlag antworten wird, und vor allen Dingen, was sie antworten wird. Er ist nervös, wie schon lange nicht mehr. Diese Frau hat ihn voll erwischt.

Da klingelt sein Handy. Rasch nimmt er es auf und liest ihre Nachricht. Wiederum muss er feststellen, dass ihm beim Lesen richtig warm ums Herz wird. Er kann es kaum aushalten, sie endlich zu treffen. Ob er sie dann einfach in den Arm nehmen soll? Am liebsten würde er sie in den Arm nehmen, sie küssen und nie wieder los lassen. Vielleicht, ja ganz vielleicht würde zu Tom ja das Glück wieder kehren.

Er hatte mit Mike schon überlegt, dass die beiden bereits am Mittwochabend nach Hamburg fahren wollten. Mike hatte diesbezüglich zugestimmt und ihm gesagt, dass wenn Sarah zusagen sollte, Tom sofort ein Hotel oder eine Pension für die beiden buchen solle, von Mittwoch bis Sonntag. Dann hätten sie beide zumindest vier volle Tage Zeit.

Tom schaut ins Internet nach Hotels oder Pensionen in Hamburg. Die zwei hatten sich schon für das Weiße Hotel an der Elbchaussee entschieden. Tom notiert sich die Telefonnummer und fragt nach, ob für den 23. Mai für 4 Tage noch ein Doppelzimmer frei ist. Er hat Glück. Sofort bucht er ein Doppelzimmer mit Frühstück für Mike und sich. So das wäre jetzt geschafft. Jetzt musste er nur der Kleinen mitteilen, dass sie sich in neun Tagen sehen würden.

„Hallo Engerl, ich habe gerade für Mike und mich ein Zimmer im Weißen Hotel an der Elbchaussee gebucht. Da ich es überhaupt nicht abwarten kann, dich zu sehen, werden wir bereits am Mittwoch anreisen. Könnten wir uns denn dann auch am Mittwochabend schon sehen? Wie gesagt, ich kann es wirklich kaum noch aushalten. Am liebsten würde ich dich in die Arme nehmen und dich abknuddeln. Aber vielleicht magst du das ja noch nicht *grins* Was würdest du eigentlich tun, wenn ich dich dann gar nicht mehr los lasse? Du hast dich ganz schön in mein Herz geschlichen Kleine. Bitte sag, dass wir uns schon am Mittwochabend sehen können. Mach einen alten Mann glücklich *zwinker* zärtliches Kusserl Tom“

„Wow, das ging aber schnell", sagt Linda, als Sarah ihr die Nachricht von Tom vorliest. „Ich glaube der Knabe hat nicht eine Sekunde damit gerechnet, dass du nein sagen könntest", grinst sie. Sarah wird rot. „Ich kann es doch selbst nicht erwarten, dass ich ihn endlich sehe", gesteht sie Linda. „Ich weiß doch gerade selbst nicht, was mit mir passiert, nur, dass ich es genauso wenig erwarten kann wie er, dass wir uns sehen. Und ich glaub auch, dass es beim in die Arme liegen und abknuddeln nicht unbedingt bleibt", grinst sie Linda an.

Linda seufzt vernehmlich. „Also gehe ich davon aus, dass wir die zwei bereits am Mittwoch treffen werden? Dann mach ihm doch den Vorschlag, dass sie sich melden sollen, wenn sie angekommen sind. Dann können wir die zwei doch in der Hotelbar treffen." „Gute Idee", Sarah nimmt ihr Handy und antwortet:

„Hallo Tom, ich freu mich schon total auf dich. Ich weiß nicht ob es dich wirklich so glücklich macht, aber ich wollte vorschlagen, dass du mir

eine Nachricht schickst, wenn Ihr beide angekommen seid. Dann kön-
nen wir uns ja mit euch in der Hotelbar treffen. Das wird wohl das Beste
sein, nach so einer langen Fahrt oder meinst du nicht? Naja und das
mit dem im Arm nehmen und abknuddeln. Darf ich dich auf dieses An-
gebot festnageln? Was ich mache, wenn du nicht mehr los lässt? Naja
vielleicht will ich ja gar nicht losgelassen werden *zwinker*. Du hast
mein Herz auch gestohlen. Wie du das gemacht hast, weiß ich nicht.
Aber es ist einfach so. Zärtliches Küsschen back. Deine Kleine."

Tom liest die Nachricht und ihm stehen Tränen in den Augen. So was
ist ihm in seinem ganzen Leben noch nicht passiert. Sollte dieser Engel
ihm wirklich das Herz gestohlen haben? Kann man sich denn einfach
nur so bei ein paar Worten übers Telefon und ein paar Nachrichten
verlieben? Das gibt's doch gar nicht. Er denkt kurz an Steffi. Das gibt
ihm einen Stich ins Herz. Aber er weiß auch, Steffi würde wollen, dass
er langsam wieder glücklich wird. Aber er fühlt in seinem Inneren, dass
die Gefühle, die er gegenüber dieser Fremden hat, schon fast so groß
sind wie die, die er für Steffi empfunden hatte.

Er schüttelt den Kopf. Was passiert hier gerade? Er nimmt sein Handy
und tippt eine Antwort für seinen Engel:

„Hallo Kleines, du hast einen alten Mann echt glücklich gemacht *freu*
Ich kann dir gar nicht sagen, wie es in mir aussieht. Aber das wirst du
dann ja spätestens nächste Woche Mittwoch erfahren. Nur noch
neunmal schlafen. Ich freu mich wie ein kleines Kind auf Weihnachten.
Ich kann dir nur sagen, bitte nagel mich auf mein Angebot fest und lass
mich nie wieder los. Sarah, ich glaub ich habe mich Hals über Kopf in
dich verliebt. Ja ich weiß, es ist irre, aber ich fühle nun mal so. Ich hof-
fe, ich habe dich nicht erschreckt mein Engerl. Ich kann es kaum erwar-
ten, dich endlich in die Arme zu nehmen und dich leidenschaftlich zu
küssen. Aber ich kann dir nicht wirklich versprechen, dass ich dich wie-
der loslasse. Mein Spatzerl, ich muss jetzt langsam ins Bett, sonst
bringt Mike mich morgen früh um, wenn ich wieder so verschlafen in die
Werkstatt komme. Ich schicke dir hunderttausend zärtliche Küsse. Dein
Tom."

Sarahs Herz wird warm. In ihrem ganzen Körper kribbelt es, als ob sie
auf einem Ameisenhügel sitzt.
Sie seufzt tief auf und schreibt noch eine letzte Nachricht:

„Hallo Tom, ich freu mich auch wie Bolle. Schatz ich bin noch bei Linda und werde mich gleich auch auf den Heimweg machen. Deine zärtlichen Küsse sind angekommen und haben mich fast umgehauen. Ich sende dir einen zärtlichen Kussregen zurück. Schlaf gut und träum was Schönes. Bis morgen, Küsschen dein Engel."

Linda schaut fragend. Sarah hält ihr das Handy hin und sagt: „Lies bitte selbst."

Linda nimmt das Handy, liest die Nachrichten und pfeift einmal kurz. Mannomann. Was sich da anbahnt. Das geht schnell, verdammt schnell. Wie kann sie das nur bremsen. Sie hat Angst, dass ihre beste Freundin in ihr Unglück rennt. Es ist doch nun mal ein wildfremder Mann.

Und so ganz nebenbei ist es ihr nicht wirklich recht, dass Sarah den beiden am Donnerstag allein Hamburg zeigen will. Naja, sie beide werden sich diese Knaben ja nächste Woche Mittwoch erst mal anschauen. Und heute ist erst einmal Montag. Bis dahin fließt also noch viel Wasser durch die Elbe.

Sarah schaut Linda fragend an. „Na nun sag schon was du denkst." Linda schaut ihr ernst in die Augen und sagt nur „Süße versprich mir bitte eins, sei ein wenig vorsichtig mit deinen Gefühlen ja? Ich möchte doch nur nicht, dass du verletzt wirst. Kannst du mir versprechen, einen Gang runter zu schalten?"

Die Freundin nickt nur wortlos. „Du hast ja Recht, aber ich weiß auch nicht, warum ich solche Gefühle habe. Dass das nicht normal ist, weiß ich selbst. Aber ich kann sie doch nicht abschalten."

„Lass uns erst mal abwarten, wie sich die beiden Knaben so geben. Bis dahin können wir ja sowieso keine Entscheidungen treffen. Nur, bitte gib nicht sofort dein ganzes Herz wieder her ja?"

Sarah schweigt. Dann nickt sie: „Ich verspreche dir, ein wenig vorsichtig zu sein. Ist das in Ordnung? So, und jetzt mach ich mich vom Acker. Ich muss wenigstens heute mal eher ins Bett und versuchen zu schlafen. Sonst sieht Tom nächste Woche eine Frau mit schwarzen Ringen unter den Augen:"

Linda grinst nur. Sie bringt ihre Freundin zur Tür, gibt ihr zwei Küsschen auf jede Wange und schließt die Tür.

Sarah geht nachdenklich zum Auto und fährt heim. Zu Hause zieht sie sich aus, lässt ihre Sachen wieder einmal verstreut liegen und geht noch unter die Dusche. Sie kuschelt sich in ihre Schmusedecke ein und schläft bald darauf einen tiefen, jedoch nicht traumlosen Schlaf.

Der Wecker klingelt, lange und ausdauernd. Sarah schaltet ihn aus und gähnt herzhaft. Oh Mann, irgendwie hat sie das Gefühl, noch gar nicht wirklich geschlafen zu haben. Sie ist total müde. Lustlos steht sie auf, geht in die Küche und schaltet die Kaffeemaschine ein. Ohne mindestens eine große Tasse Kaffee kann der Tag nicht beginnen.

Sie schlurft ins Bad, verrichtet ihre Morgentoilette und zieht sich dann an. Sie holt ihre Zeitung rein, setzt sich in die Küche und trinkt zeitunglesend ihren Kaffee. Nicht viel Neues in Deutschland. Naja keine Nachrichten sind zumindest auch keine schlechten Nachrichten, denkt sie. Sie nimmt ihr Handy zur Hand und schreibt eine Nachricht:

„Guten Morgen alter Mann *zwinker*. Ich hoffe du hast gut geschlafen und auch von mir ein wenig geträumt. Auf jeden Fall hast du mich heute Nacht in meinem Traum besucht und ich muss sagen, ich war ganz schön knurrig, als der Wecker dich dann verscheucht hatte. Ich hab im Moment im Büro ziemlich viel Stress, ich hoffe, es du bist mir nicht böse, wenn ich dir erst in der Mittagspause und dann heute Abend wieder schreibe oder? Zärtliches Küsschen deine Kleine."

Dann macht sie sich auf den Weg. Die Arbeit hat sie wieder.

Tom träumt einen wunderbaren Traum. Da hört er sein Handy piepsen. Er schlägt die Augen auf und schaut auf die Uhr. Eine halbe Stunde hat er noch, bevor er aufstehen muss. Den Luxus erlauben sich Mike und Tom im Wechsel, dass, wenn nicht wirklich wichtige Termine anliegen, sie abwechselnd erst um neun in die Werkstatt kommen. Dafür hockt derjenige dann aber abends auch länger und holt die versäumte Zeit nach. Tom liest die Nachricht von seinem Engel und seine Augen strahlen. Schnell antwortet er.

„Guten Morgen mein Sonnenschein. Gerade ist hier bei mir die Sonne aufgegangen. Komm her und lass mich dich in meine Arme nehmen.

Ich liege noch im Bett, hätte noch eine halbe Stunde Zeit zum Kuscheln mit dir mein Spatzerl. Aber ich glaube, dass, wenn du jetzt in meinen Armen liegen würdest, ich für gar nichts garantieren könnte *zwinker* Du hast einem alten Mann völlig den Kopf verdreht. Natürlich bin ich dir nicht böse Spatzerl. Das könnte ich gar nicht. Ich freue mich auf heute Mittag. Und Spatzerl, nur noch acht Mal schlafen *grins* Zärtliches Küsschen. Dein Tom"

8

So und ähnlich wechseln in den nächsten Tagen die Nachrichten zwischen den beiden frisch Verliebten. Dabei kommen sie sich immer näher und näher. Sarah ist in den Tagen bis zum Mittwoch übernervös. Und auch Tom ist kaum zu ertragen. Die beiden Freunde Mike und Linda haben eine ganze Menge auszuhalten und können sich nur schwer beherrschen. Beide atmen auf, als der Mittwoch endlich gekommen ist.

Sarah konnte die letzte Nacht überhaupt nicht schlafen. Sie ist so was von aufgeregt, wie kaum zuvor in ihrem Leben. Heute wird sie Tom treffen. Aber noch liegt ein ganzer Tag Arbeit vor ihr. Als sie aus der Dusche kommt hört sie schon ihr Handy piepsen.

„Guten Morgen Spatzerl, ich hoffe du hast besser geschlafen als ich. Ich bin so aufgeregt, dass ich heute Nacht kein Auge zugemacht habe. Ich bin so nervös, das kannst du kaum glauben. Ich werde jetzt meine Sachen zusammenpacken und dann Mike abholen. Dann werden wir uns auf den Weg machen. Und nur noch ein paar Stunden trennen uns, bis wir uns endlich in den Armen liegen werden. Ich kann es kaum erwarten. Ich schicke dir zärtliche Küsse. Bis später mein Herz. Tom."

Sarahs Herz schlägt Purzelbäume. Ja, heute ist es nun endlich soweit. Heute wird sie ihn endlich sehen. Ihren Tom. Ihr Tom? Das wäre wirklich zu schön um wahr zu sein. Sie hofft von ganzem Herzen, dass ihre Träume in Erfüllung gehen. Sie kann es kaum erwarten und tippt nervös und mit feuchten Händen eine Antwort ein:

„Hallo mein Schatz, es geht dir glaub ich wie mir. Auch ich habe heute Nacht nicht ein Auge zu gemacht. Ich kann es genauso wenig erwarten wie du, mich heute Abend endlich in deine Arme zu kuscheln. Schatz ich weiß nicht, ob ich dich dann noch los lassen werde. Was machen wir dann? Zärtliches Küsschen dein Engel."

Die Antwort lässt nicht lange auf sich warten:

„Spatzerl, ich weiß, dass wir uns nicht mehr los lassen werden. Und ich denke mal, dass wir dann wohl spontan eine Entscheidung treffen wer-

den, ob Mike allein im Hotel bleibt oder nicht *zwinker*. Ich liebe dich.
Küsschen Tom"

Sarah grinst nur. Sie weiß jetzt schon genau, dass sie Tom mit Sicherheit mit nach Hause nehmen wird. Anders kann und will sie es auch gar nicht. Ihr Herz gehört ihm und sie hofft, dass er ihr seines auch wirklich schenkt. Eigentlich könnte es gar nicht schöner sein.

Sie ruft kurz Linda an und die beiden vereinbaren, dass Sarah sie heute Abend von der Boutique abholt und sie dann zu Linda fahren, bis sich Tom meldet und sie dann zum Hotel fahren können.

Sarah schaut auf die Uhr. Um Himmels Willen, sie hat viel zu viel Zeit vertrödelt. Wo ist sie heute nur mit ihren Gedanken. Schnell nimmt sie ihre Tasche, ihr Handy und ihre Schlüssel. Sie rennt zu ihrem Auto, startet und fährt los.

Im Büro ist Hochbetrieb, so dass sie nicht wirklich dazu kommt, einen Gedanken an heute Abend zu verschwenden. Die Zeit vergeht wie im Flug.

Währenddessen holt Tom Mike ab und die beiden starten gen Norden. Selbst Mike wird immer aufgeregter, je näher sie ihrem Ziel kommen. Aber sie haben ja auch eine ganz schöne Strecke vor sich. Zu seinem Freund zugewandt sagt er: „Sag mal Tom, du hast dich ja schon ganz schön in diese Sarah verliebt oder", Tom nickt nur. „Wie stellst du dir eigentlich das in Zukunft vor? Wie willst du diese Entfernung überbrücken? Wir haben unsere Werkstatt in München. Sie hat ihre Arbeit in Hamburg. Meinst du, sie wird alles, Freunde und Familie aufgeben, und zu dir nach München kommen?" Tom schaut Mike kurz an „Ich denke, das wird sich zeigen alter Freund. Aber ich kann eine Frau auch ernähren. Sie müsste ja nicht zwangsweise arbeiten gehen. Wir werden abwarten oder?" Mike nickt nur stumm. Er hofft, dass sich wirklich alles so einstellt, wie Tom es sich erträumt. Aber er weiß auch, dass das Leben nicht immer einfach und problemlos vonstatten geht. Das musste Tom ja auch schon am eigenen Leib erfahren. Mike betet nur, dass Tom diesmal wirklich glücklich werden würde, und dass das Glück dann auch bei ihm verweilt.

Schweigend setzen sie ihre Fahrt fort, jeder in seinen eigenen Gedanken versunken.

Die Fahrt verläuft ohne Zwischenfälle, so dass sie am frühen Abend in Hamburg im Hotel einchecken können. Sie gehen aufs Zimmer und Tom schreibt sofort eine Nachricht an seine Kleine.

„Hallo Spatzerl, wir sind nun angekommen und haben eingecheckt. Wir wollen im Hotelrestaurant noch was essen gehen. Wie wäre es, wenn wir dann gemeinsam essen. Könnt Ihr denn schon zeitnah kommen? Es ist jetzt 18.30 Uhr. Wie wäre es dann um 20 Uhr im Hoteleigenen Restaurant? Ich freu mich schon so sehr. Zärtliches Busserl Tom.“

Sarah sitzt schon seit sechs Uhr auf heißen Kohlen. Mit Linda hat sie verabredet, sie um halb sieben in der Boutique abzuholen und dann erst mal zu Linda zu fahren, damit die beiden sich frisch machen können. Pünktlich steht sie vor der Boutique, als ihr Handy klingelt. Sie liest die Nachricht und jetzt fängt ihr Magen erst recht an Purzelbäume zu schlagen. Am liebsten würde sie ja sofort losfahren. Aber sie beherrscht sich gerade noch. Linda kommt aus der Boutique und schaut fragend zu ihrer Freundin, die von einem Bein aufs andere tritt. „Sag mal musst du aufs Klo?“ lacht sie. „Nein, ich hab gerade von Tom eine Nachricht bekommen, dass die beiden schon im Hotel sind und uns um acht im Hotelrestaurant erwarten. Er lässt fragen, ob wir mit den beiden gemeinsam was essen wollen.“ „Gute Idee“, stimmt Linda zu. „Aber erst muss ich unter die Dusche und mich frisch machen, und du ja wohl bestimmt auch oder?“ zwinkert Linda Sarah zu. Diese nickt zustimmend. „Dann schreib ich eben Tom, dass wir um acht dort sind.“

„Hallo mein Schatz, das ist eine gute Idee. Wir sind pünktlich um acht bei Euch. Ich freu mich schon so sehr. Zärtliches Küsschen dein Schatz.“

Die beiden steigen in Sarahs Rennsemmel und fahren los.

Mike und Tom packen aus, duschen und machen sich auf den Weg runter ins Restaurant. Sie suchen sich einen gemütlichen Vierertisch und bestellen sich schon mal einen Cappuccino. Tom schaut ständig auf die Uhr. Mike kann sich ein Lachen nicht verkneifen. „Ich bin ja mal gespannt, ob deine Erwartungen wirklich erfüllt werden alter Knabe. Und auf diese Linda bin ich mittlerweile auch mehr als gespannt.“ Tom grinst Mike breit an. „Ich denke mal, dass genau DIESE Linda, wie du sie nennst, perfekt in dein Beuteschema passen wird. Das was Sarah

61

von ihr erzählt hat, hört sich zumindest so an." Mike runzelt nur die Stirn und schlürft gedankenverloren an seinem Cappuccino.

Ständig schauen die beiden zur Tür. Pünktlich um acht Uhr öffnet sich die Tür und sowohl Tom, als auch Mike halten den Atem an. Tom hat seine Kleine ja schon auf den Fotos gesehen. Aber die Realität lässt sein Herz noch höher schlagen. Mike bekommt kaum noch Luft. Diese dunkelhaarige Amazone sollte Linda sein? Wow, wenn das der Fall sein sollte, dann hat sein Kumpel Recht. Beuteschema, nicht nur seins. Und er wird alles daran geben, dass er auch ihr Beuteschema wird. Die zwei Mädels kommen an den Tisch. Tom steht auf, schaut Sarah an. Sie steht direkt vor ihm und ist zu keiner Bewegung fähig. Sie krächzt ein wenig heiser vor Aufregung nur ein „Tom?" Tom nimmt sie in die Arme und haucht ihr einen zärtlichen Kuss auf den Mund. Dann vergräbt er sein Gesicht in ihren Haaren. Wow das ist ein Traum. Toms Herz klopft vie verrückt. Er saugt tief ihren Geruch ein. Kann gar nicht genug davon bekommen. Schweren Herzens löst er sich von seinem Engel, deren Atmung sich so beschleunigt hat, als ob sie einen Hundertmeterlauf hinter sich hat. An seine guten Manieren erinnert, wendet er sich Mike und Linda zu, die daneben stehen und sich die ganze Zeit nur anstarren.

Tom unterbricht die Schweigeminute, indem er Linda herzlich die Hand schüttelt, sich vorstellt, und auch gleich Mike gegenüber beiden Mädels vorstellt. Er schaut seinen Kumpel an, der vollkommen verstummt ist. Grinsend bittet er Linda und Sarah, sich doch zu setzen und fragt, ob sie vor dem Essen mit ihnen noch einen Kaffee oder Cappuccino trinken wollen.

Sarah setzt sich Tom gegenüber und Linda nimmt gegenüber Mike Platz. Beide stimmen zu und Tom bestellt bei der herbeieilenden Kellnerin rasch noch vier Cappuccino.

Die Unterhaltung kommt nur langsam in Gang. Zu überrascht sind die vier von dem ersten Aufeinandertreffen. Mike schubst Tom ständig unter den Tisch an. Und Tom schaut Mike nur vielsagend an. Er weiß genau, dass es um seinen Kumpel geschehen ist, als er die Frauen hat reinkommen sehen. Na das kann ja was werden, denkt sich Tom. Er nimmt Sarahs Hand und schaut ihr tief in die Augen. Sagen braucht er nichts. Es ist wie ein unsichtbares Band, was sich um ihrer beiden Hände schlingt. Allein ihre Augen unterhalten sich miteinander. Ihre

Blicke sprechen von Überraschung, Liebe, Verständnis. Und sowohl Tom, als auch Sarah haben ihre Herzen nun endgültig an den anderen verloren.

Als Tom und Sarah einen kurzen Blick auf Mike und Linda werfen, sind sie überrascht, dass dort das gleiche Szenario stattfindet. Auch die beiden schauen sich nur stumm an.

Als die Kellnerin mit dem Cappuccino kommt, platzt der Knoten und die Unterhaltung nimmt ihren Lauf. Alle vier stellen fest, dass sie viele gemeinsame Interessen haben und sich prächtig miteinander verstehen. Mit viel Spaß genießen sie das gemeinsame Essen und beschließen, noch ein wenig über den Dom zu schlendern. Sarah kuschelt sich eng in Toms Arme und Linda hakt sich lapidar bei Mike ein, der immer noch nicht zu seiner alten Kondition, die Tom von ihm kennt, wieder gefunden hat. So hat Tom seinen Kumpel noch nicht erlebt. Mensch den hat's schwer erwischt, denkt er sich.

Auf dem Dom angekommen haben die vier jede Menge Spaß. Vor einigen Fahrgeschäften bleiben sie stehen und schauen sich das Spektakel an. Tom und Sarah können die Hände nicht voneinander lassen und kuscheln im Riesenrad, in der Raupe und auch in der Geisterbahn. Sie kriecht förmlich in Toms Arme und Tom kann sein Glück immer noch nicht fassen.

Niemand bemerkt, dass sie von einem großen, sehr schlanken, dunkelhaarigen Mann verfolgt werden.

Am Lebkuchenstand kauft Tom für seinen Schatz ein Herz mit der Aufschrift „Meine große Liebe" und auch Mike kauft für Linda eins mit „Knuddel dich".

Es wird spät und Linda entschuldigt sich. „Leute es tut mir echt leid, aber ich muss morgen leider arbeiten. Sarah bringst du mich noch heim oder wie machen wir das jetzt?" Sarah wird tiefrot und schaut Tom an. „Wäre es euch recht, wenn wir euch beide erst zum Hotel fahren?" fragt sie. „Dann könnt Ihr morgen richtig ausschlafen. Ich kann euch ja nach dem Frühstück abholen und dann machen wir mit Linda zusammen Mittagspause, was meint Ihr?" Sie sieht Tom an, dass er eigentlich überhaupt keine Lust hat, ins Hotel zu fahren. Aber auch Mike scheint darüber nicht wirklich glücklich zu sein. Doch beide nicken ihr zu und sie gehen zum Auto.

Die beiden Frauen bringen die zwei Freunde ins Hotel. Unterwegs sagt Sarah lachend „Mensch jetzt fahr ich schon so langsam, und der Depp hinter mir überholt gar nicht. Ob das Zivilstreife ist?" Linda, Tom und Mike drehen sich nach hinten um, schütteln aber alle die Köpfe. „Seit wann fahren denn Polizisten nen Renault Scenic?" fragt Tom. „Stimmt", antwortet Mike „das habe ich auch noch nicht gesehen."

Vor dem Hotel angekommen, steigen alle aus dem Auto. Tom nimmt sein Spatzerl in die Arme und beide küssen sich leidenschaftlich. Leise flüstert Tom ihr zu. „Schatz, es ist der erste Abend, wo wir uns sehen. Es fällt mir unendlich schwer, dir jetzt gute Nacht zu sagen. Aber Liebling morgen Abend lasse ich dich nicht gehen. Überlege dir, ob du mit mir kommst, oder ob du mich mit zu dir nehmen möchtest ja?" Sie schaut Tom mit großen Augen an. „Ja mein Schatz. Die Antwort bekommst du morgen okay?" Tom nickt. Zärtlich küsst er Sarah noch einmal. Er schaut zu Mike und Linda. Auch die beiden hauchen sich zärtliche Küsschen zu. Er grinst nur. „Spatzerl, ich schick dir gleich noch einen gute Nacht Kussi ja?" Wieder nickt Sarah nur. Es fällt auch ihr schwer, sich zu verabschieden. Sie geht zu Mike, der Linda mittlerweile auch aus seiner Umklammerung gelassen hat und gibt ihm zwei Bussis auf die Wange. „Bis morgen Großer", grinst sie ihn an. „Ich hole euch so gegen elf Uhr ab. Ist das in Ordnung für euch?" Mike und Tom stimmen zu. Linda verabschiedet sich auch von Tom.

Als die Freunde gerade ins Hotel gehen wollen, kommt Linda hinter den beiden her. „Halt Mike, warte mal. Ich möchte dir nur kurz meine Telefonnummern geben." Die beiden tauschen ihre Nummern aus und verabschieden sich dann noch einmal leidenschaftlich.

„Nun fahr schon los", knurrt Linda. „meinst du ich weiß nicht, wo du jetzt lieber wärest? Naja ich eigentlich auch, " setzt sie seufzend hinzu. Sarah schaut ihre Freundin an und lacht schallend auf. „Ach neee, meine Große hat sich Hals über Kopf verliebt? Wie kann das denn?"

Linda wird puterrot und nuschelt sich was zusammen, was Sarah jedoch nicht verstehen kann.

Während der Fahrt zu Linda unterhalten sich die beiden angeregt und achten nicht darauf, dass der Renault sich schon wieder hinter ihnen befindet. Sarah lässt Linda aussteigen und die beiden verabreden, dass Sarah mit den beiden Männern am nächsten Tag Linda zur Mittagspause abholen soll.

Verträumt steigt Sarah wieder in ihr Auto, wartet noch, bis Linda im Haus ist, und macht sich selbst auch auf dem Heimweg. Vielleicht, wenn sie sich ein wenig mehr auf den Verkehr konzentriert hätte, wäre ihr ja doch etwas aufgefallen. Aber Sarah ist mit ihren Gedanken nur noch bei Tom. Ich werde mich gleich duschen, und ihm dann noch eine Nachricht schicken, denkt sie sich. Sie parkt ihr Auto am Straßenrand auf dem Parkplatz und steigt aus. Eine Garage wäre ihr ja lieber, aber leider ist in dieser Gegend nichts zu bekommen. Jetzt muss sie noch ein Stück laufen, bis sie zu ihrer Wohnung kommt. Seufzend macht sie sich auf den Weg.

Plötzlich wird sie von hinten brutal an den Haaren zurückgezogen. Ein Tuch legt sich auf ihren Mund und dann wird alles schwarz um sie herum.

Tom und Mike setzen sich noch an die Hotelbar und bestellen sich ein Bier. Sie unterhalten sich über den Abend. Mike gesteht Tom, dass er sich ebenfalls verliebt hat. Beide schwelgen in Erinnerungen, bis Tom sein Handy rauskramt und sagt: „Ich schreib meiner Kleinen noch eben einen gute Nacht Gruß." „Mach das, das werde ich auch machen, aber zu MEINER Kleinen", sagt Mike und beide tippen fleißig in ihre Handys.

Nach nicht mal fünf Minuten bekommt Mike Antwort von Linda. Er liest die Nachricht und sein Gesicht strahlt wie früher, wenn er eine besonders große Belohnung bekommen hat.

Toms Handy bleibt stumm.

Ein komisches Gefühl beschleicht ihn. „Ob sie mich nicht mehr sehen will Mike? Ich hab ihr gerade noch gesagt, dass ich sie heute noch alleine nach Hause lasse, aber sie sich überlegen soll, ob wir nicht morgen Nacht lieber zusammen bleiben." Verunsichert schaut er Mike an. „Mensch Kumpel, so wie Sarah dich angeschaut hat, brauchst du dir echt keine Gedanken zu machen. Vielleicht ist ihr Akku leer. Sie wird sich schon melden. Und sie hat versprochen, uns morgen um elf abzuholen. Also mach dir jetzt keinen Kopf."

Tom weiß, dass Mike Recht hat. Aber das mulmige Gefühl im Bauch bleibt. Sie trinken noch ein Bier und begeben sich dann aufs Zimmer. Tom weiß jetzt schon, dass er eine unruhige Nacht haben wird.

9

Sarah erwacht. Ihr Kopf tut höllisch weh. Wo ist sie? Was ist mit ihr passiert? Sie versteht die Welt nicht mehr. Sie liegt, an Händen und Füßen zusammengebunden wohl auf einem Bett oder ähnlichem. Ihre Augen sind ihr ebenfalls mit einem Tuch verbunden. Auch ihr Mund ist verbunden. Sie sieht nichts. Es stinkt aber hier auch nicht, und warm ist es auch. Sie versucht, sich irgendwie zu befreien, doch sie spürt nur einen Schmerz in den Hand- und Fußgelenken. Irgendjemand hat sie mit Handschellen oder ähnlichem gefesselt.

Sie hört, wie eine Tür aufgeht. Schreien oder sich anders bemerkbar machen kann sie nicht.

Ihr wird das Tuch aus dem Mund entfernt. Eine dunkle Stimme spricht zu ihr. „So du alte Schlampe. Was glaubst du eigentlich, wer ich bin? Wie lange hintergehst du mich schon? Mir erzählst du was von wahrer Liebe und dass du im Moment nur keine Zeit hast, dich mit mir zu treffen. Und mit dem anderen Kerl rennst du durch die Gegend und knutscht herum? Antworte gefälligst."

Sarah bekommt es mit der Angst zu tun. „Was wollen Sie von mir? Ich kenne Sie doch gar nicht. Ich habe niemandem etwas von wahrer Liebe erzählt und ich habe auch im letzten halben Jahr niemandem versprochen mich mit ihm zu treffen. Sie müssen mich verwechseln." Sie möchte schreien, aber sie hat zu viel Angst. Tränen laufen aus ihren Augen und durchfeuchten das Tuch, mit dem sie verbunden sind.

„Ach so, du kennst mich nicht nein? Und du schreibst auch nicht schon seit über einem halben Jahr mit mir per SMS? Und du hast auch keine Kontaktanzeige über einen Kontaktsender aufgegeben oder? Willst du mich verarschen du altes Miststück? Aber nicht mit mir. Ich habe tausende von Euros für diese scheiß SMS ausgegeben. Und du hast mich nur hingehalten. Jetzt hol ich mir das, was du mir in deinen Nachrichten so gerne gegeben hast."

Sarah erstarrt. Das kann doch nicht sein. Das darf nicht sein. Das ist alles nur ein Albtraum und sie erwacht gleich wieder. Doch leider passiert nichts. „Aber ich habe wirklich keine Kontaktanzeige aufgegeben. Sie irren sich. Ich habe diese Aufnahmen vor zwei Wochen auch nur durch Zufall auf diesem komischen Sender gesehen. Ja das bin ich, aber dafür wollte ich nicht fotografiert werden. So glauben sie mir doch. Ich bin nicht die, die sie suchen." Doch all ihr Flehen und ihre Erklärungen verhallen im Nichts.

Brutal verbindet der Unbekannte Sarah wieder den Mund. „Du hast mich mit deinen Nachrichten ganz schön geil gemacht du alte Schlampe, " sagt er. „Und glaube mir, du wirst mir das geben, was du mir versprochen hast. Jetzt schlaf erst mal. Ich komme morgen früh wieder. Vielleicht hast du dir bis dahin eine Entschuldigung überlegt."

Sarah gerät in Panik. Sie zerrt wie wild an ihren Fesseln. „Da kannst du zerren und ziehen so viel wie du willst. Die bekommst du nicht los. Du hättest jemand anderen verarschen sollen, aber nicht mich. Überleg dir das in Zukunft, mit wem du solche Spielchen spielst." Die junge Frau spürt einen Stich in ihrem Oberarm. Sie kann sich nicht wehren. Langsam wird sie müde. In ihren nebligen Gedanken hört sie Schritte und dann eine Tür die zuknallt. Sie ist alleine.

Sie weint in sich hinein. Was passiert hier? Und das alles nur wegen dieser blöden Katalogaufnahmen. Hätte sie doch ihrem Chef was dazu gesagt. Warum war ihr das zu peinlich. An solche Sachen hätte sie im Leben nicht gedacht. Was sollte sie nur tun? Keiner wusste wo sie war. Und Tom und Mike würden erst morgen Vormittag merken, dass sie nicht kommen würde. Oder würde Tom sich Sorgen machen und Linda anrufen, weil sie sich heute Abend nicht mehr meldete? Doch zu weiteren Gedanken kommt sie nicht, denn das Betäubungsmittel zeigt Wirkung.

Sarah erwacht. Sie hat Kopfschmerzen und ihre Arme und Beine tun ihr höllisch weh. Sie weiß nicht wie spät es ist. Weiß nicht, wie lange sie geschlafen hat. Aber es muss doch bestimmt schon Morgen oder Tag sein. Das Tuch um ihre Augen lässt nichts durch. Sehen kann sie nichts. Sie lauscht in die Dunkelheit. Stille. Was soll sie nun tun? Soll sie dieses verrückte Spiel mitspielen? Dass es nicht um Entführung oder Lösegeld geht, ist ihr schon gestern klar geworden, nachdem der Unbekannte ihr diese Worte an den Kopf geschleudert hat. Die einzigen Menschen, die sie vermissen werden, werden wohl Linda, Tom und Mike sein. Würden sie nach ihr suchen. Aber wo? Würden sie die Polizei einschalten? In ihre Wohnung gehen? Wo hatte der Unbekannte ihre Tasche gelassen? Hatte sie ihr Handy noch an? Sie erinnert sich dunkel daran, dass es gestern Abend kurz gepiept hatte. War das eine Nachricht von Tom, oder nur das Piepen, welches anzeigt, dass ihr Akku leer ist? Sie kann sich nicht erinnern.

Die Tür öffnet sich. Sarah tut weiterhin so, als ob sie schläft. Sie will auf keinen Fall, dass der Unbekannte ihr aufgrund ihres Verhaltens irgendetwas antut. Ihre Gedanken drehen sich im Kreis.

„Na hast du gut geschlafen?" Sarah nickt soweit es ihr möglich ist. „Gut, dann bekommst du jetzt erst mal was zu trinken. Ich werde dir jetzt das Tuch vom Mund nehmen. Aber nur, damit du trinken kannst. Schreien kannst du soviel wie du willst. Hier bei mir hört dich sowieso niemand." Er bindet ihren Mund los, sie schreit nicht. Er hält ihr einen Strohhalm hin. Vorsichtig zieht sie daran. Wasser. Das tut gut. Nachdem sie getrunken hat, hört sie, wie der Mann das Glas wegstellt. Sie wartet förmlich darauf, dass er ihr den Mund wieder verbindet. Aber nichts geschieht. Zaghaft fragt sie, „Was haben Sie mit mir vor? Ich bin wirklich nicht die, für die sie mich halten." „Halts Maul du Schlampe." Sarah zuckt zusammen „Ich werde dir jetzt zeigen, wer ich bin. Vielleicht treibst du dann in Zukunft solche Spielchen nicht mehr. In deinen Nachrichten hast du mir doch erzählt, wie geil du auf mich bist oder nicht. Jetzt werde ich dir zeigen, wie geil ich auf dich bin. Und denk dran dich hört hier niemand."

Sie ist entsetzt, kann kein Wort sagen und lauscht, was passiert. Sie hört nur ein Rascheln. Der Typ wird sich doch jetzt nicht ausziehen oder was? Vor lauter Panik kann sie keinen klaren Gedanken fassen. „So du geile Sau, jetzt werde ich mir mal anschauen, was du wirklich unter deiner Kleidung so an hast. Du hast mir ja erzählt, dass du gerne halterlose Strümpfe und heiße Dessous trägst. Dann will ich mal sehen, ob du in dieser Hinsicht auch gelogen hast." Sarah verflucht sich im Stillen. Warum hat sie sich ausgerechnet ihre heißesten Dessous angezogen. Um auf alles vorbereitet zu sein, wenn Tom fragt, ob er mit zu ihr fahren dürfe? ‚Oh mein Gott, bitte lass nicht zu dass das passiert' betet sie im Stillen. Doch niemand hört sie.

Sie spürt einen kalten Gegenstand auf ihrem Bauch. Er wird doch nicht… Doch! Der Unbekannte hat eine Schere und schneidet ihr Shirt in der Mitte auf. Ein lauter Pfeifton kommt aus seinem Mund. „Na zumindest hast du dabei nicht zu viel versprochen Süße, " hört sie ihn sagen. „Wollen doch mal sehen, was du unter deiner Hose hast? Obwohl du ja gesagt hast, du trägst gern Röcke oder?" „Ich habe gar nichts zu Ihnen gesagt", murmelt Sarah. Doch sie bleibt ungehört. Der unbekannte löst ihre Fußfesseln und zieht ihr die Hose aus. Sie ist zu erschöpft um sich zu wehren und erkennt auch, dass es sowieso keinen Sinn hat. Ihre Hände sind ja immer noch stramm oben irgendwo festgebunden.

„Na das gefällt mir aber", hört sie die dunkle Stimme. Dann spürt sie, dass ihr die Fußfesseln wieder angelegt werden.

Sie spürt die Schere an ihrer Brust. „Bitte tun Sie mir nicht weh", bittet sie laut. Doch die Stimme antwortet nur „Ich werde dir nicht mehr weh tun, als du mir weh getan hast. Du wirst heute deine Versprechen erfüllen meine Süße, DAS verspreche ich dir." Mit einem Schnitt ist ihr BH in der Mitte aufgeschnitten. Auch die Träger werden durchtrennt. ER schneidet auch ihr Shirt an den Armen auf und zieht sowohl das Shirt, als auch den BH unter Sarah weg. Nun liegt sie nur noch im Slip und ihren halterlosen Strümpfen auf dem Bett.

Ihr fröstelt und sie bekommt eine Gänsehaut. Innerlich flucht sie, weil sie spürt, dass auch ihre Nippel hart werden. „Ach, was ist das denn?" fragt der Unbekannte. „Wird meine Süße bei der Behandlung etwa geil? Also magst du es wirklich ein wenig härter angefasst zu werden?" Sarah schüttelt den Kopf. Aber sie spürt, dass es keinen Sinn hat, irgendwas zu sagen oder zu tun. Eine Lethargie macht sich in ihr breit. Sie wird alles ertragen. Dann wird er sie auch wieder gehen lassen. Ihre Freunde werden sie finden. Sie werden die Polizei einschalten und sie werden sie finden und hier rausholen. An etwas anderes kann sie nicht denken.

Ihr Peiniger ist noch im Zimmer. Das spürt sie ganz genau. „Du bist wirklich eine Schönheit Süße. Noch viel schöner, als auf den Fotos im Fernsehen." Sarah spürt, wie eine große Hand über ihre Wange streichelt, dann langsam über ihren Hals und runter zu ihrer Brust. Sie bekommt erneut eine Gänsehaut. ‚Das kann doch nicht wahr sein, ' denkt sie sich ‚ich werde doch wohl auf diesen Typen nicht auch noch reagieren' Doch sie ist, was Streicheleinheiten betrifft ziemlich ausgehungert. Und ihr Körper reagiert, obwohl ihr Verstand um Hilfe schreit.

Sie spürt seine Hände auf ihren Brüsten. Sie zwirbeln ihre Brustwarzen, bis sie hoch aufgerichtet stehen. Sarah fühlt es. Dann spürt sie, wie er sich über sie beugt. Sie stöhnt leise vor Verzweiflung auf. Zärtlich knabbern seine Zähne an ihrer Brust. Langsam wird dieses Knabbern heftiger. Sie schreit. Er tut ihr weh. Doch im gleichen Moment hat sie einen Ball in ihrem Mund. ‚Ein Knebel' durchzuckt es sie. So was hatten Linda und sie mal in so einem Sexkatalog gesehen, den sie mal Spaßes halber durchgeschaut haben. Oh Gott wo war sie nur hineingeraten.

Dieses Band mit dem Knebel wird hinter ihrem Kopf festgemacht. An Reden oder Schreien ist nun nicht mehr zu denken. Sie spürt, wie der Mann ihren ganzen Körper erforscht. Brutal und fest drückt und knetet er ihre Brüste geht runter zu ihren Oberschenkeln. Sie versucht, ihre Beine zusammen zu drücken, aber sie hat keine Chance. Was tut er da? Er legt ihr irgendetwas unter den Po, so eine Art Kissen. Was hat der Verrückte mit ihr vor? Sie hört nur, wie er kramt. Dann wird Sarah das Tuch von den Augen entfernt.

Sie sieht in ein Gesicht, nein es ist ein Gesicht, was mit einer Maske, wie sie in SM Studios verwendet wird, verdeckt ist. Nur Mund, Nase und Augen sind frei. Er sieht die Angst in ihren Augen und nickt nur. „Ja hab du ruhig Angst. Wenn ich mit dir fertig bin, wirst du niemanden mehr verarschen, das verspreche ich dir. Und jetzt meine Süße werden wir sehen, ob du wirklich so demütig bist, wie du es mir versprochen hast. Ansonsten wirst du die Peitsche spüren du alte Schlampe." Sarah will schreien, doch es kommt kein Wort aus ihr heraus. „Deinen Mund werde ich dir erst später wieder losbinden. Aber freu dich schon mal, statt des Knebels wirst du dann etwas anderes und viel Besseres darin spüren." Er grinst sie dreckig an. „Du wirst sehen, was ich mit dir machen werde. Damit du auch ja alles mitbekommst, werde ich dir auch erzählen, wie wir beide unsere Liebe ausleben. Das magst du doch so gerne nicht wahr." Er nimmt die Schere und schneidet ihren Slip auf. Dann nimmt er einen großen Analplug in die Hand und zeigt ihn ihr. „Ist das die richtige Große für dich? Das werden wir gleich haben." Er reibt den Plug mit einer Creme oder ähnlichem ein. Sarah bekommt große Augen. Er wird doch nicht oder? Ein heftiger Schmerz durchzuckt sie. Dieses Schwein schiebt ihr den großen Analplug ohne irgendwelche Vorwarnung in ihren Po. Sie hatte noch niemals Analverkehr. Dementsprechend groß sind auch ihre Schmerzen. Eine sanfte Ohnmacht erlöst sie vorerst von ihren Qualen.

„Du altes Miststück. Das kommt davon, wenn man Sachen erzählt, die nicht stimmen und Männer so geil macht, dass sie vor Geilheit fast durchdrehen. Aber du wirst ALLES spüren, was du mir durch deine Nachrichten geschrieben hast. Erhole dich davon erst mal. Ich komme gleich wieder." Mit dem Plug in ihrem Po, unter ihr ein Kissen, nackt nur mit ihren halterlosen Strümpfen, gefesselt und geknebelt lässt er sie allein. Er schließt die Tür. Er hat Zeit. Und die hat SIE jetzt auch, denkt er sich.

10

Tom hat die ganze Nacht kaum geschlafen. Er nimmt sein Handy und nach langem Überlegen wählt er Sarahs Nummer. Sie muss doch rangehen. Selbst wenn ihr Akku leer ist, wird sie ihn doch inzwischen wieder aufgeladen haben. Es ist mittlerweile neun Uhr. Wenn sie wie verabredet um elf hier sein will, dann würde sie mit Sicherheit jetzt schon wach sein. Doch er hört nur das Freizeichen. War er gestern doch zu schnell mit der Tür ins Haus gefallen. Will sie nichts mehr von ihm wissen.
Er weckt Mike.

Mike will sich gerade grummelnd auf die andere Seite drehen, doch Tom rüttelt ihn wie ein Verrückter. „Mike, bitte tu mir den Gefallen und ruf Linda an. Entweder hat Sarah mir das, was ich gestern gesagt habe übel genommen oder es ist was passiert. Sie geht nicht an ihr Handy. Vielleicht meldet sie sich ja, wenn Linda anruft."

Mike ist hellwach. „Ach Tom jetzt übertreib doch nicht. Ich habe ihr doch angesehen, dass sie genauso verliebt ist wie du. Sie ist halt ein wenig zurückhaltender. Aber sie wird bestimmt gleich hierher kommen. Außerdem hat sie doch noch zu mir gesagt, dass sie um elf hier ist."
„Bitte ruf an", bettelt Tom. Mike seufzt, nimmt sein Handy und wählt Lindas Nummer.

„Hallo Mike, Linda hier, schön, dass du mir guten Morgen sagen willst. Ich kann aber nicht lange reden. Bin schon auf der Arbeit." „Guten Morgen Linda, ich wollte nur kurz wissen, ob du gestern Abend oder heute Morgen schon etwas von Sarah gehört hast. Tom hat ihr gestern Abend noch eine Nachricht geschrieben und sie hat nicht geantwortet." Kurze Pause. „Sie wird wahrscheinlich vergessen haben, ihren Akku aufzuladen. Hat sie denn heute Morgen noch nicht geantwortet?" „Nein hat sie nicht", erwidert Mike „und Tom hat gerade versucht, sie auf ihrem Handy anzurufen, aber außer einem Freizeichen war nichts zu hören." Jetzt wird auch Linda ein wenig unruhig. „Mike ich versuche, sie auf ihrem Handy und auf ihrem Festnetz anzurufen. Pass auf, ich komm hier im Moment nicht weg. Sarahs Adresse ist Rathausstraße 64. Das ist in der Altstadt. Sie heißt mit Nachnamen Müller. Wenn ich mich in fünf Minuten nicht gemeldet habe, habe ich sie nicht erreicht. Bitte fahre dann mit Tom dorthin ja? Und wenn sie nicht aufmacht, dann komm in die

Poststraße und hol mich in der Boutique ab. Ich habe einen Zweitschlüssel für Sarahs Wohnung." Mike stimmt zu, schreibt sich noch die Adresse von Lindas Arbeitsstelle auf und beendet das Telefonat.

Tom schaut die ganze Zeit auf ihn. „Wir fahren hin und schauen nach Alter", sagt Mike zu ihm. Komm mach dich fertig. Wir haben das Navi dabei, damit werden wir das schon finden. Ich geb schon mal beide Adressen ein. Vorsichtshalber. Geh du erst mal duschen. Ich bleib hier am Telefon. Danach kannst du warten, bis ich mich fertig gemacht habe."

„Hey Alter, spinnst du? Was glaubst du, wie egal mir im Moment die Dusche ist? Wie wäre dir zumute, wenn es Linda wäre, die sich nicht meldet?"

Mike gibt sich geschlagen. Auch ihm ist nicht wohl in seiner Haut. Schnell ziehen sie sich an und da Linda sich nicht meldet, machen sie sich auf den Weg zu Sahras Wohnung. Auf das Frühstück verzichten beide.

Kurz bevor sie dort sind, zeigt Tom auf Sarahs Auto an der Straße. „Halt mal an Mike, das ist doch ihr Auto oder nicht?" Mike bleibt in zweiter Reihe einfach an der Straße stehen. Tom steigt aus und prüft, ob der Wagen verschlossen ist. Er steigt wieder ein. „Also am Auto ist nichts auffälliges Mike." Mike nickt und fährt noch ein Stück weiter. Wie der Zufall es will, wird gerade ein Parkplatz am Seitenstreifen gegenüber vor Sarahs Haus frei. Mike parkt den Wagen und beide steigen aus.

„Da ist Nummer 64", sagt Tom. Sie gehen über die Straße und Tom studiert das Klingelschild. „Müller oder?" fragt er Mike. Dieser nickt nur. Tom schellt Sturm. „Hey alter Junge übertreib jetzt mal nicht", sagt Mike. Vielleicht hat sie ja auch nur verschlafen. „Nein Mike, ich habe seit gestern Abend schon so ein komisches Gefühl in der Magengegend. Irgendwas ist passiert. Ich weiß nur noch nicht was. Ich versuche sie noch einmal auf ihrem Handy anzurufen." Doch wieder ist außer dem Freizeichen nichts zu hören.

„Komm alter Junge, wir fahren zu Linda und holen den Schlüssel ab." Toms Gesicht ist wie versteinert. Stumm folgt er seinem Freund zum

Wagen und Mike gibt Gas. Bei Linda in der Boutique angekommen, ist Linda schon in heller Aufregung. „Mike, irgendwas muss passiert sein. Ob sie einen Unfall hatte? Von ihrem Festnetz wird sie immer wach. Aber sie meldet sich einfach nicht." „Nein, ein Unfall kann nicht sein", erwidert Mike. „Ihr Auto steht einige hundert Meter von ihrer Wohnung entfernt auf einem Seitenparkplatz. Also wird sie bis dahin ja wohl gekommen sein oder?" „Hör zu, wir müssen noch ca. zehn Minuten warten, ich habe meine Chefin angerufen. Sie kommt gleich. Ich werde mit Euch fahren. Und wenn sie nicht zu Hause ist, rufen wir alle Krankenhäuser an und gehen zur Polizei ja?" Sie schaut Mike und Tom an. Tom ist weiß wie eine Wand. Und mittlerweile wird auch Mike unruhig. „Kommt ich hab hier Kaffee, trinkt erst mal nen Schluck, der wird euch gut tun." Sie reicht Mike und Tom jeweils einen großen Pot Kaffee und die beiden trinken zögernd.

Als die Chefin in den Laden kommt, machen die drei sich auf den Weg zurück zu Sarahs Wohnung.

Linda holt die Schlüssel raus und schließt die Wohnung auf. Doch die Wohnung ist leer. Jetzt ist auch Linda in heller Aufregung. „Ihre Tasche ist nicht hier und ich seh auch nicht ihre Anziehsachen von gestern Abend." Mike schaut sie erstaunt an „Naja, die kann sie ja in den Wäschekorb geworfen haben oder?" Linda grinst etwas schief „Nein, Sarah hat da so ne Macke, sie räumt ihre Sachen, die sie abends auszieht immer erst am nächsten Morgen weg. Außerdem ist ihr Bett unbenutzt. Und wenn sie hier gewesen wäre, dann wäre sie auch ans Telefon gegangen." Tom durchstreift die Wohnung. „Kommt Leute, lasst uns die Krankenhäuser anrufen bitte ja." Tom ist mehr als nervös. Alte Wunden werden gerade wieder bei ihm aufgerissen. Die Situation mit Steffi ist vor seinem inneren Auge wieder lebendig geworden. „Bitte Linda, ruf an", Mike der seinen Kumpel kennt und genau weiß, was in ihm vorgeht flüstert Linda zu „Tom hat seine Frau vor fast zwei Jahren durch einen Unfall verloren." Linda erbleicht. Sie nimmt das Telefon und das Telefonbuch und wählt die Nummern der umliegenden Krankenhäuser. Nichts. „Dann fahren wir jetzt zur Polizei und fragen dort nach", sagt Tom energisch. „Ich werde hier nicht tatenlos rum sitzen. Ich will wissen, was los ist. Das ist nicht mehr normal."

Linda sagt gar nichts. Mike nickt nur. Gemeinsam verlassen sie die Wohnung und machen sich auf dem Weg zur nächsten Polizeidienststelle.

Dort angekommen erklären Linda und Tom dem etwas überforderten Polizisten die Situation. Der diensthabende Polizist schickt die beiden rüber in die Abteilung für vermisste Personen. „Eine Kollegin wird dort Ihren Fall aufnehmen." Sagt er lapidar. Tom kann sich kaum halten. „Aber wenn etwas passiert ist?" „Guter Mann, jetzt seien sie mal nicht so nervös. Wir können hier sowieso erst etwas unternehmen, wenn sich die vermisste Person nach 24 Stunden noch nicht eingefunden hat", erklärt der Polizist. Tom rauft sich die Haare. Sie gehen zur Vermisstenstelle und die Beamtin nimmt ihre Anzeige auf. Tom schildert noch mal genau den Fall und vergisst auch nichts. Die Beamtin schaut nacheinander Tom, Mike und Linda an. „Ich könnte eins machen, haben Sie die Handy Nummer der vermissten Person? Ich könnte Ihnen vorerst anbieten, dass wir die Nummer ins GPS System einlesen und schauen, ob wir eine Handy Ortung bekommen. Aber das ist inoffiziell und normalerweise nicht der Weg, den wir gehen. Nur, ich sehe schon, dass sie sich ernstlich Sorgen machen. Wäre Ihnen für den Anfang damit geholfen?" Die drei Freunde stimmen erleichtert zu. Die Beamtin schreibt die Nummer von Sarah auf, die ihr von Linda diktiert wird. Dann telefoniert sie.

Nach dem Telefonat schaut sie Linda an und sagt. „Es kann einige Minuten dauern, bis der Kollege mitteilt, ob bzw. wo wir eine Ortung erhalten. Wollen Sie hier so lange warten?" Die drei nicken nur stumm. Die Polizistin bietet den dreien einen Kaffee an, den diese dankend annehmen. Linda schaut auf die Uhr. Mittlerweile ist es schon Nachmittag. So lange hätte Sarah sich bestimmt nicht bedeckt gehalten. Spätestens in der Mittagspause hätte Linda den Anruf von ihrer Freundin erwartet. Langsam bekommt es auch Linda mit der Angst zu tun.

Nach ein paar Minuten klingelt das Telefon auf dem Schreibtisch. Tom springt schon auf, aber die Beamtin winkt ab und nimmt den Hörer ab. Sie lauscht, nickt bestätigend mit dem Kopf und schreibt. An die Freunde gewandt sagt sie. "Wir haben eine Umkreisortung von ca. 500 m erhalten. Und zwar ist das Handy der Vermissten in Kirchsteinbek geortet worden. Das muss in der Gegend Mümmelmannsweg sein. Kennt Ihre Freundin dort jemanden? Hatte sie dort in der Vergangenheit zu tun?"
Linda schaut die Beamtin an und schüttelt den Kopf „Nein wir kennen da wirklich niemanden. Sagen sie mal, dort ist doch auch das Geister Zentrum oder?"

Die Beamtin nickt langsam.

Tom und Mike schauen Linda an. Die Beamtin erklärt den beiden, dass es sich bei dem Geister Zentrum um eine Einkaufspassage handelt, die seit Jahren mehr und mehr dem Verfall preisgegeben wird. „Es ist eine Fläche von ca. 15000 qm die fast vollständig leer steht. Das Areal rottet langsam vor sich hin." Linda schaut die Beamtin fest an und sagt: „Aber was um Himmels willen sollte Sarah dort machen? Sie hat nie über diese Gegend gesprochen. Wir waren nie dort. Was sollte sie denn dann dort machen? Können wir nicht dorthin fahren und suchen?" Die Beamtin teilt den drei Freunden mit, dass die Polizei wirklich erst nach vierundzwanzig Stunden etwas unternehmen darf. Aber sie bittet die Freunde, sich nach Ablauf der Wartezeit noch mal zu melden. Sollte sich Sarah bis dahin nicht eingefunden haben, würde dann die Polizei tätig werden.

Tom rauft sich die Haare, schimpft vor sich hin und verlässt den Raum. Mike und Linda folgen ihm. „Was hast du vor?" fragt Linda Tom. „Na was wohl, wir fahren jetzt da hin und schauen, ob wir sie finden." Linda packt Tom am Arm „Tom das ist keine gute Idee." Tom schaut Linda ausdruckslos an. Sie spürt, dass nichts und niemand ihn von seinem Vorhaben abbringen werden kann. „Gut lass uns hinfahren. Aber du wirst sehen, dass wir keine Chance haben werden, unsere Kleine dort zu finden. Vielleicht kann die Polizei mit Suchhunden nach Ablauf der Wartefrist etwas erreichen. Lass uns zu Sarah in die Wohnung fahren und schon mal etwas holen, woran die nachher schnüffeln können ja?" Tom nickt zustimmend. Die drei begeben sich noch mal zu Sarahs Adresse. Linda holt kurz ein Halstuch von ihrer Freundin, packt es in eine Tüte und die drei fahren zum Mümmelmannsberg.

Dort angekommen muss Tom einsehen, dass Linda Recht hat. Diese graue Betonanlage zu durchsuchen würde alleine Tage dauern. Resigniert schaut der zu Mike und Linda. Mike halt Linda fest im Arm, da diese sich kaum noch halten kann vor Angst. „Lass uns doch mal reingehen und schauen, wie es dort aussieht", sagt Tom. Er will einfach nur nichts unversucht lassen. „Es ist jetzt erst nach vier. Bevor die was unternehmen, dauert es noch acht Stunden. Wir können es doch wenigstens versuchen oder?" Mike kennt seinen Freund und stimmt ihm zu. Zu dritt betreten sie die Betonanlage.

Wo sie hinschauen, sehen sie den Verfall. Sie betreten eine alte Knei-
pe. Dort ist der Fußboden mit weißem Staub bedeckt. Kabel hängen
von der Decke. Die Stühle und Tische sind längst abtransportiert, nur
der Zapfhahn an der Bar und die Holzbank in der Ecke erinnern daran,
dass dies mal eine gemütliche
Gaststätte war.

Der Staub zieht sich durch das ganze Lokal. Die drei Freunde hinterlassen ihre Fußabdrücke. Linda dreht sich um. „Ich glaub hier werden
wir nichts finden", sagt sie resigniert „Schaut doch mal, wir hinterlassen
unsere Fußabdrücke. Wenn hier gestern Abend jemand gewesen wäre,
würden wir doch hier auch Spuren finden oder nicht? Ich glaub wir haben keine andere Möglichkeit, als die Zeit abzuwarten, bis die Polizei
etwas unternimmt." Tom schaut sie an. Er würde am liebsten irgendwo
gegen treten. Aber was bringt das. Betreten schauen sich Linda und
Mike an. „Komm alter Junge", Mike legt seinen Arm um Tom und zieht
ihn sanft mit sich. „Wir werden mit Verstärkung wieder kommen. Wir
werden sie schon finden."

Sie beschließen, wieder zurück zur Polizei zu fahren und dort versuchen, ein wenig Druck zu machen.

11

Als Sarah erneut erwacht, spürt sie, dass sie nicht alleine ist. Ihr Mund und ihre Augen sind wieder frei. Langsam öffnet sie die Augen. „Na du altes Miststück, war das schon zu viel für dich? Du wirst dir noch wünschen, mir nicht so viele falsche Versprechungen gemacht zu haben." Wieder versucht Sarah, ihrem Peiniger zu erklären, dass er sich da wohl die falsche Frau ausgesucht hat. Doch sie weiß innerlich, dass sie nur gegen die Wand redet. Wenn es wirklich so ist, wie sie vermutet, kann sie sich auch mit Worten kaum gegen seine Vorwürfe wehren. Voller Angst und Panik schaut sie ihn an. Er trägt immer noch diese Maske. Sie lässt den Blick an ihm herunter wandern. Eigentlich sieht er noch nicht einmal so schlecht aus. Er ist sehr groß, sehr muskulös. Leider ist das auch ein Nachteil für sie, denn sie wird sich, selbst, wenn sie nicht gefesselt ist, gegen ihn wohl kaum zur Wehr setzen können.

Ihr Körper schmerzt. Ihr Kopf dröhnt immer noch, ihre Hand- und Fußgelenke spürt sie kaum noch. Und der Schmerz in ihrem Po hat leider auch immer noch nicht nachgelassen. Was hat dieser Mensch mit ihr vor? Das sollte Sarah nun in allen schrecklichen Einzelheiten erfahren.
Sie spürt seine Hände auf ihrem Körper. Ihr ist kalt. Sie hat eine Gänsehaut. Er streichelt sie vom Kopf abwärts über den Hals und ihre Brüste. Sie schließt die Augen. Plötzlich ein brennender Schmerz. Sie schreit auf. Mit weit aufgerissenen Augen schaut sie auf ihre Brüste. Er hat ihr an ihre harten Nippel Klammern aus Metall angebracht. „So Süße, das wolltest du doch oder? Und jetzt werde ich dir auch noch die Klammern weiter unten ansetzen." Kurz darauf ein weiterer Schmerz. Er hat tatsächlich Klammern an ihren Schamlippen befestigt. Er zieht ihr den Plug aus ihrem Po. Sarah laufen die Tränen. Warum tut er das? Sie hat noch nie solche Schmerzen ertragen müssen. Er kramt in einer Tasche und hält plötzlich noch einen viel größeren Plug in der Hand. Aber da ist noch ein Kabel dran. Was ist das. Mit solchen Sachen kennt sie sich überhaupt nicht aus. Er schiebt ihr dieses große Teil in den Po. Sarah bekommt kaum Luft vor Schmerzen. Dann nimmt er einen Dildo in die Hand und hält ihn ihr vor die Augen. „Schau ihn dir an du alte Schlampe, meinst du er ist auch groß genug für dich? Du hast ja gesagt, dir kann's gar nicht groß genug sein oder?" Sie schüttelt entsetzt den Kopf. Dieses Teil muss mindestens dreißig Zentimeter lang sein und ist dick wie eine Salatgurke. Das passt niemals, denkt sie sich. Doch ihr Entführer zeigt ihr, wie es passt. Ohne dieses Ding auch nur in

irgendeiner Form zu befeuchten schiebt er es brutal zwischen ihre schmerzenden Schamlippen. In Sarah steigt eine Übelkeit auf, die nur durch den Schmerz verursacht werden kann. „So Süße, und jetzt werde ich dir die Freude bereiten und deine Lieblingsteilchen auch einschalten." Mit voller Wucht spürt sie die Vibrationen sowohl hinten als auch vorne. Ihre Tränen laufen wie Sturzbäche aus ihren Augen. Sie beißt die Zähne zusammen. Sie weiß nicht, was sie fühlt. Diese unerträglichen Schmerzen aber auch dieses andere Gefühl, was sie nicht zulassen will. Doch ihr Körper reagiert Sie spürt, wie sie unten langsam geweitet wird, und wie sie auch langsam durch die Geräte feucht wird. Das kann nicht sein. Er setzt sich auf sie. Hält ihr seinen harten Stab vors Gesicht. „So meine Süße, und jetzt kriegst du dein Maul so voll, wie du es immer schon haben wolltest." Er hält ihr seinen erigierten Penis vor das Gesicht. Mein Gott was für ein Gerät. So ein großes und dickes Exemplar hat sie noch nie gesehen. Aber Sarah hat auch nicht wirklich viel sexuelle Erfahrung in ihrem Leben gemacht. Sie hatte bisher nur zwei längere Beziehungen. Sie ist keine Frau für eine Nacht, und so hatte sie sich auch nie auf kleinere Abenteuer eingelassen.

„Ich werde dir meinen Schwanz jetzt in dein gottverdammtes Fickmaul stecken. Und wag ja nicht, zu beißen. Sonst spürst du die Peitsche oder noch schlimmeres." Sie schaut ihn nur voller Panik mit großen Augen an. „Mach das Maul auf du alte Schlampe" Sarah schüttelt den Kopf. Da nimmt der Unbekannte eine Peitsche zur Hand und schlägt auf Sarah ein. Der erste Schlag trifft ihre rechte Brust. Sie schreit auf. Doch sogleich spürt sie einen zweiten Schlag auf ihrer anderen Brust. „Machst du jetzt dein Maul auf oder soll ich weiter machen?" Sie öffnet widerwillig ihren Mund. Er schiebt ihr seinen harten Schwanz bis zum Anschlag in den Mund. Sie würgt, aber das scheint ihn überhaupt nicht aus der Fassung zu bringen. Hart und fest wird sie von ihrem Peiniger in den Mund gefickt. Ihre Tränen sind versiegt. Sie kann nicht mehr weinen. Zu groß ist die Angst vor ihm. Zu heftig sind die Schmerzen. Nach einer Weile spürt sie, wie er sich in ihr entlädt. „Schluck du Schlampe, und ich will keinen Tropfen aus deinem Maul raus laufen sehen." Sarah muss würgen. Sie übergibt sich. Im gleichen Moment spürt sie die Schläge im Gesicht. Er hat ihr tatsächlich mit der Faust ins Gesicht geschlagen. „Ich habe dich gewarnt du Schlampe." Er geht von ihr runter nimmt eine Peitsche und schlägt Sarah damit ins Gesicht, auf ihren Brüsten und auch im Schambereich. Eine erneute Ohnmacht erlöst die Gepeinigte vorerst von ihren Schmerzen.

Doch der Mann hört nicht auf zu schlagen. Er hat sich regelrecht in Rage geprügelt. Sein Gesicht ist verzerrt von seiner Wut. Sarahs Haut platzt an den Stellen, wo er mit der Peitsche trifft auf. Kleine Rinnsale von Blut laufen über ihren Körper. Ihr Gesicht ist gezeichnet von seinen Schlägen und fängt an anzuschwellen. Er merkt gar nicht, dass sein Opfer durch ihre Ohnmacht nichts mehr spürt. Nachdem er sich so seine Wut rausgeprügelt hat, dreht er sich um und geht. Er schaut kurz auf die Uhr. Es ist mittlerweile schon nach sechs Uhr abends. Er überlegt kurz und entschließt, die junge Frau einfach dort liegen zu lassen. Er hat noch einiges zu erledigen. Außerdem muss er ihr was zu essen besorgen. Aber das wird spät. ‚Na das Miststück wird schon in den paar Stunden nicht verhungern. Ich werd bestimmt so gegen zehn oder elf wieder da sein' denkt er sich und macht sich auf den Weg.

Mike, Tom und Linda beschließen, noch kurz was essen zu gehen, bevor sie wieder zur Polizeidienststelle fahren. Sie hatten am Nachmittag bei der Polizei erfolglos versucht, die Behörde zum Handeln zu bringen. Es ist jetzt halb acht Uhr am Abend. Mike sagt, dass es Sarah auch nicht weiter helfen wird, wenn sie drei auch noch zusammenklappen. Linda und Tom stimmen zu, aber sie sind sich alle drei nicht sicher, ob sie überhaupt etwas runter bekommen.

Auf dem Weg zur Polizei halten sie im Bistro Dum Di Dum an. Ein leichtes Grinsen durchzieht Mikes Gesicht. „Na ihr habt hier Namen für eure Bistros." Linda grinst ebenfalls, aber es wird nur ein sehr schiefes Lächeln daraus. „Ja du hast Recht. Mit Sarah habe ich mich schon oft über diese Namen lustig gemacht." Jetzt laufen ihr die Tränen. Der Gedanke, dass ihre Freundin in Not sein könnte, macht Linda zu schaffen. Auch in Toms Augen glitzert es verräterisch. Mike nimmt Linda in den Arm und hält sie fest. „Schatz, das wird gut ausgehen. Wir werden sie finden und du wirst sehen es ist ihr nichts passiert. Wer weiß wer oder was sie aufgehalten hat." Doch so ganz glauben kann er seine eigenen Worte auch nicht. Er schaut zu Tom und sieht, dass dieser seine Hände zu Fäusten geballt hat. „Komm alter Junge, lass uns schnell was essen und dann zur Polizei fahren. So langsam müssen sie ja nun was unternehmen oder?" Tom nickt nur stumm. Alle drei wirken parallelisiert. Sie sind in ihre eigenen Gedanken versunken.

Die Kellnerin begrüßt die drei freundlich und nimmt ihre Bestellungen auf. Nur was Leichtes. Linda bestellt einen Salat und einen Kaffee. Mike und Tom begnügen sich mit belegten Baguettes und ebenfalls einem großen Pot Kaffee. Schweigend verzehren sie ihr Essen, zahlen und machen sich wieder auf den Weg.

Wieder auf der Polizeidienststelle angekommen begeben sich die drei sofort zu der Beamtin, die ihnen schon am Vormittag weiter geholfen hat. Sie informieren sie, dass Sarah bisher nicht aufgetaucht ist, und auch bisher kein Lebenszeichen abgegeben hat. „Hören Sie zu, wir werden jetzt noch einmal eine Ortung des Handys veranlassen. Sollte sich die wiederholte Ortung an gleicher Stelle befinden, müssen wir davon ausgehen, dass etwas passiert ist. Haben Sie irgendetwas dabei von Frau Müller, woran wir unsere Hunde schnüffeln lassen können?" Linda holt aus ihrer Handtasche die Tüte raus, in der sich das Halstuch von Sarah befindet. Tom läuft derzeit im Raum hin und her. „Bitte setzen Sie sich. Wir werden alles in unserer Macht stehende tun, um ihre Freundin zu finden." Tom schaut die Beamtin an, nickt kurz und setzt sich auf einen freien Stuhl. Die Beamtin nimmt das Telefon und telefoniert eine Weile mit mehreren Stellen. Mittlerweile ist es bereits neun Uhr durch. „Also wir haben ein Problem", sagt die Beamtin zu den dreien. Die Hundestaffel ist im Einsatz. Wir haben lediglich einen Beamten mit Hund zur Verfügung, der ist allerdings im Urlaub. Ich habe ihn gerade angerufen. Und er ist auch bereit, bei der Suche zu helfen. Allerdings müssen wir ca. noch eine halbe bis dreiviertel Stunde warten, bis er hier ist." Die drei Freunde schauen sich an. Linda sagt „Es bleibt uns ja auch nichts anderes übrig oder?" Die Beamtin zuckt entschuldigend die Schultern. „Ich kann es leider wirklich nicht ändern. Bitte begeben Sie sich in der Zwischenzeit in den Aufenthaltsraum gegenüber ja? Dort steht eine Kaffeemaschine die immer gefüllt ist. Bedienen Sie sich bitte. Ich muss hier noch einige Sachen bearbeiten und werde dann gleich rüberkommen und dann mit Ihnen auf meinen Kollegen warten ja?"

Tom schaut die Beamtin an, als ob sie von allen guten Geistern verlassen wäre. „Ja aber..." er verstummt. Mike zieht Tom am Arm aus dem Büro der Beamtin, die Tom schon ziemlich ungeduldig angeschaut hat. „Komm alter Junge, sie macht doch schon Dampf. Sei doch froh, dass sie uns nicht auf morgen vertröstet."

Tom lässt die Schultern hängen und folgt Mike. Linda folgt den beiden. Ihr laufen die Tränen über die Wangen. Was war passiert. Wo steckt Sarah. In Lindas Kopf kreisen die Gedanken. Sie kann sich nicht vorstellen, was da passiert sein könnte. Ein Unfall? Dann wäre doch etwas bekannt. Die drei setzen sich in den Aufenthaltsraum. Linda besorgt für alle Kaffee und nach einer Weile stellt Linda ihre Vermutungen laut. „Mike ich weiß nicht was da passiert sein könnte. Sarah hat keine Feinde. Sie hat keinen Ex, der immer noch was von ihr will oder so. Was um Himmels willen kann da passiert sein?"

„Linda hör mal zu. Es gibt auch noch andere kranke Gestalten, denen es einfach Spaß macht, andere Menschen, insbesondere Frauen zu quälen..." „NEIN", schreit Tom, „hör auf, so was ist ihr nicht passiert. Das darf nicht verstehst du?" Erst in diesem Moment begreift Linda, was Mike da angesprochen hat. Sie sackt in sich zusammen, legt ihren Kopf auf die Arme und weint erbarmungslos. Tom ist leichenblass. „Na toll, sieh mal was du da jetzt angerichtet hast." Mike schaut entsetzt zu Linda. Er zieht sie hoch, setzt sich auf den Stuhl und zieht Linda auf seinen Schoß. Linda weint hemmungslos. Sie legt ihren Kopf an Mikes Schulter. Ihr Körper zuckt. Es ist ein leises und total verzweifeltes Weinen. Selbst Mikes tröstende Worte können Linda nicht beruhigen.

Es vergehen Sekunden. Sekunden die zu Minuten werden. Tom steht auf und läuft um den Tisch. Er kann einfach nicht mehr ruhig sitzen bleiben. Er schaut immer wieder zur Uhr über der Tür. Warum bewegt sich dieser verdammte Zeiger nicht weiter vorwärts. Es kann nicht sein, dass es gerade erst halb zehn durch ist. Weitere lange Minuten vergehen. Linda ist mittlerweile in Mikes Armen eingeschlafen. Ihre Augen sind vom Weinen gerötet. Mike hält sie im Arm wie ein Baby und streichelt immerzu ihren Kopf.

Um viertel nach elf öffnet sich die Tür. Ein großer Mann, über einmeterneunzig groß, eine bullige Gestalt, kurz geschorene Haare steht da. Neben sich einen sehr zotteligen großen Schäferhund. Linda schreckt auf. Tom dreht sich zur Tür. Alle drei schauen den Mann an. Das muss der Polizist aus der Hundestaffel sein, der helfen will Sarah zu suchen.

Hinter ihm taucht jetzt auch die Beamtin von gerade auf. „So meine Damen und Herren. Ich habe alles in die Wege geleitet. Ich möchte Ihnen Herrn Klause und seinen Hund Syko vorstellen. Wir werden mit drei Zivilfahrzeugen fahren. Ich möchte Sie bitten, jetzt Herrn Klauser das Tuch ihrer Freundin auszuhändigen. Bitte lassen sie es jedoch in der Tüte. Herr Klauser wird es Syko erst kurz vor der Suche zum Schnüffeln geben."

Linda reicht Herrn Klauser die Tüte. „Frau ...“ „Oh Entschuldigung, ich habe mich noch gar nicht richtig vorgestellt. Ich bin Frau Kretzing.“ Linda fängt von vorn an „Frau Kretzing, wir möchten gerne mitfahren.“ Die Beamtin nickt „Aber nur, wenn sie sich unseren Anweisungen nach verhalten. Wir werden Syko suchen lassen. Er hat schon unzählige vermisste Personen wieder aufgestöbert. Verlassen Sie sich auf ihn ja.“

Die drei Freunde nicken nur zustimmend. Frau Kretzing schaut Tom an. „Sie fahren mit mir und einem weiteren Kollegen. Und Sie beide, “ sie nickt zu Linda und Mike „fahren mit dem dritten Fahrzeug und den anderen beiden Kollegen. Bitte halten Sie sich an unsere Anweisungen, und vor allen Dingen im Hintergrund. Wir haben das Handy von Frau Müller jetzt ein drittes Mal orten lassen. Die GPS Daten zeigen keinerlei Veränderungen. Bitte folgen Sie mir jetzt.“

12

Langsam erwacht Sarah. Sie stöhnt laut auf. Keine Stelle an ihrem Körper, die nicht schmerzt. Vorsichtig öffnet sie die Augen. Auch dort ein Brennen. Sie sieht nur verschwommen. Ihre Augen sind zugeschwollen. Ihr Gesicht brennt fürchterlich. Am ganzen Körper spürt sie diese bestialischen Schmerzen, die sich in ihrem Inneren fortsetzen. Ganz langsam erlangt sie ihr Bewusstsein wieder, ihre Gedanken jedoch sind leer. Warum liegt sie hier, warum tut alles so weh. Was ist passiert. Ihr Unterbewusstsein hat das Geschehene ausradiert. Sie kann sich nicht erinnern.

Die Tür öffnet sich. Verschwommen nimmt sie eine große Gestalt wahr. „Oh du bist also wach?" fragt eine männliche Stimme. Sie kann sich nicht erinnern und bleibt regungslos liegen. Sie ist weder in der Lage zu sprechen, noch den Kopf zu heben und mit einem Kopfnicken eine Bestätigung auszudrücken. Die Gestalt kommt näher. Er hat eine Maske auf. Sarah nimmt wahr, dass er sie teils erschüttert, teils befriedigt anschaut. „So du alte Schlampe, und jetzt bekommst du den Rest. Nie wieder wirst du irgendjemanden verarschen. Das wird dir jetzt eine Lehre sein." Sarah reagiert nicht.

Der Unbekannte zieht sich aus. Er hält ihr ein Glas Wasser mit einem Strohhalm hin, doch sie ist nicht in der Lage etwas zu trinken. Wütend schüttet er ihr das Glas Wasser ins Gesicht. Sarah stöhnt leicht auf.

„Du hast wohl immer noch nicht genug was? Hast du nicht gelernt, zu gehorchen? Brauchst du noch mehr Erziehung?" Er steht auf, nimmt die Peitsche in die Hand und schlägt wie besessen auf die Wehrlose. Doch außer einem leisen Wimmern gibt Sarah keine Reaktionen von sich.

Die Kolonne der Zivilfahrzeuge nähert sich der Betonanlage, wo Sarahs Handy geortet wurde. Fünf Polizeibeamte, Tom, Mike und Linda steigen aus. Herr Klauser holt Syko aus dem Fond des Fahrzeuges. Er nimmt das Halstuch aus der Tüte und hält es Syko vor die Schnauze. Syko schnüffelt intensiv an dem Tuch, jault einmal auf und fängt an über den Platz zu laufen. Tom will gerade hinterher, als ihn Frau Kretzing am Arm zurückhält. „Warten Sie, er muss erst die Spur aufnehmen." Atemlos beobachten die Freunde, wie der Hund von einer Ecke in die andere läuft. Ein weiteres Jaulen lässt Herrn Klauser aufhorchen.

Er, sowie drei Polizisten nehmen die Verfolgung auf. Frau Kretzing hält Tom immer noch zurück. „Bitte warten Sie. Wir werden sie finden. Aber wir wissen nicht, was auf uns zukommt. Wir können Sie jetzt dort nicht dazwischen laufen lassen. Sie sind Zivilisten. Lassen Sie uns unsere Arbeit machen." Zu Mike gewandt sagt sie „Bitte halten Sie ihren Freund zurück. Er könnte mehr schaden, als nutzen." Mike nickt nur und legt die Hand auf Toms Schulter. Linda hat sich halb ins Auto gesetzt. Die Tür offen, und ihre Beine draußen schaut sie stumm dem Hund und den Polizisten hinterher. Leise betet sie.

Der Unbekannte stürzt sich erneut auf die Gefesselte. „Mach dein Maul auf und blas mir einen!" Sie öffnet automatisch ihren Mund, soweit es ihr möglich ist. Ihr Willen ist gebrochen. Ihre Abwehr verschwunden. Sie reagiert. Ihr Peiniger steckt ihr sein erigiertes Glied in den Mund und stößt hart und fest. Sarah wimmert, aber sie regt sich nicht. Das macht ihn noch wütender. „Du sollst mir einen blasen!" Wieder und wieder schlägt er auf sein wehrloses Opfer ein, bis sie erneut in Ohnmacht fällt. „Alte Schlampe!" Er kniet sich zwischen Sarahs Beine, hebt ihren geschundenen Körper an und fängt an, sie hart und fest zu stoßen. Sarah bekommt von alledem nichts mehr mit. Die gnädige Ohnmacht schaltet ihr Bewusstsein aus. Der Unbekannte ist so in Rage, dass er die Geräusche, die von draußen zu hören sind, nicht wahrnimmt.

Die Tür springt auf. Der große Hund steht vor ihm, fletscht die Zähne und knurrt, als ob er jede Sekunde bereit ist, den Mann zu zerfleischen. Sekunden später dringen vier Männer in den Kellerraum. Mit gezogenen Schusswaffen hört er sie nur rufen „Polizei, keine Bewegung!" Die Beamten zerren den Mann von Sarah herunter, drücken ihn bäuchlings auf den Boden. Dann klicken Handschellen.

Die Männer schauen auf das Bett. Dem jungen Polizeibeamten wird übel. Er dreht sich um und übergibt sich in der Ecke des Raumes. Herr Klauser nimmt Syko am Halsband und tätschelt ihm das Fell. „Gut gemacht alter Junge, hoffentlich war das nicht zu spät!" Über Funk ruft ein Polizist den Rettungswagen und informiert Frau Kretzing, dass die vermisste Person wohl gefunden wurde. Er klärt sie über den Sachverhalt auf. Tom schaut die Beamtin abwartend an. „Sie haben sie gefunden", sagt Frau Kretzing. Doch dann wird sie blass. Als er ihren Gesichtsausdruck sieht, spurtet er los. Er ist nicht mehr zu halten. Dieses Gesicht der Beamtin. Das hat er schon einmal gesehen. Sein Inneres ist in Aufruhr. Alles in ihm schreit nur NEIN. Bitte nicht. Bitte nicht schon wieder. Irgendwie findet Tom den Weg, den die Beamten mit dem Hund genommen haben. Die Spuren sind nun leicht zu erkennen. Hier waren wir doch schon, denkt er sich. Doch dann nehmen die Spuren eine andere Richtung und führen Tom in ein weiteres leerstehendes Gebäude. Er rast die Treppe runter. Beim Runterlaufen hört er die näher kommenden Sirenen des Rettungswagens. Herr Klauser kommt ihm mit Syko entgegen. „Tom, gehen Sie nicht dort hinein." Herr Klauser hält Tom fest, doch dieser reißt sich los. Klauser kratzt sich am Kopf und dreht ebenfalls um. ‚Wer weiß was dieser Verrückte anstellt, wenn er seine Freundin so sieht' denkt er sich.

Tom rast in den Keller. Zwei Beamte haben einen großen dunklen unbekleideten Mann fixiert. Sie kommen Tom entgegen. Tom schaut in dieses Gesicht. Die Maske wurde dem Unbekannten von den Polizisten entfernt. „Versuchen Sie es erst gar nicht", sagt der Beamte zu ihm. Er nickt seinem Kollegen zu und beide ziehen den Peiniger hoch und führen ihn ab. Kein Wort kommt aus dessen Mund. Der ältere der beiden Polizisten wünscht sich fast, dass der Täter Widerstand leistet, doch im gleichen Moment schämt er sich seiner Gedanken.

Dann fällt Toms Blick auf das Bett. Er schreit auf.

Er stürzt sich aufs Bett, kniet vor der ohnmächtigen Sarah. Tränen laufen ihm die Wangen runter. Er traut sich nicht, sie anzufassen. Er schaut den Beamten, der neben seiner Kleinen steht, und sie mit einigen ihrer Stofffetzen leicht bedeckt hat an. „Ist sie…" Auch diese Frage traut er sich nicht weiter auszusprechen. Der Polizist schüttelt den Kopf. „Sie ist bewusstlos, und ich denke mal es ist auch gut so. Wir haben die Rettung alarmiert und so wie ich gehört habe, ist sie auch eingetroffen. Wir holen sie hier raus und dann bringen wir sie ins Krankenhaus." „Aber ich fahre mit!" Keiner wagt sich, Tom zu widersprechen. Der Arzt und zwei Sanitäter betreten mit einer Liege den Raum. Nur kurz verziehen sie ihre Gesichter. Sie haben jeden Tag mit schlimmen Verletzungen zu tun. Aber dies ist auch für so hartgesottene Personen wie die Beamten und die Ärzte nichts Alltägliches. Vorsichtig untersucht der Arzt Sarah. Er gibt kurze und präzise Anweisungen an die Sanitäter. Vorsichtig wird die Verletzte auf die Liege gebettet. Der Arzt legt sofort eine Infusion. „Wofür ist das", fragt Tom ihn sofort. Der Arzt schaut ihn an und antwortet „Wir wollen doch nicht, dass die Patientin wach wird, bevor wir sie nicht eingehend untersucht haben und ihre Wunden zumindest zum Großteil behandelt haben oder?" Tom nickt nur. Ein Sanitäter deckt ein weißes Leinentuch über Sarahs geschundenen Körper. Das Gesicht bleibt frei. Tom kann seine Tränen nicht stoppen. Sein Engel. Sie war so schön. Was hat dieses Schwein mit ihr gemacht. Er begleitet den Arzt nach draußen, wo der Rettungswagen wartet. Ein Polizist bleibt unten und wartet auf die Spurensicherung.

Als Sarah auf der Liege ins Freie getragen wird, stürmt Linda zu ihr. Mike will sie zurückhalten, doch er greift nur ins Leere. Langsam geht er auf den Rettungswagen zu. Er sieht in Toms Gesicht. Er weiß, es ist etwas Schreckliches geschehen. ‚Oh Gott, bitte lass sie nicht auch…' denkt er, doch Tom kann seinen Blick deuten und schüttelt traurig den Kopf. „Sie lebt." Sagt er leise zu Mike. Linda steht vor der Liege. Sie steht unter Schock. Das ist nicht Sarah. Das kann sie nicht sein. Sarah, ihre Süße sieht doch anders aus. Das hier ist nur noch ein menschliches, blutendes Bündel. Linda bricht zusammen, und Mike kann sie gerade eben noch auffangen. Der Arzt wendet sich sofort Linda zu, doch Mike reagiert sofort. „Sehen sie zu, dass sie Sarah in die Klinik bekommen. Wir kommen nach und bringen Linda mit." Der Arzt nickt. „Fahren Sie mit der Zivilstreife hinter uns her", sagt er zu Frau Kretzing gewandt. „Wir bringen sie ins Uni Klinikum. Und diese Dame dort möchte ich dann dort auch auffinden." Frau Kretzing nickt nur. Sie gibt noch ein paar Anweisungen, dann winkt sie Mike zu, der Linda ins Fahrzeug trägt. „Ich geh mit ihr nach hinten", sagt er nur und steigt ein. Mike ist auch geschockt. Er hat Sarah gesehen. War das wirklich Sarah. Richtig erkennen konnte er nichts. Außer ihrer blonden Haare war sie im Gesicht nicht mehr erkennbar. „Gott sei Dank haben Sie dieses Schwein gefasst!" sagt er zu Frau Kretzing. Diese antwortet jedoch nicht.

Stumm fährt sie hinter dem Rettungswagen her. Sie hat das Signallicht aufs Auto gemacht und fährt mit Blaulicht und Sirene hinter dem Rettungswagen her.

Im Klinikum angekommen wird Sarah sofort in den OP geschoben. Tom will hinterher, doch die Sanitäter halten ihn zurück. „Jetzt müssen Sie hier warten. Jetzt können nur die Ärzte Ihrer Frau helfen." Tom korrigiert sie nicht. ‚Seine Frau', denkt er sich. ‚JA meine Frau, wenn du das hier überstanden hast Spatzerl, dann nehm ich dich mit nach München. Bei mir bist du in Sicherheit.' Er geht den Flur rauf und runter.

Inzwischen sind auch Frau Kretzing, Mike und Linda eingetroffen. Ein Pfleger schiebt Linda auf einer Liege in einen Untersuchungsraum. Mike will hinterher, doch der Pfleger und Frau Kretzing halten auch ihn zurück. „Lassen sie die Leute ihre Arbeit machen", sagt sie zu den beiden. Sie gibt ihren Bericht an den Arzt, der Linda behandelt weiter. Dann wendet sie sich erneut an Mike und Tom „Ich muss jetzt wieder los. Auf mich wartet noch jede Menge Arbeit. Bitte lassen sie die Ärzte ihre Arbeit machen und machen sie keine Schwierigkeiten ja?" Dabei schaut sie Tom energisch an. Dieser nickt nur. Sie verabschiedet sich und ist auch schon verschwunden.

Eine Krankenschwester kommt aus dem OP. Tom springt auf und bestürmt sie mit Fragen. „Bitte, ich kann Ihnen nichts sagen. Sie müssen warten, bis der Arzt raus kommt. Der wird Sie dann von allen Untersuchungsergebnissen in Kenntnis setzen."

Sie geht zum Kaffeeautomaten, der mitten im Flur steht, macht zwei Tassen Kaffee fertig und stellt sie Tom und Mike hin. „Mehr kann ich leider im Moment nicht für Sie tun", sagt sie und ist auch schon wieder verschwunden. Die beiden Freunde sagen kein Wort. Immer wieder laufen Tränen über Toms Gesicht. Mike hat seinen Kopf auf den Tisch gelegt und seine Arme darüber verschränkt. Eine lähmende Stille breitet sich aus.

Es ist mittlerweile nach drei Uhr morgens. Tom kann das Ticken der Uhr nicht mehr hören. Er dreht seine Runden durch den Aufenthaltsraum. Die Tür geht auf und eine Ärztin begleitet Linda in den Raum. Linda ist leichenblass. Durch ihre rotverweinten Augen schaut sie Mike an. Sie schluchzt einmal auf und wirft sich in Mikes Arme. Der hält sie fest und streichelt ihren Kopf.

Tom schaut die Ärztin fragend an. „Frau Abu Khamel geht es den Umständen entsprechend. Sie hat etwas zur Beruhigung bekommen. Ich möchte Sie bitten, heute Mittag noch mal herzukommen. Und ich möchte Sie bitten, Sie nicht allein zu lassen wenn es möglich ist ja? Wenn das sichergestellt ist, dann kann sie mit Ihnen nach Hause gehen."

Tom geht auf die Ärztin zu „Wir werden nicht eher hier aus dem Krankenhaus verschwinden, bis ich nicht Frau Müller gesehen und mit ihr gesprochen habe. Und wenn ich hier übernachten muss. Haben Sie schon irgendwelche Befunde? Wie geht es ihr? Ist sie immer noch im

OP?" Die Ärztin schaut Tom irritiert an. „Von einer Frau Müller weiß ich nichts. Sie wird dann in der Obhut meines Kollegen sein. Ich werde mal nachschauen gehen." „Tun Sie das bitte", Tom bettelt schon fast.

Die Ärztin verlässt den Raum. Mike schaut Tom an. „Tom, wenn es wirklich ganz schlimm wäre, dann würde schon längst ein Arzt hier sein oder meinst du nicht?" Tom brummelt sich etwas Unverständliches in den Bart. Aber Mike will nicht weiter nachfragen. Wieder kehrt eine lähmende Stille zu den drei Freunden zurück. Linda hat sich mittlerweile auf Mikes Schoß gesetzt und sich wie ein Kind in seine Arme gekuschelt. Sie ist eingeschlafen. Mike streichelt automatisch ihren Rücken und schaut ins Leere.

Die Zeit vergeht einfach nicht. Die Spuren des letzten Tages sind sowohl Mike, als auch Tom anzusehen. Doch die beiden stehen so unter Spannung. Tom schaut auf Mike und Linda. „Mike", er tippt Mike auf die Schulter „meinst du nicht, du solltest mit Linda ins Hotel fahren? Sie ist doch völlig neben der Spur. Ich bleibe hier und ihr schlaft erst einmal aus. Wenn Ihr dann ausgeschlafen habt, soll Linda doch sowieso wieder herkommen. Sie braucht ein wenig Entspannung. Schaffst du das allein, oder soll ich Euch fahren?" Mike schaut Tom zweifelnd an „Meinst du wirklich du stehst das hier alleine durch?" „JA, JA und nochmals JA! Ich schaffe das schon. Es muss nicht sein, dass Linda noch mehr darunter zu leiden hat. Sie muss morgen wieder zur Untersuchung. Außerdem will sie mit Sicherheit auch dann Sarah sehen. Sie muss dafür ausgeruht sein." Mike schaut auf Linda, die wie ein Baby in seinen Armen liegt. „Du hast Recht. Ich fahre mit ihr ins Hotel oder zu ihr nach Hause." Sanft weckt er Linda. Brummelnd und seufzend schlägt diese die Augen auf. Sie schaut sich um und ist im nächsten Moment hellwach. „Ist was mit Sarah? Was hat der Arzt gesagt?" „Scht", sagt Mike „noch war kein Arzt hier und hat mit uns gesprochen. Linda, lass uns ins Hotel oder zu dir fahren. Du brauchst ein wenig Ruhe. Du sollst morgen wieder herkommen zur Untersuchung. Bitte, du brauchst ein wenig Schlaf." Die ganze Zeit schüttelt Linda vehement den Kopf. Dann schaut sie zu Tom. „Bleibst du hier?" „Keine zehn Pferde bringen mich hier weg, bevor ich nicht weiß, dass es Sarah auch nur einigermaßen gut geht", antwortet er. „Also gut, Mike, dann lass uns aber bitte zu mir nach Hause fahren ja? Ich brauch meine gewohnte Umgebung. Tom, wir sind dann am Mittag wieder hier ja? Und wenn was sein sollte. Hier ist meine Nummer." Sie schiebt Tom eine Visitenkarte rüber. Tom steckt sie unbesehen ein. Linda steht schwankend auf. Mike legt einen Arm um sie und beide zusammen verlassen sie den Raum. Nun ist Tom alleine, und das Warten wird immer unerträglicher.

Er schaut auf die Uhr. Halb fünf. Da geht die Tür auf. Ein sehr junger Arzt betritt den Raum. „Sind Sie der Mann oder Lebensgefährte von Frau Müller?" Tom nickt und stellt sich dem Arzt vor: „Ja ich bin Thomas Schäfer. Ich bin mit Frau Müller befreundet." Der Arzt nimmt zwei große Becher und füllt sie mit Kaffee. Einen schiebt er Tom rüber. „Bitte setzen Sie sich", sagt er zu Tom „das was ich Ihnen jetzt sagen werde, wird Sie erschüttern. Aber Ihre Partnerin braucht Ihre ganze Unterstützung, und Ihren Halt, damit sie überhaupt wieder gesund werden kann." Tom nickt nur „Was ist passiert Herr Doktor?" „Entschuldigung, mein Name ist Wallner, Dr. Matthias Wallner. Ihre Freundin hat eine Menge mitmachen müssen. Wir wissen nicht genau was, doch anhand der Verletzungen können wir uns ein Bild machen." Er erzählt Tom von den Verletzungen im Darm, in ihrer Vagina die von brutalen Vergewaltigungen herrühren. Er zählt die Hämatome im Gesicht und am ganzen Körper auf. Prellungen, Blutergüsse und kommt dann auch zu den Verletzungen, die durch Peitsche oder Gerte oder ähnlichem herrühren können. Toms Augen weiten sich vor Entsetzen. „Herr Schäfer, Ihre Freundin braucht weit mehr, als einen Arzt, der sie wieder zusammenflickt. Es wäre gut, wenn Sie mit ihr, sobald sie körperlich wiederhergestellt ist, eine Reise machen. Sie sollte aus der Stadt erst mal heraus. Könnten Sie das in die Wege leiten? Sie braucht psychotherapeutische Behandlung. Aber am besten in einem fremden Umfeld, wo sie nichts an die letzten erlebten Stunden erinnert." Tom nickt nur. Er ist noch zu entsetzt, kann das Erzählte nicht verdauen. Das braucht noch seine Zeit. „Kann ich sie sehen?" Der Arzt nickt. „Ja, aber ich warne Sie." „Ich habe sie gesehen, als sie im Krankenwagen lag, als die Polizei sie gefunden hat. Schlimmer kann es nicht sein oder?" Dr. Wallner seufzt tief auf. „Nein, schlimmer nicht. Aber haben Sie ihren ganzen Körper gesehen?" Tom schüttelt den Kopf. „Die Polizei hatte sie schon zugedeckt."

Der Arzt schaut Tom nachdenklich an. „Hören Sie zu, das ist jetzt ganz wichtig. Wenn Sie Ihrer Freundin helfen wollen, dann schauen Sie sich die Verletzungen an. Im Moment schläft sie und sie bekommt es nicht mit. Aber es ist wichtig für Sie, damit sie das, was in den folgenden Monaten noch auf Sie beide zukommt, auch ein wenig verarbeiten und verstehen können. Außerdem würde ich befürworten, dass Sie Frau

Müller zu Besuchen und Untersuchungen zur Therapeutin begleiten könnten." Wieder nickt Tom nur stumm.

Dr. Wallner trinkt seinen Kaffee aus. Tom tut es ihm gleich. „So, Herr Schäfer, dann begleite ich Sie jetzt zu Frau Müller. Und denken Sie bitte daran. Wenn sie wach wird. Lassen Sie sich Ihr Entsetzen nicht anmerken. Zumindest nicht ihr gegenüber. Frau Kretzing von der Polizei wird morgen noch einmal vorbei kommen und versuchen, mit Frau Müller zu reden. Es wäre gut, wenn Sie dann auch hier wären." Tom kann keinen klaren Gedanken fassen. Er ist immer noch zu entsetzt über das, was er von Dr. Wallner hören musste. Das ganze Ausmaß kann er nicht begreifen. Aber in seinem Hinterkopf schwirrt nur ein Gedanke. ‚Sie lebt!' Alles andere ist ihm in diesem Moment herzlich egal. Sie lebt und sie wird wieder gesund. Er würde ihr helfen können. Gemeinsam würden sie das verarbeiten. Er würde sie nicht wieder alleine lassen. NIE WIEDER. Es ist wie ein Schwur, den er sich auferlegt. Ein Versprechen gegenüber sich selbst. Aber kann er Sarah gegenüber das Versprechen halten? Würde sie dieses Versprechen überhaupt annehmen wollen?
Er geht hinter dem Arzt aus dem Raum und folgt ihm den langen Gang entlang.

Am Ende des Ganges blieb Dr. Wallner vor einer verschlossenen Tür stehen. „Sie liegt allein. Und so wird es auch bleiben. Sie können bleiben, so lange Sie wollen, es ist mit den Schwestern abgesprochen, die wissen Bescheid." Beide betreten sie das Zimmer. Es ist dunkel, nur eine schwache Bodenbeleuchtung lässt den Fußboden ein wenig schimmern. Der Arzt schaltet eine kleine Beleuchtung über dem Bett der Patientin an. Tom stockt der Atem. So schlimm hatte er Sarahs Gesicht nicht in Erinnerung. Was dachte er da? Gesicht? Er erkennt seinen Engel nicht wieder. Mittlerweile sind alle ihre Prellungen und Schürfungen geschwollen. Ihr Gesicht zeigt die komplette Farbpalette von Rot, Blau und Violett. Einen Moment schwankt er. Seine Hände ballen sich zu Fäusten. ‚Dieses Schwein kann von Glück sagen, dass die Polizei ihn geschnappt hat' denkt er noch. Dr. Wallner zieht vorsichtig das leichte Tuch von Sarahs Körper. Überall sind Wunden, die verbunden und behandelt wurden. Sie besteht fast ausschließlich von Mull und Verbänden. Tom schaut den Arzt fragend an. „Aber sie ist doch überall verbunden, wie..?" „Das habe ich Ihnen jetzt auch nur gezeigt, damit sie sehen, wie viele Verletzungen sie hat. Natürlich werde ich jetzt nicht die Verbände abnehmen. Nur so sehen Sie, welche Tragweite ihre Verletzungen haben." Tom schluckt nur. Dr. Wallner verspricht, am Vormittag wieder vorbeizuschauen. Er gehe nicht davon aus, dass seine Patientin bis dahin aufwachen würde, gibt aber Tom noch die Anweisung, dass falls dies doch der Fall sein sollte, er bitte sofort die Stationsschwester informieren solle. Tom nickt nur und verabschiedet Dr. Wallner.

Seufzend setzt er sich auf den Stuhl neben Sarahs Bett. Jetzt kann er seine Tränen nicht mehr zurück halten. Er sucht ihre Hand und hält sie zart in seiner. Er sieht die Spuren, die die Fesseln dort an den Handgelenken hinterlassen haben, obwohl auch darüber ein Verband angelegt wurde. „Spazerl, Engelchen, was hat dieser Mensch dir angetan", flüstert er nur. Er haucht zarte Küsse auf ihre Hand. Das ist fast die einzige Stelle, die nicht verbunden ist. Er würde sie so gerne in die Arme nehmen, doch er weiß, dass sie vor Schmerzen aufschreien würde, wenn sie erwacht. ,Ob du dich jemals wieder von jemanden in den Arm nehmen lässt Engelchen?' Er legt den Kopf auf das Kopfkissen neben Sarahs Kopf. Er spürt ihren Atem, sieht, wie ihr Brustkorb sich regelmäßig hebt und senkt. Er hält ihre Hand, und schläft ein.

13

Tom schreckt hoch. Die Tür ist aufgegangen. Dr. Wallner kommt herein. „Guten Morgen, wie geht es unserer Patientin? Ist sie schon aufgewacht?" Tom schüttelt den Kopf. „Ich werde sie jetzt noch einmal untersuchen. Könnten Sie bitte draußen warten? In der Zwischenzeit können Sie in den Aufenthaltsraum gehen, wo Sie heute Nacht gewartet haben. Da steht frischer Kaffee. Der tut Ihnen bestimmt gut. Ich habe veranlasst, dass Sie gleich ein Frühstück bekommen. Ist das in Ordnung für Sie?"
Tom schaut Dr. Wallner nur an. Er ist ganz und gar nicht bereit, jetzt von Sarah wegzugehen. Aber er sieht ein, dass es sein muss. „Aber ich bin gleich wieder da ja? Können Sie mir dann genaueres erzählen?" Der Arzt nickt „Ich werde gleich zu Ihnen kommen. Das sollten wir nicht hier besprechen." Tom schaut noch einmal zu seinem Engel und geht in den Aufenthaltsraum. Er nimmt sich einen Kaffee und setzt sich an den Tisch. Eine junge Krankenschwester kommt herein, begrüßt ihn freundlich und stellt ihm ein Tablett mit Frühstück hin. „Versuchen Sie etwas zu essen. Herr Dr. Wallner hat mir erzählt, was passiert ist. Sie müssen bei Kräften bleiben." Tom bedankt sich und verfällt in Schweigen.

Kurze Zeit später geht die Tür auf und Frau Kretzing betritt mit einem Kollegen den Raum. „Guten Morgen Herr Schäfer. Das ist mein Kollege Herr Schnogge. Wir wollten eigentlich zu Frau Müller aber Dr. Wallner hat uns hierher geschickt. Ist sie noch immer nicht bei Bewusstsein?"
Tom schüttelt resigniert den Kopf. „Haben Sie ihn heute Nacht noch vernommen? Sitzt er?" Frau Kretzing setzt sich an den Tisch. Herr Schnogge holt zwei Becher Kaffee, schiebt einen zu seiner Kollegin und sagt „Ja wir haben ihn die ganze Nacht vernommen. Er hat gestanden. Blieb ihm ja auch nichts anderes übrig, wir haben ihn ja auf frischer Tat ertappt. Aber er hat auch etwas über die Hintergründe gesagt. Wissen Sie etwas davon warum er sich Ihre Freundin ausgesucht hat?" Tom schaut Herrn Schnogge und dann Frau Kretzing fragend an. „Nein ich weiß nicht. Wollen Sie etwa sagen, er hatte es bewusst auf Sarah abgesehen? Kennen die beiden sich?" „Naja", antwortet Frau Kretzing, „das wissen wir noch nicht so ganz genau. Wir müssten da wirklich mit Frau Müller reden. Der nennen wir ihn mal Beschuldigte, hat angegeben, dass er Frau Müller über eine Kontaktanzeige kennen gelernt hat. Angeblich hat er seit über einem halben Jahr regen SMS Kontakt mit Ihrer Freundin gehabt. Sie hätte Treffen vereinbart, sie aber

nicht eingehalten. Und am Mittwochabend hat er sie dann zufällig auf dem Dom mit Ihnen gesehen und ist Ihnen dann gefolgt. Seine Wut und Eifersucht muss sich so dermaßen gesteigert haben, dass er dann Frau Müller, als sie allein vor ihrer Haustür stand überfallen und gekidnappt hat."

Tom schaut Frau Kretzing entsetzt an. „Aber Sarah hatte keine Kontaktanzeige aufgegeben." „Woher wollen Sie das wissen", kommt die Frage von Herrn Schnogge. „Also…" Tom erzählt den beiden Beamten, wie sie beide sich kennen gelernt haben. Und er erzählt auch, dass er Sarahs Foto im Fernsehen über einen Kontaktsender durch Zufall gesehen hat. In diesem Moment geht die Tür auf und Mike und Linda betreten den Raum. Sie begrüßen sich schweigend und setzen sich ebenfalls an den Tisch.

Tom erzählt weiter was er über diese Kontaktanzeige im Fernsehen weiß. Da schaltet sich Linda ein. „Sarah hatte in der Zeitung eine Annonce gelesen, dass Modelle für Katalogaufnahmen gesucht werden. Aus Spaß hat sie sich dort beworben." Sie seufzt tief auf. „Ich habe ihr sogar noch Mut gemacht, dass sie das machen solle. Dass das jetzt passiert ist, ist alles meine Schuld." Mike legt einen Arm um Linda. „So etwas darfst du nicht mal denken. Das ist nicht deine Schuld. Der Typ ist total krank. Der wird doch so schnell nicht wieder rauskommen oder?" Frau Kretzing schüttelt den Kopf. „Nein sicher nicht. Wir gehen von einem versuchten Mord aus Eifersucht aus. Das wird ihn einige Jahre kosten. Aber", fährt sie zu Linda gewandt fort „bitte erzählen Sie weiter." Herr Schnogge macht derweil Notizen. Linda fährt fort „Naja sie ist also zu diesem Shooting gegangen. Dann haben wir nichts mehr von dieser Agentur gehört." Sie gibt den Namen der Agentur an. „Sarah hat dann nach zwei Wochen nachgefragt, was mit ihren Fotos wäre. Ihr wurden ja Abzüge davon versprochen. Doch von dort wurde nur mitgeteilt, dass die Fotos nichts geworden wären und das Shooting wiederholt werden müsse. Dazu hat sich Sarah aber dann nicht entschlossen. Naja und letzte Woche haben wir dann eins von den Fotos durch Zufall bei diesem komischen Sender gesehen. Sarah wollte eigentlich mit ihrem Chef noch darüber sprechen, aber sie hat sich geschämt und es deshalb dann sein lassen. Sie hat noch zu mir gesagt, dass es ja nicht so schlimm sein könne." Linda laufen schon wieder die Tränen übers Gesicht.

Frau Kretzing steht auf. „Dann werden wir auf die Vernehmung von Frau Müller vorerst verzichten. Wir gehen jetzt erst mal dieser Sache nach. Den Arztbericht haben wir gerade auch schon erhalten. Das wird für den Anfang genügen. Wir werden uns mit Ihnen in Verbindung setzen. Wie können wir Frau Müller erreichen, wenn sie aus der Klinik entlassen wird?" Tom schaut zu Linda und sagt dann zu Frau Kretzing gewandt, „Ich werde sie mit nach München nehmen. Sie muss hier raus. Eine andere Umgebung, ärztliche und psychische Betreuung. Sie wird in München eine REHA machen. Dort ist sie in meiner Obhut. Herr Dr. Wallner wollte entsprechendes veranlassen." Er schiebt Frau Kretzing eine Visitenkarte zu. Diese nickt nur und die beiden Beamten verlassen den Raum.

Mike schaut Tom an. „Bist du dir sicher, dass die Kleine mitkommen wird?" „Nein", erwidert Tom, „aber ich baue auf deine Hilfe." Dabei schaut er Linda an. „Kannst du, falls sie nicht möchte, bitte auch noch einmal mit ihr reden? Ich denke, und das ist auch die Meinung ihres Arztes, dass es das Beste für sie wäre." Er erzählt den beiden, was der Arzt ihm erzählt hat und was passiert war, nachdem Linda und Mike die Klinik verlassen hatten. Mike schaut die ganze Zeit nachdenklich zu Linda. „Sag mal Linda, hast du dieses Jahr eigentlich schon Urlaub gehabt?" Linda schaut Mike an und schüttelt den Kopf. „Warum fragst du das?" „Naja, ich hab ja gestern deine Chefin kennen gelernt. Sie scheint doch ganz ok zu sein oder? Was hältst du denn davon, wenn Sarah hier aus der Klinik entlassen wird und mit uns nach München fährt, wenn du einfach mitkommst. Du könntest doch deinen ganzen Urlaub nehmen. Naja, und vielleicht bleibst du ja nach deinem Urlaub auch ganz." Bei seinen letzten Worten schaut Mike auf den Fußboden und Tom glaubt seinen Augen und Ohren nicht zu trauen. Hat sein Kumpel das gerade wirklich gesagt. Scheint so, denn Mike ist über und über rot geworden. Tom schaut zu Linda. Diese sieht nur zu Mike. Aber auch ihr Gesicht ist von einer feinen Röte überzogen, die nichts mit den vorangegangenen Tränen zu tun hat. Linda atmet einmal tief durch. Sie geht zu Mike, nimmt seinen Kopf in beide Hände, zieht ihn hoch und schaut ihn an. „Ich werde mit meiner Chefin reden. Und ich werde mitkommen. Und dann werden wir abwarten, was in der Zeit, wo ich Urlaub habe passiert mit uns beiden ja? Und wenn du nach meinem Urlaub immer noch möchtest, dass ich bei dir bleibe, dann bleibe ich. Ist das so in Ordnung?" Mike strahlt über das ganze Gesicht. Er hat Tränen in den Augen. Er nimmt Linda zärtlich in die Arme und küsst sie sanft. Tom kann seine Tränen auch nicht zurück halten. „Jetzt muss nur noch mein Engelchen gesund werden", seufzt er. Dann könnte die Zukunft einfach nur noch wunderbar aussehen.

In diesem Moment betritt Dr. Wallner den Aufenthaltsraum. Drei Augenpaare richten sich auf ihn und schauen ihn angespannt an. Der Arzt geht rüber zur Kaffeemaschine und füllt sich eine Tasse. Dann wendet er sich an Tom „Herr Schäfer, ich habe gerade bei Frau Müller die Verbände gewechselt. Die körperlichen Wunden sind nicht so schwerwiegend, so dass wir sie in ca. zwei Woche entlassen können. Allerdings haben wir ein viel schwerwiegenderes Problem. Frau Müller ist gerade aufgewacht und.." Tom springt auf und rennt zur Tür.

„HALT!" ruft Dr. Wallner. „Warten Sie, ich muss Ihnen erst etwas erklären." Tom lässt die Hand von der Türklinke und dreht sich um. „Frau Müller ist wach, Schmerzen hat sie keine, weil wir Sie immer noch mit einem Schmerzmittel behandeln und das wird auch noch eine Weile so anhalten. Allerdings befindet sich Frau Müller immer noch in einem Schockzustand und ich befürchte eine retrograde Amnesie." Dr. Wallner erklärt den Freunden, dass dies mit der Tat zu tun haben könne. Das Unterbewusstsein schützt den Patienten davor, mit dem Erlebten konfrontiert zu werden. Ich weiß nicht, wann das Erinnerungsvermögen wieder einsetzt. Aber sollte es der Fall sein, muss sie dringend psychiatrische Hilfe haben. Das wird sie sonst nicht alleine durchstehen. Haben Sie das verstanden? Wenn Sie jetzt zu ihr gehen, reden Sie über Gott und die Welt, aber nicht über das, was passiert ist. Wenn ihre Psyche soweit ist, wird ihr Unterbewusstsein von alleine das Geschehen wieder an den Tag bringen." Tom starrt den Arzt an „Kann es sein, dass sie sich an uns auch nicht mehr erinnert?" „Das weiß ich nicht, denn mich kannte sie ja vorher auch nicht", seufzt der Arzt. „Bitte, ich möchte dass Sie Frau.." „Abu Khamel", sagt Linda. „Gut, dass Sie Frau Abu Khamel auf jeden Fall mit zu Frau Müller kommen. Ich denke mal, dass sie Sie am besten von allen und am längsten kennt oder?" Linda nickt nur.

Sie und Mike stehen auf. Tom hat die Tür schon geöffnet und geht Richtung Sarahs Zimmer. Dr. Wallner hält ihn zurück. „Ich kann verstehen, dass Sie es kaum aushalten können. Aber bitte Frau Abu Khamel zuerst ja?" Tom brummelt vor sich hin lässt aber Linda den Vortritt. Dr. Wallner betritt mit Linda das Krankenzimmer und schließt die Tür vor Tom und Mikes Nase. Tom ballt die Hände zu Fausten. Aber Mike legt einen Arm um seine Schultern. „Komm altes Haus. Das schaffen wir. Reg dich nicht auf!"

Linda geht zum Krankenbett. Entsetzt schaut sie in das zerschundene Gesicht der Freundin. Tränen stehen in ihren Augen, doch sie schluckt sie tapfer herunter. Sie darf jetzt nicht weinen. Nicht hier. Sarah schaut ihre Freundin aus traurigen und leeren Augen an. Langsam formen ihre Lippen das Wort „LINDA", doch ein Ton kommt nicht über ihre Lippen. Linda schluchzt auf und nimmt Sarahs Hand. „Scht, Süße, du brauchst nichts zu sagen. Du bist krank Schatz. Und das ist Dr. Wallner, der hilft dir wieder gesund zu werden okay?" Sarah nickt, verzieht aber gleich darauf schmerzhaft das Gesicht. „Frau Müller, Sie müssen jetzt viel schlafen, damit Sie sich schnell erholen ja? Deshalb werde ich Ihrem Schmerzmittel auch etwas beigeben, damit Sie besser schlafen können. Blinzeln Sie nur einmal mit den Augen, wenn Sie mich verstanden haben." Sarah schaut von Linda zu Dr. Wallner. Sie blinzelt einmal. Linda muss sich umdrehen, sie kann ihre Tränen nicht mehr zurückhalten. ‚Oh Gott, wird Sarah das jemals verarbeiten' denkt sie. „Frau Müller, da sind noch zwei Besucher, die gerne zu ihnen möchten. Wenn Sie damit einverstanden sind, dann blinzeln Sie wieder einmal ja? So können Sie sich auch mit Ihrer Freundin verständigen." Er schaut zu Linda. Linda nickt nur stumm. Sie hat verstanden.

Dr. Wallner verabreicht seiner Patientin eine Spritze. „Frau Abu Khamel, Ihre Freundin wird gleich wieder einschlafen. Es ist besser so im Moment." Linda nickt wieder nur. Sie bekommt kein Wort heraus. Zu groß ist der Kloß in ihrem Hals.

Dr. Wallner verlässt das Zimmer. Draußen bespricht er mit Tom und Mike, dass er Sarah ein Schlafmittel gegeben hat und dass sie nur Fragen stellen sollen, die sie durch ein Blinzeln mit ja oder nein beantworten kann. Keinesfalls irgendetwas über das Geschehen. „Ich habe das verstanden Dr. Wallner. Glauben Sie ernsthaft ich würde meinen kleinen Engel quälen wollen?" Dr. Wallner schüttelt erleichtert den Kopf und verschwindet.

Tom öffnet leise die Tür und betritt vor Mike das Krankenzimmer. Er setzt sich an die andere Seite von Sarahs Bett. Sie schaut ihn aus ihren verlorenen Augen an. Ihre Lippen bewegen sich. Er kann das Wort Tom von ihren Lippen ablesen. Sie erkennt ihn. Sie hat ihn nicht vergessen. „Hallo mein Engerl. Ich bin jetzt da und bleibe bei dir bis du wieder gesund bist ja?" Sarah blinzelt. Ein leichtes Leuchten tritt in ihre Augen. Ihre Augen wandern auf die andere Seite zu Linda und zu Mike, der hinter Linda steht und seine Arme auf Lindas Schultern gelegt hat. Sie schaut Mike und Linda an. Und dann formen ihre Lippen das Wort Mike. „Ja Süße", sagt Linda. Tom und Mike bleiben noch hier, bis du aus dem Krankenhaus entlassen wirst. Wenn du damit einverstanden bist, gebe ich Tom deinen Schlüssel ja?" Es folgt ein erneutes Blinzeln. Ihre Augen wandern wieder zu Tom. Tom hält immer noch ihre Hand. Ihm sitzt ein dicker Kloß im Hals. „Ich werde hier bleiben. Ihr könnt mir meine Sachen hierher bringen. Ich werde mit Sarah nach Hause kommen, wenn es ihr wieder besser geht." Mike will protestieren, doch er weiß, dass wenn Tom sich etwas in den Kopf gesetzt hat, ihn keiner davon abbringen kann.

Linda fängt an zu plappern und erzählt Sarah von den verrückten Einkäufen, die ihre Chefin getätigt hat und dass es wieder sündhaft teure Einzelstücke sind. Sie erzählt vom Wetter, von ihrer Nachbarin, deren Hund mal wieder ins Treppenhaus gepinkelt hat, und davon, dass die Spritpreise wieder in die Höhe gegangen sind. Dann weiß sie nicht mehr was sie sagen soll. Sie merkt, dass Sarahs Augen schwerer werden. „Tom, wir werden jetzt gehen. Die Kleine braucht den Schlaf. Wir werden heute Abend noch mal vorbeikommen und dir deine Sachen vorbeibringen okay? Ich werde derweil mit Mike zum Hotel fahren und dort alles erledigen. Naja und zum Laden muss ich ja auch noch. Soll ich einen CD Player mit Sarahs Lieblingsmusik mitbringen?" Tom nickt nur. Er schaut die ganze Zeit nur auf seinen Schatz. Mike nimmt Linda an der Hand und sie verabschieden sich von Tom. Dann ist Tom mit Sarah allein.

Tausend Gedanken rasen durch seinen Kopf. Er legt seinen Kopf neben Sarah auf das Kissen und schließt die Augen. Er ist sich sicher, dass alles gut werden wird. Sie hat ihn erkannt und ihre Augen haben geleuchtet. Das hatte er sich nicht eingebildet. Sie hat sich gefreut, ihn zu sehen.

Am Abend bringen Linda und Mike die Sachen von Tom und ein paar Sachen für Sarah. „Linda, ich muss dich mal kurz sprechen. Können wir nach draußen gehen?"
Linda schaut Tom nur verwundert an und nickt.

Sie verlassen das Krankenzimmer. Mike bleibt bei Sarah.

„Was ist los? Was willst du mit mir besprechen?" fragt Linda ihn. „Linda sag mal, was ist mit der Familie. Müssen ihre Eltern nicht benachrichtigt werden. Sind irgendwelche Papiere auszufüllen?"

Linda schaut zu Boden. Dann richtet sie ihren Blick auf Tom. „Die Papiere sind in Ordnung. Ich habe alles was wichtig ist, in ihre Tasche gepackt. Und, nein, es muss niemand benachrichtigt werden. Sarahs Mutter ist bei ihrer Geburt gestorben und ihr Vater hatte vor zwei Jahren einen Schlaganfall und ist ebenfalls tot. Geschwister hat sie keine. Also, na ja, ich bin ihre Freundin und ihre Familie." Tom schaut Linda an. „Bist du mit mir einverstanden? Hast du Vertrauen zu mir, dass du die Kleine in meine Obhut gibst?" Linda schaut Tom fest an. „Ja, Tom, ich vertraue dir. Weil ich weiß, dass Sarah sich in dich verliebt hat. Und weil ich weiß, dass du sie auch liebst. Ich werde am Sonntag mit Mike nach München fahren. Wegen Eurer Firma. Sobald es Sarah besser geht, kommt Ihr nach. Wir werden mit meinem Wagen fahren. Ist das in deinem Sinne?" Tom nickt nur. Dankbar nimmt er Linda bei beiden Händen und drückt ihr einen sanften Kuss auf die Stirn. „Danke", sagt er nur. Seine Stimme bricht. Er kann nichts mehr sagen. Tränen schimmern in seinen Augen.

Die nächsten Tage vergehen wie im Nebel. Tom ist bei Sarah und weicht nicht von ihrer Seite. Zwischendurch schauen Linda und Mike immer wieder rein.

Am Sonntagvormittag kommen die zwei, um sich vorerst von den beiden zu verabschieden. Sarah schaut ihre Freundin nur an. Linda erklärt ihr, dass sie mit Mike nach München fährt, und dass Tom sie, Sarah, dann mit nach München nimmt, wenn sie aus dem Krankenhaus entlassen wird. Sarah nickt leicht. Sie kann zwar schon wieder sprechen, doch es strengt sie immer noch an. Ein leises „Fahrt vorsichtig", kommt aus ihrem Mund. Linda und Mike nicken nur. „Ich schicke Tom eine Nachricht, sobald wir angekommen sind", antwortet Linda.
Sie haucht ihrer Freundin einen Kuss auf die Stirn. Mike drückt noch einmal sanft ihre Hand. Dann umarmen beide Tom und sind verschwunden.

Auch die weiteren Tage sind mit Untersuchungen und Behandlungen angefüllt. Tom hat sich aus der Bibliothek Bücher ausgeliehen und liest Sarah daraus vor, wenn sie wach ist. Mittlerweile hat sich ihr Gesundheitszustand so verbessert, dass sie auch wieder richtig essen und reden kann.

Über das, was geschehen ist, wurde bisher jedoch kein Wort verschwendet. Mittlerweile ist es Freitag. Sarah schaut Tom an. „Tom, ich möchte dich etwas fragen." Tom schaut Sarah in die Augen. Er nickt nur. „Was ist eigentlich passiert? Warum bin ich hier? Warum sagt mir keiner was. Ich möchte gern wissen, was passiert ist. Ich kann mich immer noch an nichts erinnern." „Spatzerl, bitte dräng mich nicht ja? Ich habe Dr. Wallner das Versprechen gegeben, dass ich nichts sagen werde. Es ist wichtig, dass dein Unterbewusstsein sich selbst wieder erinnert." Sarah verzieht unwillig ihr Gesicht. Tom grinst. „Engerl, auch wenn du so das Gesicht verziehst und einen auf beleidigt machst, wird dir das nicht helfen. Ich möchte nur dein Bestes, verstehst du das?" Sie schaut ihn an. „Ja ich verstehe es ja. Aber es ist für mich halt auch nicht einfach." Das weiß ich doch Schatz. Aber für den Moment ist es das Beste."

In diesem Moment betritt Dr. Wallner das Zimmer. „So meine Liebe, Ihnen geht's bedeutend besser, das sehe ich schon. Ich habe alles geregelt. Sie können morgen nach Hause, beziehungsweise in eine REHA Einrichtung nach München. Ich habe es so arrangiert, dass Sie eine ambulante REHA Maßnahme erhalten, die jedoch, sollte Ihr Gedächtnis wieder funktionieren und Sie irgendwelche Schwierigkeiten haben, sofort in eine stationäre Maßnahme umgewandelt werden kann. Ich hoffe dass das in Ihrem Sinne ist ja?" Beide schauen den Arzt dankbar an. „Dann darf ich morgen mit Tom nach Hause fahren?" Sarah strahlt. Tom steht auf, reicht Dr. Wallner die Hand und sagt schlicht „Danke."

„Ich schaue morgen früh noch mal bei Ihnen rein und werde Ihnen dann alle Unterlagen mitgeben. Äh Herr Schäfer, ich müsste Sie noch mal kurz draußen sprechen ja?" Sarah schaut von Tom zum Arzt. Wie sie es hasst, wenn sie nicht alles mitbekommt. Aber die beiden Männer scheinen sich in dieser Hinsicht einig zu sein. Beleidigt dreht sie ihr Gesicht weg. Tom grinst und folgt Dr. Wallner auf den Flur.

„Also sie zickt", grinst auch Dr. Wallner. „Dann scheint zumindest für den Moment alles in Ordnung zu sein. Allerdings kann Ihnen noch eine schwere Zeit bevorstehen, wenn sie sich wieder erinnern kann. Bitte denken Sie daran. Das kann sich in Träumen widerspiegeln. Bitte halten Sie auch in dieser Hinsicht Augen und Ohren offen ja?" Tom verspricht, dass er auf Sarah aufpassen wird. „Hat sich eigentlich Frau Kretzing bei Ihnen noch mal gemeldet", fragt er den Arzt.

„Ja, sie brauchen von Frau Müller vorerst keine Aussage. Bis es zur Verhandlung kommt, wird es noch dauern. Aber da Frau Müller sich im Moment noch an nichts erinnern kann, kann auch keine Aussage gemacht werden. Und es kann sein, dass das Gericht auf die Aussage von Frau Müller verzichtet. Er ist auf frischer Tat gestellt worden. Es sind genügend Beweise und Spuren gesichert worden. Das Gericht kann ihn auch ohne die Hilfe von Frau Müller verurteilen. Achso ja, Frau Kretzing hat mir noch mitgeteilt, dass ein Mitarbeiter dieser Werbeagentur, die die Fotos gemacht haben, ebenfalls verhaftet wurde. Er hat ohne das Wissen der Agentur und der anderen Frauen, die fotografiert wurden, die Fotos an eine Kontaktseite verkauft. Die Fotos sind beschlagnahmt worden, und der Anbieter dieser Kontaktseite hat alle Fotos, die bei diesen Shootings gemacht wurden, raus genommen. Es handelte sich ja auch noch um andere Frauen, die von dieser Sache gar nichts wussten. Frau Müller kann sich also voll und ganz auf ihre Genesung konzentrieren." „Danke Dr. Wallner. Ich weiß nicht, wie ich Ihnen danken soll." „Das brauchen Sie nicht, es ist schon in Ordnung so. Bis morgen, und einen angenehmen Abend." Dr. Wallner geht den Flur entlang zum Schwesternzimmer. Tom schaut ihm noch eine Weile hinterher und geht dann wieder zu Sarah ins Zimmer.

„Na mein Spatzerl, bist du böse mit mir?" Sarah schaut Tom böse an, doch dann lacht sie leise. „Du weißt, dass ich dir nicht lange böse sein kann oder? Schatz ich freu mich. Wir können morgen zu dir nach Hause fahren." „Ja mein Schatz, aber vorher sollten wir noch zu dir fahren, um einige Sachen zu packen oder?" Sarah nickt nur. „Ja, das sollten wir. Gut dass dein Auto groß genug ist." Tom legt sich halb ins Bett neben seinen Engel. Sie kuschelt sich in seine Arme. Bald darauf ist sie eingeschlafen. Tom betrachtet sie noch eine Weile. Ihre Blutergüsse fangen langsam an blasser zu werden. Die Schwellungen sind zurückgegangen. Bald hat er seine Kleine wieder, dessen ist er sich ganz sicher. Er lauscht auf die regelmäßigen Atemzüge. ‚Spatzerl ich hoffe, dass du nicht einen zu großen Schock bekommst, wenn dein Erinnerungsvermögen wieder einsetzt' betet er im Stillen. Dann schläft auch er ein.

Die Tür geht auf. „Guten Morgen allerseits", grüßt Dr. Wallner. Tom ist schon fertig. Und auch Sarah sitzt angezogen auf dem Stuhl. Vor ihr eine große Tasche. „Sie wollen uns jetzt also verlassen", sagt Dr. Wallner. Und zu Tom gewandt „passen Sie gut auf meine Patientin auf." Tom verspricht es. Der Arzt gibt Sarah einen großen Umschlag mit und bittet sie, ihn in der REHA Klinik dem dortigen Arzt vorzulegen. Sarah bedankt sich noch einmal für die nette Betreuung und dann machen sich die beiden auf den Weg. ‚Nach Hause' denkt sie nur.

Tom hält unterwegs noch an einem Supermarkt an. „Bitte bleib im Auto ja? Das wird jetzt zu anstrengend. Ich hol uns schnell ein paar Sachen, damit wir bei dir nicht verhungern", er grinst sie frech an. „Ich weiß ja nicht, was sich in deinem Kühlschrank so alles befindet." „Das weiß ich auch nicht, aber bestimmt ist nicht mehr vieles davon genießbar. Mach schnell Schatz, ich warte."

Tom geht los und Sarah hängt ihren Gedanken nach. Sie grübelt und versucht, sich zu erinnern. Warum sagt ihr niemand etwas? Dann gibt sie es auf. Sie beobachtet eine junge Mutter, die ihrem schreienden Kind gerade erklärt, warum es die Schokolade jetzt nicht gibt. Seufzend fragt sie sich, ob sie diese Situation auch einmal erleben würde. Da kommt Tom schon zurück.

14

Sie fahren gemeinsam zu Sarah nach Hause. Die junge Frau schließt die Tür auf und stolpert fast über zwei große Koffer. Sie schüttelt den Kopf „Wie kommen die denn hierher?" Tom deutet auf einen Zettel am Flurspiegel und liest laut vor: „Hallo Süße, einen Teil deiner Sachen habe ich schon zusammengepackt. Damit du nicht allzu viel zu tun hast. Den Rest musst du schon selbst packen. Wir freuen uns schon auf Euch beide. Liebe Grüße, fühl dich geknuddelt Linda & Mike. Na das ist ja klasse", freut sich Sarah. „Naja komm erst mal rein, ich bin doch noch etwas schlapp. Hast du nicht Lust, dich ein wenig mit mir aufs Bett zu legen und mich richtig im Arm zu nehmen und mit mir zu kuscheln." Tom nimmt seinen Schatz zärtlich in den Arm und dann hebt er sie vorsichtig hoch. „Zeig mir wohin ich dich tragen darf mein Engerl. Ich bringe dich überall hin wo du magst." Sie zeigt Tom den Weg ins Schlafzimmer. Er legt sie zärtlich aufs Bett. „Soll ich dich ausziehen Spazerl, oder möchtest du so liegen bleiben?" „Naja, wenn es dir nichts ausmacht, würde ich schon gerne die Sachen ausziehen. Stört es dich nicht? Ich mein wegen der Verletzungen?" Tom schüttelt den Kopf. Langsam hebt er ihr Shirt hoch und zieht es ihr über den Kopf. Sie trägt keinen BH. Ihre Brüste sind stellenweise noch mit Pflastern verklebt. Dann öffnet er langsam ihre Hose und zieht sie vorsichtig aus. Ihren Slip lässt er an. „Soll ich mich auch ausziehen Engerl", fragt er. Sarahs Augen leuchten „Ja bitte, haucht sie nur." Tom zieht sich aus. Nicht ganz so langsam, wie er es bei ihr gemacht hat. Dann schlüpft er zu ihr ins Bett und zieht die Decke über sie beide. Sarah kuschelt sich in Toms Arme. „Tom, ist es schlimm, dass wir uns im Moment nur so streicheln können?" „Nein mein Schatz, und das weißt du auch oder?" „Ja", flüstert sie und kuschelt sich in seine Arme. Tom streichelt sanft über ihren Kopf. So ganz traut er sich nicht, sie überall zu streicheln. Er hat Angst, ihr weh zu tun. Der Arzt hatte gesagt, dass die Wunden im Schambereich noch ein Weilchen länger brauchen zum heilen. Aber das macht Tom nichts aus. Hauptsache, er hat sein Spatzerl wieder. Er seufzt tief auf.

Sarah hebt langsam den Kopf und schaut ihn an. „Schatz was ist los? Ist es dir schwer, so neben mir zu liegen und mich nur zu streicheln? Möchtest du mehr?" „Nein Spatzerl, erst mal musst du ganz gesund werden oder? Wir haben doch alle Zeit der Welt", erwidert er und sie nickt nur. „Warum sagt mir eigentlich immer noch niemand, woher ich die ganzen Verletzungen habe?" Tom nimmt Sarah fester in die Arme

„Engelchen, weil es im Moment einfach besser für dich ist. Du wirst dich daran erinnern, sobald die Zeit gekommen ist. Oder glaubst du Dr. Wallner nicht?"

„Doch, schon, aber na ja ich stelle nun mal halt auch Vermutungen an. Das kannst du dir doch vorstellen oder nicht?" Tom schaut ihr tief in die Augen. „Schatz, ja das kann ich mir vorstellen. Aber bitte jetzt bohr nicht weiter. Ich werde es dir nicht sagen okay?" „Na gut." Schmollend kuschelt sie sich wieder in Toms Arme. Ihre Hände streicheln über seine Brust. Er bekommt eine Gänsehaut und zieht scharf seinen Atem ein. Dann spürt er ihre Hand Richtung Bauchnabel wandern. „Schatz was machst du da?" „Och nichts, ich möchte dich einfach nur streicheln", grinst Sarah. „Du weißt aber schon, dass das ziemlich gemein ist oder? Du bist eine kleine Hexe." „Na ja, das ist halt meine Rache mein Schatz, darf ich denn nicht?" „Mach nur weiter mein Schatz. Ich liebe dich, kleine Hexe." Sie schaut ihn an. In ihren Augen stehen Tränen. „Ich liebe dich auch." Sanft streicheln ihre Hände um seinen Bauchnabel. Tom muss die Zähne zusammen beißen. Dann spürt er ihre Finger an seinem Oberschenkel. Langsam wird Tom nervös. Bei ihm regt sich etwas mit einer Heftigkeit, die er noch nie so empfunden hat. Aber es ist ja auch schon verdammt lange her, dass er so gestreichelt wurde.

Sein kleiner Freund wächst bei dieser Behandlung. Wie würde Mike sagen. Das Fahrgestell ist ausgefahren? Oh Mann und wie. Dann spürt er ihre Finger auf seinem harten Stab. Sarah schaut ihn mit großen Augen an. „Tom, entschuldige, ich wollte nicht..." Sie verstummt. „Mach weiter Spatzerl, bitte ja?" Sie schaut ihm in die Augen und nickt. Sanft begegnen sich ihre Lippen. Zärtlich und vorsichtig küssen sie sich. Dabei streichelt sie weiter seinen Penis und spürt wie hart und erregt er wird. Tom bekommt Schweißausbrüche. Er kann sich kaum halten. Am liebsten würde er sich jetzt sanft auf sie legen und sich mit ihr vereinen. Aber das geht nicht. Sie kann nicht. Und er hat Angst, dass er ihr weh tut.

„Spatzerl, wenn du so weiter machst, dann passiert gleich etwas." Sarah schaut ihn nur an, streichelt weiter und meint „Schatz das weiß ich. Aber mit dem, was wir beide gern machen möchten, müssen wir noch ein paar Tage warten. Also lass mich dich doch bitte jetzt so verwöhnen ja?" Tom ergibt sich. „Ist gut Spatzerl, mach weiter, aber ich glaube nicht, dass ich das lange aushalte." Sarah strahlt ihn nur an.

Er spürt wie ihre Hände zärtlich seinen harten Freund umschließen. Ihr Daumen streichelt über seine pralle Eichel. Ein Stromschlag geht durch Toms Körper. Er stöhnt leise. Sofort wird die Massage ein wenig fester. Dann spürt er, wie ihre Hand weiter runter gleitet. Seine viel zu prallen Hoden werden fest von der Hand umschlossen und zärtlich geknetet. Tom windet sich und stöhnt lauter. „Schatz, oh Gott bitte, Spatzerl ich kann nicht mehr." Sarah küsst Tom zärtlich, schlägt die Decke zurück und nimmt seinen Zauberstab wieder fest in ihre Hand. Sie massiert seine Vorhaut über die Eichel und zieht sie stramm zurück. Jetzt kann Tom sich nicht mehr halten. Laut stöhnend kommt er. Seine Sahne schießt aus ihm bis hoch auf seine Brust. Sie massiert weiter. „Oh Engerl" mehr kann Tom nicht sagen. Sarah nimmt ihren Finger, verteilt zärtlich seinen Samen über seinen Brustkorb und leckt sich dann zu Toms größter Verwunderung ihre Finger ab. „Oh Baby du machst mich wahnsinnig weißt du das eigentlich?" „Hm, ja Schatz, ich hab es gemerkt", grinst sie. „Und glaub mir, wenn ich erst wieder richtig gesund bin, dann werde ich dich noch viel wahnsinniger machen." Daran hat Tom nicht die geringsten Zweifel. „Lass mich bitte kurz unter die Dusche mein Engerl, ja? Dann können wir ein wenig schlafen ja? Du bist doch erschöpft." Sie kuschelt sich in Toms Arme und ist in wenigen Sekunden eingeschlafen. Tom liegt noch ein paar Minuten still da. Dann steht er leise auf und geht unter die Dusche. Er dreht das Wasser auf Kalt. Denn die Hitze hat Sarah noch lange nicht aus seinem Körper geholt. Ganz im Gegenteil.

Tom trocknet sich ab und geht wieder zurück ins Schlafzimmer. Leise legt er sich neben seinen Schatz. Er möchte sie nicht wecken. Sie liegt so zerbrechlich da. Doch sie spürt ihn, kuschelt sich sofort enger an ihn und schläft weiter. Eine ganze Weile liegt Tom noch mit offenen Augen da, bis er auch einschläft.

Erst spät am Nachmittag werden die beiden wach. Tom schaut zärtlich auf seinen kleinen Engel. Mein Gott er hätte nie gedacht, dass er noch einmal so lieben könnte. Sarah öffnet ihre Augen und schaut ihn an. Er ertrinkt in ihren Augen. Dieses unglaubliche Blau.

Zärtlich nimmt er sie in seine Arme und küsst sie. Schon regt sich was in ihm. Er muss sich zusammen reißen. Er steht auf und zieht seinen Slip an. „Spatzerl ich brauch nen Kaffee." „Machst du mir auch einen?" fragt Sarah. Tom zwinkert ihr zu.

Er geht in die Küche. Der Kaffee ist schnell zubereitet. Er nimmt zwei Tassen aus dem Schrank und füllt sie. In dem Moment steht Sarah in der Tür. Sie hat nur einen Slip und ein Shirt an. An ihren Beinen verteilt sind noch einige Pflaster zu sehen. Er schluckt nur. Gemeinsam gehen sie ins Wohnzimmer. Sie setzt sich in ihren Lieblingssessel, Tom auf die Couch. „Schön hast du es hier", sagt er. Sarah schaut ihn stolz und begeistert an. „Es gefällt dir wirklich?" „Ja natürlich, sonst würde ich das nicht sagen", antwortet er. „Aber warum kommst du nicht zu mir hier auf die Couch? Möchtest du die Decke haben?" Sarah steht auf und kuschelt sich zu ihm. Tom erzählt ihr von seinem Leben, von Steffi, von dem Unfall, von seiner Kindheit, von Mike und ihrer Freundschaft. Ein trauriger Blick trifft ihn. „Du hast auch schon einiges mitmachen müssen mein armer Schatz." „Ja, aber das ist Vergangenheit. Spatzerl, lass uns beide einen Neuanfang machen ja?" Sarah nickt. Auch sie erzählt von ihrer Freundschaft zu Linda, von ihren Eltern und auch von David Worris. Plötzlich knurrt Toms Magen. „Entschuldige Spatzerl, aber ich glaube, ich sollte etwas von dem, was ich heute Morgen im Supermarkt gekauft habe, auf den Tisch bringen. Sonst verhungere ich." Er grinst schief. „Ja, ich hab auch Hunger. Was hast du eigentlich eingekauft?" „Bleib sitzen, ich mach rasch was fertig und bring es her. Es macht doch nichts, wenn wir hier essen oder?" Sarah schüttelt den Kopf. Tom geht in die Küche und kramt und bereitet das Essen vor. Sie sitzt gedankenverloren in eine Decke gewickelt auf der Couch und schlürft ihren Kaffee.

„Sag mal Tom", ruft sie laut, „hast du eigentlich schon von Mike oder Linda etwas gehört?" „Ja, Mike hat mich gestern angerufen. Ich glaub da haben sich zwei gesucht und gefunden. Den beiden geht es gut", kommt die Antwort.

Tom erscheint im Wohnzimmer. „Ich hab den Kaffee gleich mitgebracht, oder möchtest du ein Glas Wein beim Essen trinken?" „Nein, danke Schatz, ich nehm noch Medikamente, da möchte ich das nicht riskieren." Tom schüttet seiner Freundin noch einen Kaffee ein und füllt auch seine Tasse. Die Kanne stellt er auf den Tisch. Er geht in die Küche und kommt mit belegten Baguettes wieder. „Wow, wie hast du die in der kurzen Zeit hinbekommen?" „Ach, das ist Übung Spatzerl. Ich bin so oft im Dauerstress, das ist schon Gewohnheit. Dabei braucht man ja zum Glück keinen Herd." Er zwinkert ihr zu und stellt einen großen Teller mit belegten Baguettes vor Sarah. „Ich hab welche mit Schinken, mit Käse und mit Salami gemacht. Salat ist überall der gleiche drauf und auch Gurke und Tomaten. Ich hoffe du magst das. Leider gab es keine Remoulade im Laden, da hab ich halt Majonäse genommen. Ich hoffe das schmeckt trotzdem." Sarah nimmt sich ein Baguette und beißt herzhaft hinein. Sie strahlt Tom an. Auch Tom nimmt sich eins und fängt an zu essen. „Schatz das ist das beste Baguette, was ich bisher gegessen habe", grinst sie. Tom errötet leicht. „Naja komm, es geht so", antwortet er. „Sag mal, willst du gleich noch deine Sachen alle packen und dann heute Abend noch fahren, oder möchtest du lieber noch hier schlafen und dann morgen früh los?"

Sarah schaut Tom an. „Also wenn es dir nichts ausmacht, würde ich gern heute Abend noch losfahren. Ich denke mal, dass wir nachts auch weniger Verkehr haben oder? Willst du denn die ganze Strecke durch-fahren? Oder sollen wir irgendwo übernachten?" „Nein Engelchen. Wir fahren durch. Ich werde zwischendurch Pausen machen müssen. Aber ich habe letzte Nacht gut geschlafen und heute Mittag ja auch. Also denke ich mal, dass wir das hinbekommen." „Ich kann dich ja ablösen", bietet sie an. Doch davon will Tom nichts wissen. „Lass uns jetzt erst mal in Ruhe essen, und dann werden wir deine restlichen Sachen zu-sammenpacken. Falls wir was vergessen sollten, dann ist es auch nicht schlimm. Das kaufen wir dann bei mir daheim, okay? Hast du denn genug Koffer?" Er grinst. „Ja einen habe ich noch und eine Reiseta-sche. Das müsste erst mal genügen." „Du hast Recht, und den Rest und alles Weitere werden wir dann besprechen, wenn es soweit ist ja?" Sarah schaut ihn an. „Was meinst du jetzt damit?" fragt sie. „Na ja", Tom fängt an zu stottern „vielleicht bleibst du ja bei mir in München. Dann müssen wir doch deine restlichen Sachen auch irgendwann ab-holen oder?" Sarah wird rot. „Sag mal weißt du was du da sagst? Meinst du das ernst?" Tom steht auf, zieht seinen kleinen Schatz an den Händen hoch und schaut ihr ins Gesicht. „Spatzerl, es war mir schon lange nichts mehr so ernst wie das, was ich gerade gesagt habe. Bitte komm jetzt erst mal mit mir nach München. Mach deine REHA und werde gesund. Und dann, wenn die Zeit gekommen ist, werde ich dir eine Frage stellen, und es liegt an dir, mir die entsprechende Ant-wort zu geben ja?" Ihr treten Tränen in die Augen „Ja, Tom, du be-kommst dann deine Antwort. Und du weißt mit Sicherheit jetzt schon, was ich dir antworten werde oder?" Tom nimmt Sarahs Gesicht in seine Hände. Ganz zärtlich haucht er ihr einen Kuss auf die Lippen. „Ich liebe dich." Sarah umarmt ihn so fest sie kann. Eine ganze Weile bleiben sie so stehen.

„Jetzt sollten wir aber zusehen, dass wir fertig werden." Tom räumt den Tisch ab und spült kurz die Teller und Tassen aus. Er schaltet nochmals die Kaffeemaschine an und macht auch noch ein paar Baguettes für unterwegs fertig. Beide leeren den Kühlschrank und packen die Sachen, die noch gut sind in eine Kühltasche. Der Rest wandert in den Müll. Sarah hat schnell ihre Sachen zusammengepackt. Tom bringt alles runter und lädt es in sein Auto. Gut, dass er sich für so ein großes Auto entschieden hat. „Sag mal Tom, was mache ich denn mit meinem Auto jetzt? Es wäre ja schon schön, wenn ich den in München hätte oder meinst du nicht?" Tom kratzt sich am Kopf. Darüber hatte er sich mit Mike auch schon am Telefon unterhalten. Linda hatte ihren Wagen ja bereits in München, da sie mit Mike gefahren war.

„Spatzerl pass auf. Wir haben bei uns einen Rentner, der sich immer mal wieder gern was dazu verdient. Er fährt unsere Autos, wenn wir mal zu beschäftigt sind zum TÜV. Würdest du ihm dein Auto anvertrauen? Dann schicken wir ihn am Wochenende mit dem Zug hoch und er kann dann mit deinem Auto zurückkommen ja?" Sarah nickt begeistert. „Ja, das wäre echt klasse." „Also abgemacht Spatzerl. Haben wir jetzt alles?" „Ja ich glaube schon. Linda hat meiner Kollegin ihren und meinen Wohnungsschlüssel ja schon gegeben. Britta hat versprochen einmal die Woche bei uns beiden nach dem Rechten zu sehen. Sie ist absolut vertrauenswürdig. Das ist also alles geregelt." „Na wunderbar, dann auf zu neuen Abenteuern", ruft Tom. Sarah lacht. Sie schließt die Tür ab und beide machen sich auf dem Weg zu Toms Auto.

Sie fahren Richtung Süden. Zwischendurch schläft Sarah immer mal wieder ein. Sie machen Pausen an verschiedenen Rastplätzen, essen und trinken etwas. Tom tankt den Wagen auf. Kurz hinter Kassel merkt Tom, dass sein Engel zusehends blasser und auch wortkarger wird. Kurzerhand fährt er von der Autobahn ab. Er kennt hier eine nette kleine Pension in Melsungen. Die ist sein Ziel. Dort angekommen, geht er sofort zum Empfang. Die Empfangssekretärin fragt nach seinen Wünschen. Tom fragt nach einem freien Doppelzimmer und hat Glück. Er holt die verschlafene Frau aus dem Wagen. Gemeinsam gehen sie ins Hotel. Er nimmt den Schlüssel, steckt ihn ein seine Hosentasche und nimmt die Entrüstete auf die Arme. „Schatz ich kann alleine laufen." „Scht Spatzerl, sei ruhig. Du bist total fertig. Ich bring dich jetzt in ein weiches und warmes Bett." Die Rezeptionistin schaut den beiden belustigt nach.

Im Zimmer angekommen, legt Tom Sarah sanft auf das Bett. Langsam und zärtlich zieht er sie aus und deckt sie zu. „Spatzerl ich komme sofort, ich muss nur kurz ins Bad." Als er aus dem Badezimmer zurückkommt, schläft sie tief und fest. Er kriecht zu ihr unter die Decke, zieht sie sanft in seine Arme und schläft auch kurz darauf ein.

Früh am nächsten Morgen wacht Tom auf und schaut seinen Engel an. Ihre Gesichtsfarbe hat wieder einen relativ normalen Ton angenommen. ‚Mist das war zu viel für die Kleine. Wir hätten mehr Pausen machen müssen', schimpft er mit sich selbst. Über das Zimmertelefon bestellt er ein Frühstück aufs Zimmer. Er zieht sich an. Kurz darauf klopft es an die Tür. Der Zimmerkellner schiebt einen Frühstückswagen ins Zimmer. Tom gibt ihm ein Trinkgeld und der Kellner verschwindet. Durch den Kaffeegeruch wird auch Sarah wach. Sie räkelt sich im Bett, setzt sich auf und schaut Tom an. „Wo sind wir hier?" fragt sie ihn. Tom erklärt ihr, dass er von der Autobahn abgefahren ist, weil sie so schlecht ausgesehen hatte. „Komm erst mal frühstücken Engelchen." Sie steht auf, zieht sich ihr Shirt über und setzt sich an den Tisch. „Wow, Brötchen, Eier, Kaffee, und sogar frischen Orangensaft. Ich könnte dich küssen", sagt sie. „Na und warum tust du es nicht einfach", fragt Tom grinsend. Sarah geht zu ihm, nimmt ihn zärtlich in den Arm und küsst ihn leidenschaftlich auf den Mund. Sanft schiebt Tom Sarah auf ihren Stuhl. „Spatzerl, wenn wir jetzt etwas essen wollen und dann weiterfahren wollen, solltest du damit jetzt aufhören." Sarah grinst, streckt ihm frech die Zunge raus, und fängt an zu essen. „Du bist wirklich ein kleines Biest", schmunzelt Tom.

„Soll ich dir was von deinen Sachen aus dem Auto holen", fragt er nach dem Frühstück. „Nein, Schatz. Ich hab gestern Abend frische Sachen angezogen und wenn ich jetzt kurz duschen gehe, dann wird das bis München reichen. Ich komme auch mit frischen Sachen zerknittert an", grinst sie und geht ins Bad. Dort liegen Handtücher und auch Seife, Duschbad und Shampoo bereit. Tom hört das Wasser rauschen. Er zieht sich aus, geht ins Bad und steigt zu ihr unter die Dusche. „Hey, hier ist kein Platz für so einen großen Bär und mich", lacht sie. Tom nimmt sie in den Arm und küsst sie zärtlich. Sarah spürt, dass diese Zärtlichkeiten ihn ganz und gar nicht kalt lassen. Langsam geht sie vor Tom auf die Knie. Tom schaut sie mit weit aufgerissenen Augen an. „Was hast du vor", fragt er, aber er bekommt keine Antwort. Doch im gleichen Moment zieht er scharf den Atem ein. Sie nimmt seine harte

Stange in ihre rechte Hand, schiebt langsam die Vorhaut zurück und streichelt sanft mit ihrer Zunge über die Eichel. Tom fängt an zu zittern. Er spürt, wie ihre Zunge sanft seine Eichel umkreist, wie sie in seinem kleinen Loch anfängt zu bohren. Gleichzeitig wird sein Schwanz zärtlich massiert und dann fühlt er, wie auch seine Eier sanften Massagen ausgesetzt werden. Er stützt sich mit beiden Armen seitlich an die Duschwand. Er kann ein Stöhnen nicht unterdrücken. Sarah öffnet ihren Mund, ihre Lippen umschließen seinen harten Penis. Sanft saugt sie diesen tief in ihren Mund, lässt ihn dann wieder hinaus gleiten. Und während der ganzen Zeit massiert sie ihm den Saft in seine immer praller werdenden Eier. „Spatzerl, ich kann das nicht mehr lange aushalten. Soll ich dir sagen wenn.." Doch er hört nur ein „Schhht.." Zärtlich knabbert sie seinen Schwanz von der Eichel bis zu seinen Eiern. Er spürt ihre Zunge, wie sie seine Eier zärtlich massiert. Und dann saugt Sarah sie abwechselnd tief in den Mund, dabei wird sein kleiner Freund weiter massiert. Tom schwebt im siebten Himmel. Das träumt er. Wow. Schon ist sein Schwanz wieder in ihrem Mund verschwunden. Sie saugt jetzt fester und tiefer. Tom hält ihren Kopf zärtlich fest und streichelt ihr darüber. Er spürt, wie langsam sein Saft in seinen Schwanz schießt. „Schatz, ich.." doch sie saugt ihn weiter und in dem Moment kann Tom sich nicht mehr zurück halten. Er kommt in ihrem Mund. Ein lautes Stöhnen, ein Schrei. Sarah saugt weiter. Sie schluckt seine heiße Sahne und saugt ihn bis auf den letzten Tropfen aus. Zärtlich streichelt sie ihn und schaut ihn liebevoll an. Er zieht sie hoch. Er küsst sie leidenschaftlich. Tränen stehen ihm in den Augen. Und auch Sarah kann ihre Tränen nicht zurück halten. Doch es sind Tränen der Liebe, der Freude und der Hingabe.

Sie duschen sich fertig. Tom stellt die Dusche ab, und nimmt ein Handtuch. Zärtlich und ganz sanft trocknet er seinen Engel ab. Er ist nicht fähig, auch nur ein Wort zu sagen. Aber in dieser Situation sind Worte überflüssig. Sie verstehen sich auch ohne Worte.

Nachdem sie sich beide angezogen haben, gehen sie runter und geben den Schlüssel an der Rezeption ab. Tom bezahlt die Rechnung und sie machen sich wieder auf den Weg. Sie haben noch gut 450 km zu fahren. Tom rechnet damit, dass sie am späten Nachmittag daheim ankommen werden. Er schickt Mike eine kurze Nachricht über Handy:

„Hallo altes Haus. Wir sind nun wieder unterwegs. Habe mit der Kleinen in Melsungen in einer Pension übernachtet. Sie schafft die Tour noch

nicht. *Ich denke mal, dass, wenn wir gut durch kommen, am spätern Nachmittag daheim sind. Wenn Ihr zwei Menschen glücklich machen wollt, dann schau heute Abend um sechs mit Linda bei mir vorbei. Und vergiss nicht, etwas zu Essen mitzubringen *grins* Lieben Gruß Tom"*

Er drückt auf Senden. Beide setzen sich ins Auto und fahren los.

15

Das Handy piept. Mike schaut nach. „Linda ich hab eine Nachricht von Tom bekommen." Linda kommt sofort zu Mike in die Küche. Sie hat nur ein Handtuch um. Mike schaut sie an. „Möchtest du die Nachricht sehen, oder möchtest du mich wieder ins Bett holen Miss Nimmersatt?" Linda grinst nur. So ganz wie nebenbei lässt sie ihr Handtuch fallen. „Das, mein Lieber, darfst du dir aussuchen." Sie grinst ihn frech an, nimmt ihm das Handy weg und liest die Nachricht. „Mike, meinst du Sarah wird sich irgendwann wieder erinnern?" Mike runzelt die Stirn. „Ehrlich gesagt, wäre es besser, wenn sie sich nie wieder erinnert. Andererseits wäre es besser, je schneller das passiert." Linda schaut Mike fragend an. „Was meinst du damit?" „Naja schau mal, wenn sie sich jetzt erinnert, dann ist das ein Zeichen dafür, dass ihr Unterbewusstsein sich erholt hat. Allerdings wissen wir auch nicht, wie sie reagiert und vor allen Dingen", er macht eine kurze Pause, „bei welcher Gelegenheit, bzw. in welcher Situation die Erinnerung kommt. Denk mal, dass Sarah bisher mit Sicherheit noch nicht mit Tom geschlafen hat. Das lassen ihre Wunden nicht zu. Aber was passiert, wenn sie sich erinnert?" Linda wird kreidebleich. „Daran habe ich noch gar nicht gedacht Bärchen." „Du sollst nicht immer Bärchen zu mir sagen, ich komme mir dann immer vor wie der kleine, dicke Bär aus der Kuschelweich Reklame." Grunzt Mike. Linda lacht schallend auf. „Keine Sorge mein Schatz, mit DEM hast du herzlich wenig Ähnlichkeit. Ich glaube nicht, dass der kleine Bär sooo ein Fahrgestell wie du zu bieten hast." Sie will sich umdrehen, doch Mike hat sie schon am Arm gepackt. „So, du hast also Beschwerden über mein Fahrgestell? Na warte, dann werde ich dir mal zeigen, was dieses Fahrgestell so alles anstellen kann." Er packt Linda, wirft sie sich trotz ihrer Größe einfach über die Schulter und geht mit ihr ins Schlafzimmer. Dort wirft er sie aufs Bett. Linda kreischt laut. „Du Rohling." Doch Mike weiß, dass das nicht ernst gemeint ist. Mittlerweile kennt er ‚seine' Linda gut genug. Und er weiß, dass sie es auch mal auf die harte Tour braucht. Rasch zieht er sich aus und schon ist er über Ihr. Hart und fordernd küsst er sie. Und genauso hart erwidert sie seine Küsse. Er nimmt ihre Hände und hält sie ihr über den Kopf fest. Dann dringt er in sie ein. Sie stöhnt, legt ihre Beine über seine Schultern. Er lässt ihre Arme los, hebt ihren Po an und stößt sie hart und fest. Beide kommen schnell zum Orgasmus. Er lässt sich sanft auf Linda fallen und küsst sie nun zärtlich und sanft. „Schatz, weißt du, dass du das beste bis, was mir je passieren konnte?" fragt er Linda. „Na klar weiß ich das mein Liebling", erwidert sie frech. Er nimmt sie zärtlich in die Arme, streichelt und küsst zärtlich ihren noch heißen Körper und entfacht ein neues Feuer. Doch dieses Mal genießen sie es langsam und zärtlich. Arm in Arm schlafen sie schließlich ein.

Das Handy klingelt Mike aus dem Schlaf. Er steht auf und geht in die Küche. Oh Mann Tom. „Hallo altes Haus, was ist los. Seid ihr angekommen?" fragt er. „Ja wir sind gerade da. Sag mal bleibt es dabei um sechs mit dem Essen?" Mike schaut auf die Uhr. Es ist bereits fünf. „Äh Tom, ich glaub wir müssen das um ne Stunde verschieben, geht das klar?" Tom lacht. „Ich frag dich jetzt nicht, woher ich dich geholt habe. Aber es geht klar. Seid um sieben bei mir. Bis dahin habe ich ausgeladen und auch alles verstaut ja?" „Alles klaro", erwidert Mike.

Er geht ins Schlafzimmer zurück und weckt Linda mit zärtlichen Küssen. „Hm, Bärchen, hast du immer noch nicht genug?" grinst sie ihn an. Mike gibt ihr einen Klaps auf den Po. „Nichts da, Tom hat gerade angerufen. Die zwei sind bei ihm zu Hause angekommen. Wir müssen uns fertig machen und was zu Essen holen. Wir sollen um sieben da sein. Es ist jetzt fünf. Schaffen wir das?" „Aber Schatz, sicher schaffen wir das, sogar dann, wenn du jetzt noch einmal zu mir kommst." Mit diesen Worten zieht Linda Mike wieder zu sich ins Bett.

Tom grinst nur. Sarah schaut ihn fragend an. „Was ist los? Kommen die beiden oder nicht?" fragt sie. „Ja, sie kommen, aber erst gegen sieben. Ich glaub ich hab die beiden gerade bei irgendwas gestört." „Okay, du brauchst mir nicht sagen wobei. Ich kenne Linda", sagt sie und lacht. „Naja und ich kenne Mike", lacht Tom. „Spatzerl, schau dich in Ruhe um ja. Ich hole in der Zeit unsere Sachen aus dem Auto. Darf ich deine Sachen in mein Schlafzimmer packen oder möchtest du lieber das Gästezimmer?" Große Augen schauen ihn an. „Untersteh dich. Ich will sie genau da haben, wo du sie auch haben willst." Tom grinst nur und macht sich auf den Weg nach unten zum Auto.

Toms Wohnung liegt im ersten Stock. Es ist ein altes Feuerwehrhaus. Es sollte abgerissen werden, weil das neue größer und moderner gebaut wurde. Für einen kleinen Preis hatte er das Grundstück mitsamt dem Haus erworben. Allerdings musste er viel Geld und eine ganze Menge Arbeit mehr investieren, bis er so weit wie jetzt renoviert hatte. Oben war alles in Ordnung. Aber der Garten lässt noch zu wünschen übrig. Im Erdgeschoss hat er nur sein Auto geparkt. Und viel Werkzeug gelagert. Überall liegt etwas rum. Den ersten Stock, sowie den Spitzboden hat er nach und nach als Wohnung ausgebaut. Und er ist stolz auf sein Werk. Sarahs überraschtes Gesicht freut ihn, als sie sein Haus betritt.

Er schleppt die Koffer hoch in die Wohnung. Den Spitzboden hatte er großzügig in zwei große Schlafzimmer, ein Arbeitszimmer und ein kleines Bad mit Dusche ausgebaut. Das größere der beiden Schlafzimmer nutzte er als sein eigenes. Es ist modern eingerichtet. Ein großer Schrank aus grauem Holz mit Spiegeln erstreckt sich über die gesamte Wand. Zwei Drittel davon sind leer. ‚Das wird sich jetzt ändern' freut er sich. Der Fußboden im Schlafzimmer ist mit hellgrauem hochflorigem Teppich ausgelegt, in den man mit den Füßen versinkt. An der anderen Seite an der Wand steht eine lange hellgraue Kommode und auf dieser ein Fernseher. Ein riesiges Metallbett nebst Nachtschränkchen vervollständigt das Bild. Dieses Bett hat einen Himmel, der von gedrehten Metallstangen gehalten wird. Tom ist schon gespannt, was Sarah dazu sagt.

Das zweite Schlafzimmer ist eher spartanisch eingerichtet. Ein einfacher hellblauer Teppichboden, ein einzelnes Schlafsofa, und ein kleiner Tisch. Dieses Zimmer soll für Gäste sein, aber benutzt worden ist es noch nie.

Sein Arbeitszimmer ist mit einem großen Schreibtisch ausgestattet, Computer und Regale mit Büchern. Aber es ist hier zu aufgeräumt, als dass man denken könnte, dass hier gearbeitet wird. Und in der Tat ist Tom lieber in der Werkstatt und arbeitet dort. Doch das wird sich auch bald ändern.

Das kleine Bad bietet neben einer Dusche, Toilette und Waschbecken keinen sonderlichen Komfort. Es ist einfach weiß gehalten. Ohne irgendwelchen Schnickschnack. Sogar die Waschmaschine und den Trockner hat Tom hier untergebracht. Man sieht dem oberen Stock den Männerhaushalt an.

Im ersten Obergeschoss befindet sich im Gegenzug dazu ein großzügig eingerichtetes Badezimmer. Eine große Eckbadewanne mit Whirlpool ist Toms ganzer Stolz. Um in diese Badewanne zu kommen, muss man erst drei Stufen nehmen, um dann in die im Boden eingelassene Wanne zu versinken. Aber auch diese Wanne hat Tom bisher nie sehr viel genutzt. Die Toilette versteckt sich hinter einer separaten Wand.

Daneben befinden sich noch eine Dusche und ein Waschbecken. Auch ein Bidet hat Tom eingebaut. Aber das nur, weil es in dem Komplettpaket mit enthalten war. Heute ist er froh und hofft, dass Sarah seine Wohnung gefällt und sie sich hier wohl fühlt.

Neben dem Badezimmer befindet sich die Küche. Sie ist modern eingerichtet. Tom hat sich hier für einfaches Buchenholz und Edelstahl entschieden. Alle drei Seiten sind bestückt. Das Goldstück ist ein riesiger alter amerikanischer Kühlschrank. Von dort geht es weiter ins Esszimmer.

Es ist mit einem Sideboard, einem verchromten Glastisch mit satinierter Glasplatte mit acht Stühlen aus Chrom, deren Sitz- und Rückenflächen mit schwarzem Leder bezogen sind und einer großen Vitrine eingerichtet. Die ganze Etage ist mit weißen Marmorfliesen gefliest.

Aber das Herzstück ist das riesengroße Wohnzimmer mit Balkon. Tom hat die Wand, zwischen Balkon und Wohnung entfernt und den Balkon in einen riesigen Wintergarten verwandelt. Bei Bedarf kann er die oberen Scheiben so zur Seite schieben, dass wieder ein offener Balkon entsteht. Der Bereich des Wintergartens ist mit gemütlichen Rattansitzmöbeln ausgestattet und überall stehen Palmen und andere exotische Pflanzen. Im Fußboden sind LED Scheinwerfer eingelassen, die ihr ganz eigenes Licht verbreiten. Da der Balkon nach hinten Richtung Garten geht, und dieser mit meterhohen Zypressen eingezäunt ist, ist auch der Wintergarten vor neugierigen Blicken geschützt. Das Wohnzimmer ist im Gegensatz zum Rest der Wohnung ein richtiger Schandfleck. Eine alte biedere Wohnzimmergarnitur in einem hässlichen Creme Ton, ein alter Tisch aus Buchenholz, machen sich in dem riesigen Raum nicht sehr gut. Das einzige, was hier wirklich die Augen des Betrachters auf sich zieht ist ein Sideboard, in dem eine moderne Stereoanlage steht und daneben ein riesengroßer Plasmafernseher. Aber das ist dann auch schon die ganze Pracht.

Die junge Frau streift durch die Räume. Als sie zu Tom ins Schlafzimmer kommt lacht sie ihn an. „Deine Wohnung ist echt klasse Schatz, aber sag mal, was hast du mit dem Wohnzimmer gemacht?" „Das ist noch nicht fertig Engelchen. Aber da kannst du ja deinen Geschmack mit einbringen oder?" zwinkert Tom ihr zu.

Sarah hilft Tom ihre Sachen auszupacken und in den Schrank zu hängen. Auch die anderen Sachen sind schnell verstaut. Da klingelt es. „Ich geh aufmachen, das können nur Linda und Mike sein", sagt er. „Warte, ich komme mit."

Gemeinsam stehen sie oben an der Tür. Linda fliegt die Treppe rauf und umarmt ihre Freundin so stürmisch, dass Tom die Stirn runzelt. „Hey Alter, immer ruhig bleiben", ertönt die Stimme von Mike. Er haut Tom auf die Schulter. „Wir haben auch was Leckres zu Essen mitgebracht. Pizza und Salat. Aber wir gehen entweder in den Wintergarten oder ins Esszimmer." Mike grinst Tom nur an. Linda schwenkt eine Flasche Rotwein. „Und ein Glas Wein trinken wir auch zur Feier des Tages ja?" Sarah schaut zu Tom. „Meinst du ich kann ein halbes Glas Wein trinken, wegen der Medikamente?" Der nickt, „ein Gläschen wird dir nicht schaden. So viele Medikamente nimmst du doch auch nicht mehr. Und so stark sind sie nicht. Das passt scho."

Sie setzen sich in den Wintergarten und fangen an zu Essen. Ihre Münder stehen nicht still. Die beiden Frauen zwinkern sich zu. Sie freut sich, was sie da sieht. Bei Mike und Linda hat es genauso gewaltig gefunkt, wie zwischen ihr und Tom.

Nach dem Essen sitzen zwei Pärchen jeweils eng aneinandergekuschelt zusammen und reden und bringen sich gegenseitig auf den neuesten Stand.

Sie vereinbaren, dass Linda Sarah am nächsten Tag abholt und mit ihr zur REHA Klinik fährt. Tom und Mike werden wieder in der Werkstatt gebraucht. Aber Tom sagt „Spatzerl, wenn du mich brauchst, und ich soll mit in die Klinik zu irgendwelchen Gesprächen, dann sag Bescheid. Dann mach ich mich frei ja?" „Ja, natürlich sage ich dir dann Bescheid, Liebling."

Am späten Abend verabschieden sich die Freunde und Linda und Mike fahren nach Hause. Sarah sieht den beiden nach. „Sie sind glücklich nicht wahr", fragt sie. „Ja Spatzerl, das sind sie. Ich weiß zwar nicht genau, was Linda fühlt, dafür kenne ich sie noch zu wenig. Aber Mike wird deine Freundin auf Händen tragen. Er liebt sie wirklich." Sarah stehen schon wieder die Tränen in den Augen. „Schatz, das wäre zu schön. Dann würde Linda hier bleiben und die beiden und wir beide…"

Sie beendet den Satz nicht, aber Tom weiß, was sein Engel sagen will. Er nimmt sie in die Arme und küsst sie zärtlich.

„Spatzerl, geh ins Bad und entspann dich. Ich räume hier noch auf und dann lass uns schlafen gehen. Morgen fängt wieder der normale Alltag an. Du solltest auch ausgeruht sein ja?" Sarah schaut Tom an. „Darf ich in den Whirlpool?" „Aber sicher Schatz. Warte, ich mach ihn dir fertig. Und wenn du dann drin liegst, räum ich auf. Darf ich dann nachher zu dir in den Pool kommen?" Sie grinst nur, gibt aber keine Antwort und geht ins Schlafzimmer.

Tom lässt Wasser in den Pool. Er schüttet ein paar Tropfen eines hochwertigen Öls in das Wasser. Aus dem Schrank nimmt er ein riesengroßes Badetuch und legt es auf die Stufen des Pools. In dem Moment kommt Sarah ins Bad. „Schatz ich möchte gleich im Bad meine Pflaster abmachen. Ich denke mal, dass die jetzt ab können. Dr. Wallner hat mir ja eh keine neuen mitgegeben. Die Wunden müssten so ziemlich verheilt sein. Es ist nur alles noch ein bisschen bunt." Tom schluckt nur. ‚Wenn du wüsstest meine Süße' denkt er. Er zieht sie in die Arme und küsst und streichelt sie zärtlich. Dann hebt er sie hoch und setzt sie in die Wanne. „Hm, Schatz, das riecht aber gut. Was ist das?" „Das ist ein Badeöl, extra für den Whirlpool. Es ist eine Mischung aus Aloe Vera und Mandelblüte. Gefällt es dir?" „Ja." Sie streckt sich wohlig in der Wanne aus. Tom schaltet den Whirlpool auf kleinste Stufe ein. Ein leises Stöhnen kommt aus ihrem Mund. „Na warte Spatzerl, ich räum jetzt eben auf und dann bin ich gleich bei dir." Sarah nickt nur.

Nach wenigen Minuten kommt Tom zurück. Er zieht sich aus, wirft seine Sachen achtlos auf den Boden, nimmt einen zweiten Badeschal aus dem Schrank und lässt ihn auch auf die Stufen fallen. Dann steigt er hinter Sarah in die Wanne. Seufzend lehnt sie sich mit dem Rücken an seine Brust. Toms Arme legen sich um ihren Körper und streicheln zärtlich ihre Brüste. Ihre Nippel werden hart und sie stöhnt auf. „Tu ich dir weh Engel?" erschrocken lässt Tom seine Hände sinken. „Nein Schatz, es ist einfach nur schön, ich genieße es. Bitte halt mich ruhig weiter so fest ja?" Entspannt liegen beide in der Wanne und streicheln sich gegenseitig. Nach einer Weile merkt Tom, dass Sarah die Augen zufallen. „Hey mein Engel, hier wird nicht geschlafen, da müssen wir noch eine Etage höher." Er steigt aus der Wanne und zieht den Stöpsel. Dann trocknet er sich schnell ab. Langsam zieht er sie an den Armen hoch. „Spatz, deine Pflaster sind alle aufgeweicht, soll ich sie dir jetzt abmachen?" Ein leichtes Nicken. Ganz vorsichtig entfernt Tom die Pflaster. Die Wunden sind gut verheilt. Aber er sieht auch, dass an einigen Stellen wohl Narben bleiben werden. Ein tiefer Schmerz durchzieht sein Herz. Und eine unbändige Wut steigt in ihm hoch. Wird er sie jemals streicheln und ansehen können ohne an diese Sache zu denken? Wird er vergessen können, was dieses Schwein ihr angetan hat? Und wenn sie sich jemals erinnert, wird sie es verkraften, geschweige denn verarbeiten können? Fragen über Fragen, auf die er gerne Antworten hätte. Aber er wusste, dass er, wenn überhaupt auf viele seiner Fragen keine Antworten bekommen würde.

Zärtlich trocknet er Sarah ab, wickelt sie in das große Badetuch und nimmt sie auf den Arm. „Schatz, ich kann doch allein laufen. Du musst mich nicht immerzu tragen." „Engel ich würde dich bis ans Ende der Welt tragen, also lass mir meinen Spaß ja? Ich bring dich jetzt ins Schlafzimmer und dann werden wir schlafen gehen." Es kommt keine Antwort. Es wäre sowieso sinnlos. Sie kuschelt sich in Toms Arme und lässt sich ins Schlafzimmer tragen. Dort stellt er sie vor das Bett, nimmt ihr das Badetuch ab und Sarah kriecht ins Bett. Tom lässt alles fallen und legt sich ebenfalls zu seinem Schatz. „Ich muss den Wecker stellen. Wann sollst du morgen in der Klinik sein?" Ich hab nen Termin um neun", antwortet sie. „Linda will mich um halb neun hier abholen. Also müsste ich spätestens um sieben aufstehen. Ist das in Ordnung?" „Das ist sogar perfekt, denn dann stehe ich auch auf, mein Engel." Tom stellt den Wecker und nimmt Sarah fest in seine Arme. Die beiden sind so erledigt von der langen Fahrt und dem Erlebten, das sie innerhalb weniger Minuten einschlafen.

16

Der Wecker klingelt. Sarah hört ihn zwar, aber sie will ihre Augen nicht öffnen. Sie spürt einen warmen Körper neben sich, der gerade anfängt, sich zu strecken. Tom öffnet die Augen und sieht seinen Engel. Er hat sie die ganze Nacht fest in seinen Armen gehalten, als ob sie ihm davonlaufen könnte.

Er beugt sich über sie, küsst sie zärtlich. Ihre Lippen begegnen sich und langsam schiebt Tom seine Zunge in ihren Mund. Leicht öffnet sie ihre Lippen und heißt seine feuchte Zunge willkommen. Leise stöhnt sie auf, kuschelt sich noch enger an ihn. Tom spürt wie seine Erregung steigt. Er versucht sich zurückzuhalten. Das darf jetzt nicht sein. Noch nicht. Es ist zu früh. Er rückt ein wenig von Sarah ab. Da öffnet sie die Augen und schaut ihn an. „Tom, meinst du ich weiß nicht, was unsere Zärtlichkeiten in dir auslösen?" „Doch mein Spatzerl, aber wir wissen beide, dass wir damit noch warten sollten, bis du völlig gesund bist oder? Außerdem ist es ja kaum zu übersehen", grinst er sie verlegen an.
„Komm, ich mach schon mal Kaffee fertig und deck den Tisch. Möchtest du erst unter die Dusche?"
„Nein, ich helfe dir, lass uns zusammen frühstücken und dann gemeinsam unter die Dusche gehen ja?" Tom stöhnt leise auf „Spatz du machst es einem alten Mann wirklich nicht leicht, sich zu beherrschen."
Sarah lacht nur. Beide stehen auf und gehen in die Küche.

Tom stellt die Kaffeemaschine an und zeigt Sarah, wo sein Geschirr ist. Er räumt derweil den halben Kühlschrank leer, schüttet für jeden ein Glas Orangensaft ein und stellt auch den Eierkocher an. „Wow Schatz, so umfangreich frühstücke ich aber sonst nicht. Willst du mich mästen?" „Nein Spatzerl, aber du hast einiges abgekommen, als du im Krankenhaus gelegen hast. Ich möchte, dass du wenigstens morgens was Vernünftiges zu dir nimmst. Ich weiß ja auch nicht, wie lange heute dein Termin geht. Und wenn ich heute Abend nach Hause komme, bringe ich was mit und koche was für uns beide ja? Und du lässt dich dann verwöhnen. Ist das so in Ordnung mein Engerl?"

Ein zärtlicher Kuss trifft seinen Mund. „Ja das ist in Ordnung Schatz."

Schweigend nehmen sie ihr Frühstück zu sich. Dann schaut Tom auf die Uhr. „Wir müssen uns ein wenig beeilen, wenn Linda dich gleich abholt. Also ab unter die Dusche." Sie räumen schnell alles in die Spüle und in den Kühlschrank zurück und machen sich auf dem Weg Richtung Badezimmer.

Tom legt zwei weiche große Badetücher bereit. Er nimmt Sarah auf den Arm, die wieder leise protestiert und geht mit ihr in die Duschkabine. Dann stellt er das Wasser an. Von oben kommt ein sanfter aber breiter Duschstrahl aus dem riesigen, fast tellergroßen Duschkopf. Sanft zieht er sie in seine Arme. Langsam verteilt er ein wenig Duschbad auf einen Schwamm und seift sie zärtlich ein. Sarah fängt an zu zittern und stöhnt leise auf. Dann kniet sie sich vor ihn hin. Sie nimmt seinen erigierten Penis in ihre Hand. Tom erstarrt. „Was hast du vor?" Von ihr kommt nur ein „Schhht" Dann spürt er, wie sich ihre warmen weichen Lippen um seinen harten Schwanz schließen. Er spürt wie sie ihn tief in ihren Mund saugt. Das ist nicht auszuhalten, er hat so lange Abstinent gelebt. Er spürt, wie sein Samen langsam hochkommt. Will sie wegdrücken. Doch sie lässt das nicht zu. Er kann sich nicht mehr halten. Er explodiert. Sein heißer Samen schießt heraus, Sarah saugt weiter, als ob sie auch noch den letzten Tropfen aus ihm heraussaugen will. Als seine Erektion nachlässt, zieht er sie hoch und nimmt sie fest in die Arme. Er küsst sie wie ein Ertrinkender. Er hat keine Worte, doch ihrer beide Augen sagen mehr als alle Worte dieser Welt es vermocht hätten.

Langsam dreht er seinen Schatz um und gibt ihr einen sanften Klaps auf den Po. „Wir müssen wirklich langsam los Spatz."

Sarah steigt aus der Dusche, nimmt einen Badeschal und reicht ihn Tom. Der jedoch, statt sich selbst abzutrocknen, wickelt sie zärtlich darin ein und rubbelt sie sanft trocken. Dann trocknet er sich auch ab. Sarah hat in der Zwischenzeit einige Sachen zurechtgelegt, sie sie anziehen möchte und auch die Unterlagen der Klinik, die sie gleich in die REHA mitnehmen muss.

Die zwei sind gerade fertig angezogen, als es an der Tür klingelt.

Sie verabschieden sich noch mit einem langen Kuss. Linda verdreht nur die Augen und grinst.
Komm Süße. Wir werden dann mal losfahren. Mike hat mir schon erklärt, wo wir genau hin müssen.

Sie gibt Tom rasch einen Kuss auf die Wange, zieht Sarah mit sich zum Auto und schon sind die beiden verschwunden. Tom lächelt leise. Er überlegt sich, wie sein Kumpel mit diesem Energiebündel fertig wird.

Linda fährt los und plappert munter drauf los. „Wir müssen zur Klinik Fasanenhof Süße. Ich denke mal da sind wir an der richtigen Adresse." Die Freundin ist sehr ruhig. „Sag mal Linda, warum sagt mir niemand, was wirklich an dem Tag passiert ist? Ich möchte gern wissen was mit mir los ist." „Schatz hör zu, der Arzt hat gesagt, du musst dich da von alleine dran erinnern, bzw. unter Aufsicht eines Neurologen. Lass uns gleich mit Herrn Dr. Theesen darüber reden ja? Soll ich überhaupt mit reinkommen? Ist es nicht besser, wenn du allein mit ihm sprichst?"

Es folgt ein resignierendes Schulterzucken. „Wenn du meinst. Ich kann es ja erst mal versuchen okay?"

An der Klinik angekommen, melden sie sich an. Keine zehn Minuten vergehen, bis eine freundliche Krankenschwester zu den beiden Frauen tritt und fragt. „Sarah Müller? Würden Sie bitte mitkommen. Herr Dr. Theesen erwartet Sie bereits."

Linda nimmt die Hand ihrer Freundin und drückt sie noch einmal. Sarah folgt mit hängenden Schultern der Schwester. Sie gehen einen langen Gang entlang und am Ende öffnet die Schwester rechts eine Tür und bedeutet ihr einzutreten. Ein großer, sehr schlanker Mann, mit dunkelbraunen Haaren, blauen Augen, die durch eine moderne Brille eindringlich schauen, kommt auf sie zu und reicht ihr die Hand. „Guten Morgen, ich bin Dr. Wolfgang Theesen. Ich bin Psychologe und Psychotherapeut. Ich habe Ihre Unterlagen schon von der Klinik in Hamburg erhalten. Sie haben glaube ich noch einen Teil bei sich oder?" Sarah reicht ihm stumm die Unterlagen. Sie fühlt sich nicht gerade wohl hier. Was soll sie hier, warum muss sie das durchmachen? Diese Fragen stellt sie auch Dr. Theesen. „Bitte nehmen Sie Platz Frau Müller. Wir werden in den nächsten Wochen jeden Tag viele Gespräche führen und eine Therapie beginnen. Sie werden sich sicherlich fragen, wozu das alles. Ich werde es Ihnen kurz erklären."

Herr Dr. Theesen ist von dem Kollegen in Hamburg bereits vollumfänglich über die Situation seiner neuen Patientin informiert worden. Er darf sich kein Mitleid leisten, war aber, als er die Unterlagen vor einigen Tagen erhalten hatte, ziemlich geschockt.

„Sagen Sie mal, Sie wurden von einer Frau begleitet. Ist das eine Angehörige von Ihnen?" „Nein, das ist meine allerbeste Freundin Linda Abu Khamel. Aber sie ist so etwas wie meine nächste Angehörige. Sollte also irgendetwas sein, dann bitte ich Sie, sich auch an Sie zu wenden wenn es möglich ist."

Der Arzt bestätigt dies und notiert sich den Namen und die Anschrift, nebst Handynummer, worunter Linda im Moment zu erreichen ist. Sarah gibt ebenfalls Name und Anschrift von Tom an.

Dr. Theesen schiebt seine Brille auf seinen Kopf, schaut seine Patientin an und fängt an, ihr ihre Situation zu erklären.

„Es gibt unterschiedliche Formen der Amnesie. Am häufigsten treten die retrograde und die anterograde Amnesie auf. Retrograde (rückwirkende) Amnesie bedeutet, dass die Betroffenen sich an nichts erinnern können, was vor dem schädigenden Ereignis passiert ist. Ihnen ist bewusst, dass ein schädigendes Ereignis vorgelegen hat oder?" Sarah nickt nur stumm. „Ja, aber ich weiß nur, dass es einen Unfall gegeben hat. Mehr wollte man mir nicht sagen." Dr. Theesen schaut sie eindringlich an. „Sie müssen sich auch selbst erinnern. Das ist nicht so einfach. Bei der anterograden (vorwärts wirkenden) Amnesie treten Gedächtnisstörungen nach dem schädigenden Ereignis auf. Neues wird binnen weniger Minuten wieder vergessen. Mischformen von retrograder und anterograder Amnesie sind ebenfalls möglich.
Schwerpunkt unserer Therapie wird auf einem Gedächtnistraining liegen. In unseren "Gedächtnis-Ambulanzen" wird das Therapieprogramm für jeden Patienten individuell ausgearbeitet. Besonders in den ersten zwei Jahren nach dem Eintreten der Amnesie ist diese Therapie wichtig, denn in dieser Zeit lässt sich noch manche Erinnerung durch konsequentes Training zurückholen."

Sarah unterbricht den Neurologen „Sie glauben doch nicht, dass es zwei Jahre dauert, bis meine Erinnerung wiederkehrt oder?" fragt sie schockiert. „Nein, aber es kann sein. Sollten Sie im Alltag Schwierigkeiten mit Erinnerung haben, können Merkhilfen wie Kalender, Tagebücher und Notizzettel helfen, den Alltag besser zu bewältigen. Ob und in welchem Umfang die Erinnerung wieder kommt, lässt sich nicht voraussagen. Eine Amnesie belastet die Betroffenen daher auch psychisch stark. Deshalb führen wir eine psychotherapeutische Begleittherapie durch. Wir wollen, dass Sie sich erinnern, aber Sie sollten sich dessen bewusst sein, dass dies auch sehr schwerwiegende Folgen haben kann."

Ängstliche Augen schauen Dr. Theesen an. „Könnten sie bitte meine Freundin dazu holen? Ich glaube ich kann mir das nicht alles merken. Ich möchte, dass Sie bei diesem Gespräch hinzugezogen wird ja?"

Der Arzt nickt nur und telefoniert kurz mit dem Empfang. Eine kurze Pause entsteht. Er legt auf und fragt Sarah, ob sie einen Kaffee haben möchte. Ein dankbares Nicken folgt und er schenkt ihnen beiden eine Tasse ein. Kurze Zeit später öffnet sich die Tür und Linda betritt den Raum. Sie schaut verwirrt auf die beiden. Dr. Theesen bittet die junge Frau, Platz zu nehmen, bietet ihr auch einen Kaffee an und setzt sie kurz über das vorangegangene Gespräch in Kenntnis. Linda nickt nur. „Und worauf müssen wir nun achten? Was kann denn passieren, bei der Rückkehr der Erinnerung?"

Dr. Theesen räuspert sich und fährt dann fort. „Gerade nach Vergewaltigung und Missbrauch und gewalttätigen Aktionen können im Laufe der Tage nach dem Tattag oder auch nach Wochen, akute Schutzreaktionen auftreten. Das kann zum Erstarren, Zusammenklappen, Schock, Abwehr, Angriff, Gefühl der Hilflosigkeit und Ohnmacht des Ausgeliefertseins bis hin zu heftigen Schmerzen, ja sogar zum Koma führen."

Seine Patientin zuckt zusammen. „Aber Moment mal, ich hatte doch einen Unfall." Der Arzt rutscht ein wenig auf seinem Stuhl herum. Auch Linda schaut Sarah nicht an, sondern starrt auf den Fußboden.

„Frau Müller, Sie sind einem Gewaltverbrechen zum Opfer gefallen. Bisher haben die Ärzte und auch Ihre Freunde sie geschützt, damit die äußeren Wunden, die Sie erlitten haben, erst einmal verheilen konnten. Nun müssen wir an die Heilung Ihrer seelischen Wunden gehen. Verstehen Sie das?"

Sarah schüttelt nur geschockt den Kopf. „Aber ich erinnere mich nicht daran. Und wenn es so was Schreckliches war, dann will ich mich auch gar nicht daran erinnern." Sie will aufstehen, doch Linda nimmt ihre Hand und hält sie zurück. Sie flüstert nur „Süße bitte." Sarah setzt sich wieder. „Du weißt doch was oder?" ihre Freundin schaut nur flehend zu dem Psychologen.

„Frau Müller, ja Ihre Freunde wissen über alles Bescheid. Aber Sie haben die Anweisung, Ihnen bei Ihren Erinnerungen nicht zu helfen. Sie müssen Ihr Unterbewusstsein alleine wieder in Schwung bringen. Dabei werde ich Ihnen helfen. Bei Ihnen müssen wir davon ausgehen, dass Sie sich im Moment noch in der Akutphase bzw. der anschließenden Verarbeitungsphase befinden. Wenn diese Symptome länger als vier Wochen anhalten, sprechen wir von einer posttraumatischen Belastungsstörung. Das ist eine therapiebedürftige Erkrankung und kann durchaus mit unangebrachten Handlungen einhergehen. So können Bewusstseinseinengung, Wahrnehmungs- und Reizverarbeitungsstörungen, aber auch Desorientiertheit auftreten.
Hatten Sie nach dem Vorfall das Gefühl, nicht sie selbst zu sein, oder alles wie durch einen Filter oder eine Kamera zu erleben?"

Sarah schüttelt den Kopf. „Nein, nicht dass ich es wüsste." Auch Linda schüttelt den Kopf.

„Das hört sich schon mal gut an. Es kann allerdings auch nach einiger Zeit zu einer ausgeprägten Trauer kommen, wo sie nicht wissen, warum sie so traurig sind. Oder aber es wechseln sich Trauer mit ausgeprägter Wut oder Aggression oder scheinbarer Teilnahmslosigkeit ab. Wir Psychologen nennen das emotionale Schwankungen. Diese sind nicht so gravierend. Schlimmer sind die vegetativen Reaktionen, die auftreten können. Das kann von Schwitzen, Herzrasen, Übelkeit bis hin zu einem Schock und Koma führen. Und auf diese Reaktionen müssen wir aufpassen." Zu Linda gewandt sagt er „Wir sind da auch auf Ihre Mithilfe angewiesen. Sollten solche Symptome auftreten, dann bitte bringen Sie Frau Müller umgehend hier her, oder Sie rufen mich an, so dass ich umgehend zu Ihnen komme ja?"

Linda nickt nur. "Und was passiert dann im Normalfall?"

„Naja im Normalfall geht es in die Verarbeitungsphase, in deren Verlauf die Symptome der ABR normalerweise abnehmen oder völlig verschwinden. Dann tritt meist eine Intrusion, also Wiedererleben des Ereignisses oder der Ereignisse auf. Und genau da sind wir am kritischen Punkt angelangt. Das wird die schwerste Phase während der Therapie sein."

Sarah schaut ihren Therapeuten an und fragt. "Das heißt, ich werde also alles, was mir passiert ist, und was mein Unterbewusstsein verdrängt, noch einmal erleben? Kann es dann nicht sein, dass das Unterbewusstsein wieder alles verdrängt?"

„Nein und Ja. Also das Eindringen des Erlebten in den Alltag kann natürlich zur Folge haben, dass Sie Albträume oder auch als sich aufdrängende Erinnerungen Flashbacks geschehen. Sie werden häufig von Wahrnehmungen, die an die belastende Situation erinnern getriggert, äh also ausgelöst. Das können unter anderem Gerüche sein oder Geräusche. Zum Beispiel könnte dies, nach einem Verkehrsunfall zum Beispiel zu einem Vermeidungsverhalten führen, dass Sie nicht mehr dieselbe Strecke fahren wie vor ihrem Unfall. Es kann aber auch zu einer eingeschränkten Empfindungsfähigkeit, also Abstumpfung führen. Sie müssen mit Schlafstörungen, Schreckhaftigkeit oder Reizbarkeit also einem Hyperarousal rechnen. Deshalb werden wir auch konsequenter Weise Ihre nächsten Angehörigen in den Rehabilitationsprozess integrieren. Wir werden hier nach dem humanistisch kognitivbehavioralen Verfahren vorgehen, dem psychodynamischen Verfahren. EMDR. Ich habe Ihnen bereits einen Therapieplan ausgearbeitet. In diesem werden Sie einmal die Meditation, dann eine Körperpsychotherapie durchführen. Sie werden mit mir jeden Tag im Anschluss an Ihre verschiedenen Behandlungen ein Abschlussgespräch führen, bevor ich Sie am Ende des Tages nach Hause entlassen werde. Zu diesen Therapien gehören unter anderem auch Entspannungsmassagen, Kunst-/ Tanz-/ Gestaltungs- und Musiktherapie. Ich denke mal, dass wir dann auf eine sanfte Art und Weise Ihrem Gedächtnis auf die „Sprünge" helfen können. Sollte dies alles nicht zu einer Erinnerung führen, könnten wir gegebenenfalls nach Ablauf von vier Wochen noch einmal über eine Hypnosetherapie nachdenken. Aber das möchte ich erst mal zur Seite schieben. Sind sie mit der Vorgehensweise insoweit einverstanden? Haben Sie noch irgendwelche Fragen?

Sarah schüttelt langsam den Kopf. „Das muss ich mir alles erst einmal durch den Kopf gehen lassen. Das ist ein wenig viel auf einmal."

„Das kann ich sogar verstehen. Bitte nehmen Sie Ihren Therapieplan. Ich werde Ihnen jetzt noch die Klinik zeigen und wo Sie Ihre einzelnen Therapien durchführen. Die Zeiten stehen alle auf dem Plan. Wir haben alle Therapien so gelegt, dass Sie jeden Morgen um 9 Uhr hier sein sollten. Dann werden die Therapien fortlaufend stattfinden, wobei sie jedes Mal eine kleine Pause von einer Viertelstunde haben, um sich ein wenig zu regenerieren. Ihre Rehabilitation endet jeden Tag um 16 Uhr. Ich möchte Sie aber bitten, entweder unseren Fahrservice zu nutzen, der Sie jeden Morgen abholen und auch nachmittags wieder heimbringen kann. Oder aber Sie lassen sich von Ihrer Freundin fahren. Ich halte es im Moment nicht für angebracht, dass Sie sich hinters Steuer setzen. Bei einem eventuellen Flashback könnte sonst noch ein Unfall passieren. Und das wollen wir doch vermeiden."

„Ich werde dich hinfahren und abholen", sagt Linda sofort. Die Freundin ist immer ruhiger geworden. Sie nickt nur.

Stumm folgt Sie Dr. Theesen, der nun seiner Patientin und ihrer Freundin die Klinik zeigt. Sarah stellt immer wieder Fragen zu den verschiedenen Therapien, die der Arzt geduldig beantwortet. Nach der Führung verabschiedet er sich. „Ich freu mich, Sie morgen wieder zu sehen", sagt er noch und ist dann auch schon wieder verschwunden.

„Puuuh, sag mal Linda, ich komme mir vor als ob ich komplett einen an der Klatsche habe. Ich bin doch nicht verrückt." Linda legt einen Arm um ihre Freundin. „Nein Süße, du bist nicht verrückt. Aber dir ist sehr weh getan worden. Und ich denke, wenn deine Erinnerung wiederkehrt, wird es noch eine ganz schön schwere Zeit werden. Wir wollen doch alle nur, dass du bald wieder ganz gesund wirst." Sarah will ihre Freundin unterbrechen doch diese redet weiter „Und wenn du jetzt wissen willst, WAS dir passiert ist, dann sage ich dir das gleiche wie dein Dr. Theesen es dir gesagt hat. DU musst dich selbst erinnern. Bitte frag und löchere uns nicht ja? Glaub mir, es ist schwer genug auch so für uns Liebes."

„Ja in Ordnung. Ich verspreche, dass ich Euch nicht löchern werde."

Sie fahren gemeinsam in den Ort und setzen sich noch gemütlich in ein Cafe und schwatzen. Linda erzählt, wie sehr sie sich in Mike verliebt hat und Sarah erzählt von Tom. Beide schauen sich die Leute auf der Straße an und fangen an zu lästern. ‚Fast wie in alten Zeiten' denkt Linda. Aber sie hat ein sehr ungutes Gefühl, was sie schon seit Tagen nicht mehr loslassen will.

17

In den folgenden Wochen kommt Sarah gar nicht recht dazu, nachzudenken. Sie beginnt ihre REHA Maßnahme und ist eigentlich sehr zufrieden. Auch die Ärzte und Therapeuten machen ihr Mut.

Sie genießt die Gespräche mit Dr. Theesen, dem sie allmählich vertraut und dem sie auch alles aus ihrer Vergangenheit anvertrauen kann.

Bei der Meditation mit Frau Anja Kröger lernt sie, auf die innere Stimme ihres Körpers zu hören, eins zu sein mit ihm und in völligem Einklang.

Die Musiktherapie die Herr Dr. Arnhim von Kiesel vornimmt, verhilft ihr ebenfalls zur inneren Ruhe. Und die Kunst-, Tanz- und Gestaltungstherapien lassen ebenfalls ihren Geist ruhen.

Herr Dr. Theesen bereitet seine Patientin sanft darauf vor, was alles passieren kann, wenn sie sich wieder erinnern sollte. Er spricht eindringlich auf sie ein, dass bei kleinsten Erinnerungsfetzen sie sich bitte sofort mit ihm in Verbindung setzen möge.

Sarah ist in diesen Wochen sehr in sich gekehrt. Allerdings auch nur während der Stunden in der REHA. Linda fährt sie jeden Tag dorthin und holt sie auch wieder ab. Beide gehen danach bummeln, Kaffee trinken und genießen die Tage, bis Tom und Mike aus der Werkstatt heim kommen. Die Abende verbringen sie entweder gemeinsam oder aber allein.

Ihre Liebe zu Tom wird immer größer und tiefer. Sie fühlt intensiv, dass sie beide zusammen gehören für den Rest ihres Lebens. Doch Tom ist in einer abwartenden Position. Er möchte Sarah heiraten. Er möchte sein Leben mit ihr verbringen. Doch er traut sich nicht, die entscheidende Frage zu stellen. Er hat Angst davor, sie zu früh zu fragen. Er möchte abwarten, bis sie sich erinnern kann. Bis sie vollständig auch in ihrer Seele gesund ist.

Lange und oft hat er sich mit Mike über dieses Thema unterhalten. Mike ist zwar anderer Ansicht als Tom. Doch auch er kann seinem Freund keine Garantie geben, dass alles glatt geht, sollte Sarahs Erinnerung wiederkehren.

In Tom kommen wieder die alten Erinnerungen hoch. Seine Verlust-angst wird immer wieder in seinen Träumen hoch gepeitscht. Er ist unsicher, versucht jedoch, sie diese Unsicherheit nicht spüren zu las-sen. Er weiß und ist sich sicher, dass er Sarah über alles liebt. Er weiß, dass er sie zu keiner Zeit und niemals im Stich lassen wird. Aber da ist die Angst. Was passiert, wenn sie sich an die schlimme Zeit erinnert? Wie wird sie das aufnehmen? Was bedeutet das ganze für die gemein-same Zukunft.

Sarah ist jetzt seit vier Wochen in der REHA. Tom hat eine Überra-schung für sie vorbereitet, als sie nach dem Bummel mit Linda nach Hause kommt. „nach Hause", denkt Sarah. Und genau das ist es. Bei Tom fühlt sie sich wie zu Hause. Sie liebt ihn über alles.

Sie kommt in die Wohnung und traut ihren Augen nicht. Überall auf dem Boden sind Rosenblätter verteilt. Der Tisch ist gedeckt. Es stehen zwei gefüllte Weingläser auf dem Tisch. Aus der Küche kommt ein ver-führerischer Duft.

Sarah stellt ihre Einkaufstaschen in die Ecke und läuft schnell in die Küche. Tom steht am Herd und probiert gerade die Sauce.

Sarah stellt sich hinter ihn, legt ihre Arme um seinen Bauch und ku-schelt sich eng an ihn. Tom dreht sich um und grinst sie spitzbübisch an. „Ich habe eine Überraschung für dich mein Engerl." „Ja Schatz, ich habe es schon gesehen. Du bist einfach unglaublich mein Liebling. Womit habe ich das verdient?"
„Spatzerl, du verdienst es auf Händen getragen zu werden," sagt er, nimmt sie auf den Arm geht mit ihr zum Tisch und setzt sie auf den Stuhl. „So mein Liebling. Jetzt bleibst du da schön sitzen und lässt dich von mir verwöhnen ja? Als Vorspeise gibt es eine französische Zwie-belsuppe mit Käse überbacken. Das magst du doch gern. Als Haupt-speise gibt es echte bayerische Semmelknödel, Sauerbraten und Rot-kraut, und als Nachtisch, bekommst du mich, wenn du mich möchtest Liebling. Deine Wunden sind verheilt. Zumindest die äußeren. Ich möchte mir mit dir einen wunderschönen Liebesabend machen. Bist du bereit meine Liebste?"

Sarah stehen die Tränen in den Augen. „Ja mein Schatz. Ich bin schon längst bereit dazu. Hast du das denn gar nicht gespürt?"

Tom nimmt Sarahs Gesicht in seine Hände und küsst ihr zärtlich die Tränen weg. „Ich werde dir eine Liebe zeigen mein Schatz, die du nicht vergessen wirst." Er küsst sie zärtlich geht dann in die Küche und serviert dann das Essen.

Nach dem Essen nimmt er seinen Engel an die Hand, zieht sie vom Stuhl hoch und nimmt sie einfach auf den Arm. Er geht langsam mit ihr ins Schlafzimmer. Überall sind Teelichter angezündet und auf dem Boden und auch auf dem Bett liegen Rosenblütenblätter. Sarah schaut sich staunend um. „Wann hast du..." „Psst Schatz, sag jetzt nichts mehr ja? Ich möchte, dass du alles das, was jetzt kommt genießt mein Liebling." Sie nickt nur stumm und in ihren Augen kann Tom ihre Liebe zu ihm lesen.

Sanft und zärtlich knöpft er ihre Bluse auf. Zärtlich schiebt er sie ihr über die Schultern und lässt sie dann einfach hinten fallen. Er legt seine Hand in ihren Nacken und zieht sie zärtlich zu sich heran. Sarah spürt seine warmen Lippen auf ihrem Mund und auf ihrem Hals. Eine zärtliche warme Hand streichelt sanft über ihren Busen, am Rand ihres BHs entlang. Ein sinnliches Stöhnen entfährt ihrem Mund. Leidenschaftlich legen sich Toms Lippen erneut auf ihre und er muss sich stark bremsen, um sie nicht einfach zu nehmen. Er schiebt seine Zunge langsam zwischen ihre Lippen und ihre beiden Zungen verschmelzen miteinander. Sanft zieht er sie näher an sich heran und Sarah spürt ganz genau, wie heftig Tom sie begehrt.

Tom küsst weiter, während er langsam ihren Rock öffnet und zu Boden fallen lässt. Sie steht nur noch im BH, String, halterlosen Strümpfen und ihren hohen Pumps vor ihm. Zärtlich öffnet er ihren BH und streift ihn ihr ab. Seine Lippen finden die harten Nippel und knabbern zärtlich daran. Die Zunge umkreist die dunkler werdenden Warzenhöfe und ein erneutes Stöhnen klingt an sein Ohr.
Tom kniet sich nun vor seinen Schatz und streichelt langsam von ihrer Brust abwärts über ihren Bauch bis zu ihrem Slip. Er spürt, wie ihr Körper langsam anfängt zu zittern und wie sie eine Gänsehaut bekommt. Langsam zieht er ihren Slip aus, ihre Schuhe und dann trägt er sie sanft auf seinen Armen rüber zum Bett und legt sie darauf.
Verträumte Augen blinzeln ihn an. Sie sieht seine ganze Liebe in seinen Augen. Schnell entledigt Tom sich seiner Sachen und legt sich nackt neben Sarah. Aber jetzt ist auch ihre Erregung kaum noch zu

halten. Küssend und streichelnd macht sie sich über Toms Körper her. Sie stöhnt und zittert und auch Tom kann es kaum aushalten. Doch er möchte noch warten. Möchte die Vereinigung noch hinauszögern. Er drückt Sarah sanft zurück aufs Bett, spreizt zärtlich ihre Beine und streichelt sie an ihrer intimsten Stelle. Langsam beugt er sich runter zu ihr. Als seine Zunge in das Innerste trifft, hört er ein lang gezogenes Stöhnen spürt wie feucht und wie bereit sie für ihn ist.

Sarah fasst Tom an den Kopf und zieht ihn langsam zu sich hoch. „Bitte Tom, ich möchte dich in mir spüren ja. Bitte." Doch er schüttelt den Kopf. „Später mein Schatz, jetzt sollst du erst mal genießen."

Er beugt sich wieder runter zu Sarah und sie spürt nur noch seine Zunge, seine Liebe und eine heiße Welle von solch einer Erregung schwappt über sie, dass ihre Liebesgrotte den heißen Liebessaft nur so herausströmen lässt. Tom spürt ihren Orgasmus kommen, er saugt ihre Lippen und saugt ihren Saft aus ihr heraus. „Jetzt mein Schatz, darfst du mich spüren. Möchtest du das?" Sarah setzt sich hin, drückt Tom jetzt nach hinten. Er schaut sie mit großen Augen an, als sie sich über ihn beugt und seinen harten Stab tief in ihren Mund saugt. Er wird wahnsinnig vor Geilheit und kann sich nur mühsam beherrschen. Doch der Mund ist mehr als gierig. Ihre Lippen saugen, ihre Zunge massiert und dann spürt er, wie sie sich langsam an seinem Penis runter knabbert bis zu seinen prallen Eiern. Warme Lippen schließen sich darum, saugen abwechselnd seine Eier. Ein lautes Stöhnen entfährt Tom. Das ist der pure Wahnsinn. Nur mit Mühe kann er sich zurück halten, doch Sarah denkt gar nicht daran, ihm eine Pause zu gönnen.

Fordernd und fast schon wild saugt sie seinen harten Penis in ihren Mund. Ihre Hände massieren dabei die immer praller werdenden Eier. Tom hält es nicht mehr aus. Er will sich zurückziehen, doch das lässt sie nicht zu. Sie lässt seinen Schwanz kurz aus ihrem Mund hinaus gleiten, um ihn dann jedoch umso fester in ihren Mund hineinzusaugen. Bis zum Anschlag steckt er In Ihrem Mund. Er stöhnt ihren Namen und Sarah schaut ihn an und sagt „Schatz ich will dich ganz. Bitte gib mir deinen heißen Saft. Ich möchte ihn schmecken und ich möchte spüren, wie du in meinem Mund kommst ja?" Tom schließt die Augen und lässt seinen Gefühlen freien Lauf. Er kann nicht mehr klar denken. Eine heiße Orgasmuswelle ergreift ihn und zieht ihn mit in eine Ebene, die er so noch nie erlebt hat. Sein harter Schwanz fängt an zu zucken, seine Eier ziehen sich zusammen und dann kommt es ihm. Ein gewaltiger Orgasmus bringt seinen erigierten Penis zum Platzen. Der heiße Samen strömt nur so heraus. Sarah schluckt und saugt alles auf und saugt und schleckt immer weiter. Tom weiß nicht wie ihm geschieht. Ihm kommt es vor wie Weihnachten. Doch er fühlt keine Erleichterung. Er weiß nur, dass er diese Frau nun haben muss. Er will sie endlich zu seiner Frau machen. Möchte, dass sie sich vereinigen und lieben. Während der weiteren Behandlung kann Tom es kaum fassen, dass er ihm schon wieder steht.

Er zieht Sarah sanft hoch. Beide küssen sich leidenschaftlich. Ihre Hände betasten den Körper des anderen. Wie im Fieber rollen sie sich auf die andere Seite, bis Sarah unter Tom liegt. Er schaut ihr tief in die Augen, küsst sie noch einmal zärtlich und leidenschaftlich und dringt dann langsam in ihre Liebesgrotte. Ein leises Stöhnen und Tom kann sich nicht mehr zurückhalten. Er stößt erst langsam, doch dann immer schneller und härter. Sarah hebt ihr Becken, um seine harten Stöße aufzufangen. Beide stöhnen und küssen sich. Und da spürt Tom die nächste Welle über sie beide hereinbrechen. Laut stöhnend lässt er seinen zweiten Orgasmus zu und ... erstarrt im gleichen Moment.

Das war kein Stöhnen, was aus Sarahs Mund kam. Das war ein Schrei. Ein schrecklicher angsterfüllter Schrei.

18

Tom rollt sich sofort auf die Seite und nimmt sie in die Arme. Sarah zuckt zusammen und verstummt. Mit großen Augen und völlig verstummt schaut sie ihn an. Er versucht mit ihr zu reden, spricht sie sanft mit ihrem Namen an. Doch es kommt keinerlei Reaktion von ihr.

Sanft legt er Sarah aufs Bett zurück und rennt zum Telefon. Die Nummer von Dr. Theesen hat er direkt am Telefon liegen, für den Fall der Fälle. Dieser ist nun eingetreten.

Der Psychologe gibt Tom kurze Anweisungen und teilt ihm mit, dass ein Krankenwagen unterwegs ist, der seine Patientin in die Klinik abholen wird. Tom möge ein paar Sachen zusammenpacken.

Doch Tom ist total kopflos. Er ruft Linda an und erzählt ihr, was los ist. Diese verspricht, sofort zu kommen.

Es dauert keine zehn Minuten, bis der Krankenwagen bei Tom vorfährt. Dr. Theesen ist selbst mitgekommen, um sich seine Patientin anzusehen. Nach einer Weile kommt er aus dem Schlafzimmer heraus. Er sieht Tom ernst an.
„Nun sagen sie schon, was los ist", herrscht dieser den Arzt an. „Immer mit der Ruhe, junger Freund. Ihre Freundin hat ein so genanntes Flashback erlitten. Das kann eine „Totstellreaktion", tiefer Schock bis hin zum Koma oder Wachkoma nach sich ziehen. Im Moment steht sie unter tiefem Schock und ist nicht ansprechbar. Ich habe ihr eine Spritze zur Beruhigung gegeben und sie wird jetzt schlafen. Aber ich werde sie mitnehmen in die Klinik. Ihr Zustand ist sehr besorgniserregend und wir müssen aufpassen, dass sie nicht wirklich ins Koma fällt."

Tom wird blass. „Aber wie kann das sein, dass sie jetzt diese Reaktion hat?"

„Nun ja", sagt der Arzt, „sie hat wahrscheinlich im Unterbewusstsein die Tat komplett verdrängt. Das ist ein Schutzmechanismus, der sich als erstes bei vielen Gewaltopfern einstellt. Allerdings findet dann nach einiger Zeit, das kann nach Tagen, Wochen oder Monaten sein, eine unbewusste emotionale Verarbeitung statt. Und dann kann es plötzlich zu dem Gefühl der Bedrohung und Angstkonditionierung kommen. Die Patienten können eine lebensfeindliche Einstellung bekommen, oder die Körperhaltung und Körpersemantik wie im Wachkoma erleiden. Ihre Freundin ist im wahrsten Sinne des Wortes traumatisiert an Leib und Seele. Ich werde sie jetzt mitnehmen und wir wollen schauen, ob wir sie aus diesem Zustand herausholen können. Aber ich sage ihnen gleich, dass wir dabei viel Zeit und auch Geduld brauchen werden. Ich werde Besuche nur zulassen, wenn ich das für die Patientin verantworten kann. Bitte kommen Sie gleich nach und bringen Sie einige Sachen und Toilettenartikel für ihre Freundin vorbei ja?"

Tom nickt nur. Auch er steht wie unter Schock. In diesem Moment stürzen Linda und Mike in die Wohnung.

„Was ist passiert"; fragt Linda.

Dr. Theesen begrüßt die beiden, dreht sich um und geht wieder ins Schlafzimmer zu seiner Patientin, um den Transport zu überwachen.

Tom klärt Linda und Mike über die Vorkommnisse auf. Linda hält vor Schreck eine Hand vor den Mund. Ihr laufen die Tränen und auch Mike kann sich kaum beherrschen. Tom ist immer noch wie in Trance.

Die Rettungssanitäter bringen eine Trage herein, gehen ins Schlafzimmer und kommen bald darauf mit Sarah wieder heraus, um sie in die Klinik zu fahren.

Linda schaut ihre Freundin an. Mit großen Augen, aber starr und stumm liegt Sarah auf der Trage. Sie nimmt um sich herum nichts wahr. Linda spricht sie kurz mit ihrem Namen an und nimmt ihre Hand. Doch es kommt keinerlei Reaktion.

Dr. Theesen nickt den dreien kurz zu und verlässt mit seiner Patientin das Haus.

Linda packt schnell ein paar Sachen für Sarah zusammen. Mike hilft ihr dabei. Tom steht immer noch wie bestellt und nicht abgeholt mitten im Wohnzimmer.

Linda schubst ihn sanft an. „Nun komm, wir haben alles zusammen. Wir fahren alle in die Klinik und schauen, was wir für sie tun können. Nun mach dir kein schlechtes Gewissen. Wir wussten doch alle, dass dies irgendwann noch kommen kann oder nicht?"

Tom nickt nur. „Aber", er räuspert sich, „ich hätte mir nicht im Traum vorstellen können, wie schlimm das werden könnte." „Tom", sagt Linda, „reiß dich jetzt zusammen. Die Kleine braucht jetzt unsere Unterstützung. Und außerdem ist sie bei Dr. Theesen in bester Behandlung oder meinst du nicht auch?"

Tom schaut sie lange an, nickt dann nur und folgt den beiden nach draußen.

In der Klinik angekommen, kommt ihnen eine freundliche Krankenschwester entgegen und führt sie in das Büro des Psychologen.

Dieser begrüßt die drei und bittet sie, sich zu setzen. „Ich möchte Ihnen etwas mitteilen", er räuspert sich, „wir werden jetzt erst einmal eine psychiatrische Akutversorgung vornehmen, die Patientin aus dem jetzigen Zustand langsam versuchen, wieder herauszuholen, und dann wie vorher mit gezielten Therapiemethoden Ihre Freundin wieder auf den richtigen Weg bringen. Sobald Sie in der Lage ist, Besuch zu empfangen, dürfen Sie unsere Patientin besuchen. Allerdings nur kurze Zeit und nicht alle auf einmal. Ich möchte mit Ihnen", er nickt Linda zu, „morgen beginnen. Bitte finden Sie sich morgen Nachmittag um 15 Uhr hier ein, dann können Sie Frau Müller sehen. Allerdings kann ich Ihnen keinerlei Versprechungen über den Zustand bis dahin machen." Zu Tom gewandt fährt er fort. „Bitte kommen Sie auch morgen mit. Allerdings möchte ich erst einmal die Reaktion von Frau Müller testen, wenn ein Mann, bzw. ein Mann der ihr nahe gekommen ist, sie besucht. Es wird vor allen Dingen für Sie sehr schwer werden in der ersten Zeit. Sie müssen mit Abwehrreaktionen rechnen. Kommen Sie damit klar und werden Sie trotz allem voll hinter Ihrer Freundin stehen?"

Tom schaut Dr. Theesen ungläubig an. „Was denken Sie sich eigentlich. Ich liebe Sarah. Ich werde alles in meiner Macht stehende tun, damit es ihr wieder besser geht. Und das erwarte ich auch von Ihnen und sämtlichen Ihrer Angestellten. Bitte helfen Sie ihr."

Der Arzt nickt nur und verabschiedet sich dann von den Freunden. „Heute kann ich keinen Besuch mehr zulassen. Bitte finden Sie sich dann morgen Nachmittag hier ein."

Mike, Tom und Linda verlassen schweigend das Büro und auch die Klinik. Tom wirft einen letzten Blick zurück und steigt dann zu Linda und Mike ins Auto. Schweigend und in fast schon depressiver Stimmung fahren sie nach Hause zu Linda und Mike. „Bring mich nach Hause Mike", sagt Tom. „Das werde ich mit Sicherheit nicht tun, in dem Zustand, wo du gerade bist. Wir werden jetzt reingehen und erst mal einen starken Schluck trinken. Ich glaube das brauchen wir alle. Linda, machst du in der Zwischenzeit bitte nen Kaffee für uns?" Linda nickt nur und alle gehen ins Haus.

Mike holt eine Flasche Whisky aus dem Schrank, packt ein paar Eiswürfel in die bereitgestellten Gläser und füllt die Gläser reichlich.

Dann stellt er diese auf den Tisch und schweigend trinken sie alle drei.

19

Am nächsten Tag holt Tom Linda ab. Schweigend setzt Linda sich ins Auto und Tom braust los Richtung Klinik. Unterwegs sprechen sie kein Wort.

In der Klinik angekommen, melden Sie sich an und nach einer Weile kommt Dr. Theesen und begrüßt die zwei.

„Ich habe keine guten Neuigkeiten für Sie. Frau Müller ist weiterhin in einer Art Wachkoma. Sie bekommt zwar – so denken wir – alles mit, reagiert aber nicht. Ich möchte testen, wie Sie auf Sie", er nickt Linda zu, „reagiert." Zu Tom gewandt sagt er „Bitte warten Sie hier im Aufenthaltsraum auf uns. Sie können sich gerne einen Kaffee nehmen." Tom nickt nur.

Der Psychologe führt Linda in ein Krankenzimmer. Es ist hier hell und freundlich. Die Patientin liegt bleich, aber mit offenen Augen in ihrem Bett. Sie sieht so klein aus. Linda schluckt ein wenig. Sie geht zu Sarah und nimmt langsam und vorsichtig ihre Hand. „Reden Sie mit ihr", sagt Dr. Theesen.

Linda setzt sich auf den neben dem Bett befindlichen Stuhl und redet leise. Sie erzählt, dass Mike und sie beschlossen haben, zusammen zu ziehen. Sarah reagiert in keinster Weise. Sanft streichelt Linda ihre Wange. Ein leichtes Blinzeln in den Augen ist zu erkennen.

Der Arzt beobachtet seine Patientin genau. „Sie weiß, dass Sie da sind und sie spürt Sie auch", sagt er zu Linda. „Das ist schon mal ein guter Ansatzpunkt. Ich möchte Sie bitten, jeden Tag weiterhin zu kommen. Ihr Besuch wird ihr gut tun." Linda nickt „Selbstverständlich komme ich jeden Tag vorbei."

„Gut", sagt Dr. Theesen. „Jetzt wollen wir das andere Experiment wagen. Bitte gehen Sie jetzt in den Aufenthaltsraum und schicken sie mir Herrn Schäfer rein."

Tom betritt leise das Krankenzimmer. Er schaut Dr. Teesen an, der ihm nur kurz zunickt. Dann schaut er auf Sarah. Er wird blass. Sein Herz pocht ihm bis zum Hals. Er muss ein paar Mal schlucken, geht dann aber zum Bett und setzt sich auf den Stuhl. Lange schaut er schweigend in Sarahs Gesicht. Dann, ganz langsam nimmt er ihre Hand.

Zärtlich streichelt Tom ihre Hand und redet beruhigend auf seinen Schatz ein. In diesem Moment wird Sarah unruhig. Dr. Theesen legt ihr sofort die Blutdruckmanschette an und misst ihren Blutdruck. Tom schaut dem Arzt zu, der dann mit ernstem Kopfschütteln zu Tom sieht. „Bitte gehen Sie wieder in den Aufenthaltsraum, ich komme gleich nach", sagt er.

Tom steht schweren Herzens auf. Er traut sich noch nicht einmal, Sarah einen Kuss auf die Stirn zu geben. Traurig und mit schleppenden Schritten geht er in den Aufenthaltsraum. Linda schaut ihn an und Tom erzählt ihr, wie sein kleiner Engel auf ihn reagiert hat. Linda nimmt seine Hand und drückt sie sanft. „Tom, das wird schon wieder. Bitte gib ihr ein wenig Zeit. Du weißt doch, was die Ursache für dieses Trauma ist. Das werden die hier schon wieder hinbekommen oder meinst du nicht?"
„Ich hoffe es Linda", erwidert Tom, „denn sie so zu sehen, bricht mir das Herz."

Nach einer Weile betritt auch Dr. Theesen den Aufenthaltsraum. Er nimmt sich einen Kaffee aus der Maschine und setzt sich zu Linda und Tom an den Tisch. Langsam trinkt er seinen Kaffee, schaut dann nacheinander von Linda zu Tom, räuspert sich und beginnt zu sprechen.

„Also, der Puls und der Blutdruck von Frau Müller ist erschreckend hoch gewesen, als Sie mit ihr geredet haben", sagt er zu Tom gewandt. „Ich halte es für das Beste, wenn Sie vorläufig keine Besuche mehr machen, bis wir den Zustand von Frau Müller stabilisiert haben. Sie haben ja gesehen, wie unruhig sie auf Ihren Besuch reagiert hat." Zu Linda gewandt fährt er fort. „Wie schon gerade gesagt, möchte ich Sie bitten, morgen Nachmittag wieder zu kommen, damit wir langsam versuchen, Frau Müller wieder aus diesem Zustand herausholen können. Es werden langwierige Therapien stattfinden und ich hoffe, dass wir dann gute Erfolge erzielen. Bitte haben Sie Geduld. Das bekommen wir schon hin. Für heute möchte ich mich jedoch bei Ihnen verabschieden. Wir haben noch eine ganze Menge Tests durchzuführen. Wir sehen uns morgen. Und Ihnen werde ich mitteilen, wenn es Zeit für einen Besuch bei Ihrer Freundin ist." Er nickt den beiden noch einmal zu, steht auf und verlässt den Raum.

Tom und Linda schauen sich an. „Bitte steh Sarah bei, so lange ich nicht zu ihr darf ja? Und wenn es dir nichts ausmacht, dann möchte ich gerne jeden Tag von dir erfahren, wie es ihr geht." Traurig sieht er Linda an. Linda nimmt seine Hand. „Tom, das schaffen wir schon. Sie ist doch hier in guten Händen. Meinst du nicht, dass wir ihr ein wenig Zeit geben sollten. Die Ärzte und Schwestern werden alles Menschenmögliche tun, um Sarah wieder auf die Beine zu bekommen."
Tom nickt nur.

Sie stehen schweigend auf, und Tom fährt Linda zu Mike.
Der wartet schon auf sie und schaut beide fragend an. Kurz erzählt Tom, was in der Klinik vorgefallen ist. Mike nimmt seinen Freund bei den Schultern und sagt „Alles wird gut Kumpel. Denk daran, Sie lebt und sie werden das in der Klinik schon hinbekommen. Hab einfach ein wenig Geduld und gib der Kleinen Zeit ja?"
Tom nickt nur. „Kommt rein. Ich hab nen Kaffee vorbereitet und ein paar Stücke Kuchen gekauft. Lasst uns ein wenig was essen und dann müssen wir noch ein wenig reden." Zwinkernd schaut Mike zu Linda, die mit einem breiten Grinsen seinen Blick erwidert. Tom schaut von einem zum anderen und fragt, „habe ich irgendwas nicht mitbekommen?"

„Tja alter Freund", beginnt Mike „du hast mir im wahrsten Sinne des Wortes zu meinem Glück verholfen. Linda wird ihren Job in der Boutique in Hamburg aufgeben und dann nach München zu mir ziehen. Wir sind uns einig geworden."

Tom schaut zu Linda, dann zu Mike, grinst ein wenig schief und nimmt beide nacheinander in die Arme. „Das ist ja toll, ich hoffe, dass mein Spatzerl auch schnell gesund wird. Ich werde sie nämlich auch nicht wieder nach Hause lassen. Ich möchte mit ihr ein neues Leben aufbauen. Meinst du Linda, dass Sarah das mit mir auch will?"

Linda schaut Tom an. „Ja Tom, ich weiß, wie sehr Sarah dich liebt. Und sobald die ganze Sache überstanden ist, werdet Ihr beide auch glücklich werden. Ich bin mir da ganz sicher. Es braucht nur Zeit und Geduld. Kannst du sie aufbringen?"

„Natürlich kann ich die aufbringen. Sie soll sich soviel Zeit nehmen, wie sie braucht. Ich werde auf sie warten, egal, wie lange das dauert. Sie ist meine große Liebe und mein Glück. Darauf werde ich nicht verzichten. Im Leben nicht mehr. Ich liebe sie über alles."

Linda stehen die Tränen in den Augen. „Ich wünsche es euch so sehr. Lasst uns abwarten, was die nächsten Tage bringen werden. Ich denke mal, dass der Zustand sich schon in wenigen Tagen bessern wird."

„Ja du hast recht Linda", sagt Tom, „Dr. Theesen ist schon eine Koryphäe auf seinem Gebiet und er wird alles tun, um Sarah zu helfen."

Die nächsten drei Wochen verlaufen relativ ereignislos. Linda fährt jeden Tag in die Klinik und besucht ihre Freundin. Sie ruft Tom jeden Tag an und informiert ihn über ihre Besuche. Auch Dr. Theesen meldet sich zwischendurch bei Tom und gibt kurz den Zwischenbefund durch. Alles in allem gibt es keine Veränderungen bei Sarah.

Linda und Mike sitzen beim Frühstück, als das Telefon klingelt. Mike meldet sich und schaut kurz darauf zu Linda, die erschreckt hochfährt, als die den Blick von Mike wahrnimmt. Schweigend gibt er den Hörer an Linda weiter.

Dr. Theesen ist am anderen Ende der Leitung. „Frau Abu Khamel, ich möchte Sie bitten, sofort in die Klinik zu kommen. Frau Müller ist heute Morgen richtig wach und verlangt nach Ihnen. Wir müssen jetzt ganz behutsam mit ihr umgehen. Wir werden die Tat mit ihr nochmals durchsprechen müssen. Sie muss diese Sache verarbeiten und sich damit auseinandersetzen. Dazu brauche ich aber Ihre Hilfe. Sind Sie bereit dazu?"

Linda verspricht, sich sofort auf den Weg in die Klinik zu machen und beendet das Gespräch. „Bitte Mike, ruf Tom an und informiere ihn darüber, dass Sarah wach ist, und dass Dr. Theesen die Therapie jetzt beginnen will. Sobald es irgend möglich ist, wird der Doc sich mit Tom in Verbindung setzen um die weiteren Therapiemöglichkeiten auch mit ihm durchzusprechen ja?"

„Klar mein Schatz, erledige ich alles sofort. Aber bevor du jetzt in die Klinik fährst, möchte ich noch einen richtigen Kuss von dir haben, sonst stehe ich den Tag nicht durch", grinst Mike

„Du bist ein Nimmersatt mein Liebling, aber du sollst deinen Kuss haben." Sie kuschelt sich zärtlich bei Mike in die Arme und beide küssen sich leidenschaftlich. Dann nimmt Linda ihre Tasche und fährt in die Klinik.

Als sie die Klinik betritt, kommt ihr Dr. Theesen schon entgegen. „Na prima, dass Sie es so schnell geschafft haben. Lassen Sie uns gleich zu Ihrer Freundin gehen. Sie wartet schon." Er lächelt Linda aufmunternd an.

Als Sie ins Krankenzimmer kommt, sieht Linda, dass Sarah sich aufgesetzt hat und gerade dabei ist, ihr Frühstück zu verzehren. Schief grinst sie Linda an. „Mensch ich hab einen Hunger", sagt sie und die Freundin lacht erleichtert auf. „Mädchen, wir haben uns solche Sorgen um dich gemacht. Geht das mit dem Essen denn schon wieder richtig?"

Dr. Theesen schaut die beiden an und ist mit der Entwicklung zufrieden. „Das ist schon in Ordnung. Wir müssen Sie nur langsam wieder an das Essen gewöhnen. Ein Zwieback und eine Tasse Tee sollten für den Anfang reichen und heute Mittag gibt es dann für Sie ein schönes Süppchen." Die Patientin verzieht das Gesicht. „Nach so langer Zeit hätte ich dann aber schon lieber was anderes zum Mittag", schmollt sie. „Seien Sie nicht zu ungeduldig junge Dame. Das kommt alles noch schnell genug. Erst einmal müssen Sie richtig gesund werden. Und dann kommt auch alles andere in die Bahnen." Dr. Theesen dreht sich kurz um und Sarah streckt ihm die Zunge raus. Linda lacht schallend und der Arzt dreht sich verwundert zu den beiden Freundinnen rum. Sarah bekommt einen roten Kopf und Linda gluckst vergnügt. „Herr Doktor, also ich finde, meine Freundin ist schon wieder ganz die Alte, ich denke mal, dass sie schnell Fortschritte machen wird." Schmunzelnd schaut der Arzt die beiden an. „Das werden wir dann ja sehen." Er setzt sich und beginnt, ihnen von den bevorstehenden Therapiemaßnahmen zu berichten.

„Also als erstes werden wir psychologische Gespräche über die Tat führen. Es wird für Sie schwierig werden", fährt er zu Sarah gewandt fort, „aber ihre Freundin wird Ihnen, wenn sie das mögen, zur Seite stehen, und wir werden alles in unserer Macht stehende tun, damit Sie dieses Thema relativ schadlos überstehen. Allerdings werde ich Ihnen in Verbindung mit dieser Gesprächstherapie ein nervenstärkendes Medikament und auch Anti-Depressiva geben. Das muss sein, damit sich

Ihr Körper und Ihr Geist langsam auf die Umstände einstellen können. Ich habe Sie bei Frau Kröger für die Meditation angemeldet und die Körperpsychotherapie wird Frau Neumaier durchführen. Ich sehe schon, das sind zu viele Namen. Aber die bekommen Sie schnell in den Griff. Dann schlage ich noch eine Gestaltungs- und eine Musiktherapie vor. Wäre das in Ihrem Interesse? Und zur Entspannung erhalten Sie selbstverständlich auch Massagen. Wir werden hier alles für ihr körperliches und seelisches Wohl tun, damit Ihr Gleichgewicht schnell wiederhergestellt werden kann."

Sarah schaut Dr. Theesen an. „Wie lange meinen Sie, werde ich hier bleiben müssen?" „Nun, das kommt ganz darauf an, wie Sie auf die Therapien reagieren. Je besser Ihr Körper und Ihr Geist sich erholt, desto schneller können Sie auch wieder nach Hause."

Linda nimmt die Hand ihrer besten Freundin und drückt sie leicht. „Das werden wir schon alles hinbekommen.

„Dann ist es also in Ordnung, wenn Linda bei der Gesprächstherapie dabei ist", fragt Sarah den Arzt. Dieser nickt nur. „Ja, ich finde es gut, wenn Sie das auch für richtig halten. So können auch gegebenenfalls Aspekte der Tat besprochen werden, die Sie nicht genau mitbekommen haben, und auch die Hintergründe ein wenig ausgeleuchtet werden. Aber seien Sie sich bewusst, dass hier noch ein hartes Stück Arbeit auf uns wartet, und dass die Therapie mit viel Tränen Ihrerseits erfolgt. Wir werden im wahrsten Sinne des Wortes Ihr Innerstes nach Außen kehren müssen, um Ihnen Hilfe angedeihen zu lassen. Es wird schwierig werden. Sie werden mich mitunter auch verfluchen. Aber wenn Sie alles mitmachen und sich auf die Therapie einlassen, wird schon alles gut werden."

„Gut, dann sollten wir so schnell wie möglich mit der Therapie anfangen oder", sagen beide Freundinnen fast im Chor und grinsen den Arzt an.

Gesagt getan, in den nächsten Wochen finden Gesprächstherapien statt, in denen Sarah teilweise sowohl Dr. Theesen, als auch Linda verflucht. Sobald sie auf die Tat zu sprechen kommen, fängt sie an zu weinen. Selbst an Linda geht die Therapie nicht spurlos vorbei. An manchen Tagen kommt sie weinend nach Hause. Aber sie hat ja Gott sei dank Mike, der sie immer wieder auffängt und ihr Mut zuspricht. Im Stillen verflucht Mike Dr. Theesen und die ganze Klinik. Er hat sich mit

Tom schon wegen der Therapie auseinandergesetzt und die beiden sind sich gar nicht mehr so sicher, ob das alles so richtig ist, was da von den beiden Frauen abverlangt wird.

Ganz langsam macht Sarah Fortschritte. Der Psychologe hat sich die Akte von der Polizei kommen lassen und kann dadurch gezielt auf seine Patientin eingehen.
Zu Anfang ist es für Sarah sehr schwer, sich an die ganze Tat zu erinnern. Es fordert sie psychisch ziemlich stark. Doch Dr. Theesen weiß, wie er ihr die schreckliche Tat langsam wieder ins Bewusstsein bringen muss und geht mit ihr alle Details durch. Während dieser Zeit bekommt Sarah auch Medikamente, damit sie die ganze Tat auch seelisch verarbeiten kann und es nicht zu irgendwelchen Stesssituationen kommt. Zwischendurch gibt es immer mal wieder einen Rückfall. Auch wird sie immer wieder von Alpträumen geplagt.

Doch langsam verbessert sich ihr seelischer Zustand immer mehr. Sie kann immer besser über die Sache reden. Durch die weiteren Therapien festigt sich der Gesamtzustand auch. Am liebsten mag sie die Musiktherapie bei Herrn Dr. von Stein. Das ist Entspannung pur. Aber auch die Kunsttherapie fordert Sarah heraus. Sie gestaltet viele Dinge aus Ton. Es macht ihr Spaß, sich ganz auf ihre gestalterischen Fähigkeiten zu konzentrieren. Das lenkt sie auch immer wieder von der Gesprächstherapie ab, die ihr nervlich sehr viel abverlangt.

20

Eines Tages kommt Linda strahlend zu Sarah in die Klinik. „Süße, ich muss dir eine schöne Neuigkeit mitteilen. Mike weiß es noch nicht. Ich komme gerade vom Arzt. Ich bin schwanger."

Sarah springt auf und umarmt Linda. „Wow, Linda, das gibt's doch gar nicht. Habt ihr das geplant oder ist es jetzt einfach so passiert?"

„Naja, es ist halt passiert. Mike wusste ja, dass ich die Pille abgesetzt habe, ich wollte ja sowieso hier nach München ziehen und meinen Job hab ich schon aufgegeben. Wir wussten ja nicht, dass es so schnell geht. Aber ich denke mal, er wird sich schon freuen."

„Das denke ich mir auch", Sarah versucht, sich Mike vorzustellen. „Du sag mal Linda, meinst du ich könnte mit Dr. Theesen reden? Ich möchte Tom sehen. Meinst du das klappt, oder ist es noch zu früh dafür?"

Linda schaut ihre Freundin kurz an. „Ich denke mal, du fragst den Doc am besten selbst. Und wenn er es für angebracht hält, dann wird er es dir auch sagen. Aber bitte denk daran, dass Tom auch sehr unter dieser Situation leidet ja? Er ist schon ganz aufgeregt, dich endlich wieder zu sehen und nervt mich jeden Tag mit seinen Anrufen."

Dr. Theesen betritt den Behandlungsraum. Sarah bombardiert ihn sofort mit Fragen, und stellt ihm auch die Frage, ob Tom jetzt langsam zu Besuch kommen darf. Lange Zeit schaut der Arzt seine Patientin an und nickt dann langsam. „Wir werden es versuchen, aber wenn Sie wieder unruhig werden, dann werde ich diese Besuche auch wieder bis auf weiteres unterbinden. Sie sollen nur die Sachen tun, die Ihnen gut tun. Wir müssen Geduld haben. Und die sollten Sie auch mit sich haben junge Dame. Nicht einfach vorpreschen. Was halten Sie davon, wenn ich Ihren Herrn Schäfer für morgen hierher bestelle. Wir könnten dann gemeinsam die Gesprächstherapie durchführen, wenn Sie das mögen okay?"

Sarah nickt freudig. „Ja, ich will alles tun, damit es mir bald besser geht. Ich vermisse Tom und ich möchte ihn endlich sehen. Ich weiß nicht, wie ich darauf reagieren werde, aber wenn ich ihn vermisse, kann doch sein Besuch nicht schaden oder?"

„Wir werden sehen", sagt der Arzt nur kurz.

Am nächsten Tag betritt Tom mit bangen Schritten die Klinik. Er hatte am Tag zuvor einen Anruf von Dr. Theesen erhalten. Dieser hatte ihm mitgeteilt, dass Sarah ihn sehen wollte, ihm aber auch gleichzeitig gesagt, er solle Geduld haben und sich erst mal in ein wenig Distanz üben und nicht sofort über sie herfallen. Das hatte er zwar mit einem Lächeln gesagt, aber Tom wusste genau, was der Arzt damit sagen wollte. Er stellte sich den Doktor am Telefon vor. Er konnte direkt sehen, dass der Arzt ein Lächeln auf dem Gesicht hatte, aber er stellte sich auch die Augen des Arztes vor, die besorgt und auch ein wenig streng zu schauen pflegten.

Nun war er in der Klinik. Gleich würde er seinen Engel sehen dürfen. Er konnte es kaum erwarten. Zu lange Zeit war schon verstrichen und Tom war schon fast am Ende seiner Kräfte. Aber wenn er sein Spatzerl wieder bekam, dann wäre es alle Mühe wert. Er wollte sie auf keinen Fall verlieren.

Gestern Abend hatte Mike Tom angerufen und ihm die gute Neuigkeit mitgeteilt, dass Linda schwanger war. Tom stellte sich vor, wie glücklich die beiden waren. Das möchte ich auch wieder sein, dachte er. Und ich möchte auch mit Sarah mein weiteres Leben teilen und Kinder haben. Er betete zu Gott, dass er ihm diese Liebe nicht auch noch nahm.

Das wäre zu grausam.

Dr. Theesen kommt ihm schon auf dem Flur auf der Station, auf der Sarah liegt entgegen. Die beiden Männer begrüßen sich und Tom überschüttet den Arzt mit Fragen, die dieser ihm geduldig beantwortet. „Bitte ich werde Ihnen alle Fragen beantworten. Aber ich möchte Ihnen jetzt für den Besuch bei Ihrer Freundin noch etwas mitgeben. Bitte seien Sie vorsichtig im Umgang mit Frau Müller. Ich weiß nicht, wie sehr sie durch die Gesprächstherapie schon gefestigt ist. Sprechen Sie im Moment noch nicht mit ihr über die Tat, sondern lassen Sie es selbst entscheiden, wann sie mit Ihnen darüber reden will. Auch möchte ich vor körperlicher Nähe erst einmal warnen, es sei denn, dass Frau Müller Anstalten macht, sich Ihnen körperlich in irgendeiner Form zu nähern. Ich möchte Ihnen keine Angst machen, aber jeder Unruhezustand könnte einen Rückfall bedeuten und ich denke mir mal, dass dies auch nicht in Ihrem Sinne ist oder?" Tom schüttelt vehement den Kopf. „Ich werde Ihre Ratschläge genau befolgen. Mir liegt es fern, dass es Sarah wieder schlechter geht. Ganz im Gegenteil, ich möchte alles Menschenmögliche tun, damit sie schnell wieder gesund wird und zu mir nach Hause kommen kann." Der Arzt nickt Tom zufrieden zu und bittet ihn, ihm zu folgen.

Gemeinsam betreten sie das Krankenzimmer. Sarah sieht schon viel besser aus, als zu dem Zeitpunkt, als Tom sie das letzte Mal besucht hatte. Ihre Augen schauen auf, als die Tür aufgeht und ein Strahlen breitet sich über ihr Gesicht aus. Sie schlägt ihre Decke zurück, springt auf und wirft sich Tom um den Hals. Dieser schaut verwirrt zu Dr. Theesen, der schmunzelnd nickt. Tom nimmt seine Kleine sanft in die Arme und hält sie einfach nur fest. Er traut sich nicht, sie zu streicheln oder gar zu küssen. Sarah schaut zu ihm auf. „Bekomme ich denn gar keinen Begrüßungskuss von dir, nach so langer Zeit", grinst sie ihn an. Tom nimmt sie noch fester in die Arme und küsst sie zärtlich auf den Mund. Sein Herz schlägt ihm fast bis zum Hals.

„Dann werde ich Sie jetzt einfach ein wenig allein lassen", sagt der Arzt. Er zwinkert den beiden zu und verlässt den Raum.

Tom nimmt Sarah auf den Arm und trägt sie wieder ins Bett. „Komm Spatzerl, übernimm dich nicht. Ich möchte, dass du schnell gesund wirst und dann zu mir nach Hause kommst ja?" „Ja Tom, ich verspreche dir, dass ich wieder gesund werde. Hast du von Linda und Mike schon gehört, dass sich dort Nachwuchs angekündigt hat?" Eine Weile unterhalten sie sich über ihre Freunde und lachen und witzeln herum, wie die beiden sich wohl als Eltern anstellen würden. „Mike ist jetzt schon aufgeregt, wie soll das erst mal werden, wenn das Kind da ist", sagt Tom. Beide schauen sich lange an. „Schatz sag mal, was würdest du davon halten, wenn ich hier in München bleibe, wenn ich wieder ganz gesund bin? Meinst du, du könntest es mit mir eine Zeit lang aushalten?" Tom schaut in Sarahs Augen. Der Mund steht ihm offen. „Spatzerl, meinst du das wirklich ernst? Du weißt doch, wie sehr ich dich liebe oder? Ich möchte den Rest meines Lebens mit dir teilen und du bist jederzeit in meinem Heim zu Hause." Ihr treten die Tränen in die Augen. Aber Tom sieht, dass es Tränen des Glücks sind. Sie schmieden ein paar Pläne und Sarah überlegt, ob sie ihren Job schon kündigen soll. Aber Tom sagt, sie solle sich mit allem Zeit lassen und erst einmal richtig gesund werden. Alles andere würde sich dann schon von selbst ergeben.

Nach einer Weile klopft es an die Tür und Dr. Theesen tritt ein. „So meine Herrschaften, Ende der Besuchszeit. Wir wollen es ja am Anfang nicht gleich übertreiben oder?" Sarah verzieht ihr Gesicht und auch Tom ist ein wenig grummelig. Aber er sieht ein, dass der Arzt Recht hat. Er steht langsam auf, beugt sich über seinen Schatz und gibt ihr einen langen Abschiedskuss. „Doc", fragend schaut Sarah ihren Psychologen an, „Tom darf aber doch auch morgen wieder kommen oder?" Der Arzt nickt ihr nur zu und sagt, dass die Besuche erst mal täglich für eine Stunde stattfinden sollten und dass sie dann zeitweise verlängert werden. Sarah schmollt, aber Tom streichelt ihr zärtlich über die Wange und sagt: „Schatz ich bin sowieso in Gedanken immer bei dir. Und ich bin doch morgen schon wieder da. Du hast doch auch noch so viele Therapien. Und außerdem kommt Linda doch nachher auch noch vorbei. Denk daran, dass du nicht alleine bist okay?" Sie nickt, doch die Tränen, die in ihren Augen glitzern verraten, dass sie nicht wirklich mit diesem Arrangement einverstanden ist. Tom gibt ihr noch einen letzten Kuss auf den Mund und verabschiedet sich. Dr. Theesen folgt ihm auf den Flur.

„Das war ja heute besser, als ich erwartet hatte", spricht der Arzt zu Tom. Ich denke mal, dass wir die nächste Zeit gute Fortschritte machen werden, so dass Frau Müller vielleicht schon in den nächsten Wochen nach Hause kann, und wir die Therapie dann in eine Tagestherapie umwandeln." Tom schaut den Arzt ungläubig an. „Meinen Sie wirklich, dass sie das alles so gut verkraftet hat?" „Naja also ich kann keine Rückfallgefahr im Moment feststellen. Und wir werden sehen, wie sich alles Weitere entwickelt. Für den Moment ist sie ja hier unter Beobachtung und jede kleinste Verhaltensänderung wird ja von uns beobachtet. Sie wird ja dann tagsüber hier in der Klinik ihre Therapie machen, so dass jede Veränderung ja von mir festgestellt werden kann. Abends, bzw. nachmittags kann sie dann jedoch zu Ihnen nach Hause. So können wir auch das Umfeld abchecken und wie Frau Müller klar kommt, wenn sie zu Hause ist." Tom wirft dem Arzt einen skeptischen Blick zu, antwortet aber „Wenn Sie sich Ihrer Sache sicher sind, ich werde wie gesagt alles tun, damit es Sarah wieder gut geht." Die beiden Männer stehen sich noch eine Weile schweigend gegenüber und verabschieden sich dann.

Tom verlässt die Klinik und setzt sich in seinen Wagen. Eine knappe Stunde sitzt er dort und starrt vor sich hin. Er lässt den Besuch in der

Klinik noch einmal Revue passieren. Dann seufzt er einmal verhalten auf. Er traut sich noch nicht, zuversichtlich in die Zukunft zu schauen, weil er nicht weiß, ob er seinem Glück trauen darf.

Auf dem Weg nach Hause überlegt er es sich anders, wendet seinen Wagen und fährt zur nächsten Bäckerei. Er kauft Kuchen, als ob er eine Fußballmannschaft damit beköstigen will, und macht sich auf den Weg zu Linda und Mike. Linda kommt ihm schon vor der Tür entgegen, schaut ihn fragend an. „Wo willst du hin Linda?" „Na ich fahre doch jetzt zu Sarah, das weißt du doch." Tom schaut auf sein großes Tablett mit Kuchen und lacht. „Willst du Kuchen mitnehmen in die Klinik? Ich glaube ich hab ein wenig zu viel gekauft." Linda hebt das Papier hoch und grinst. „Ja ich glaube da können wir die halbe Station mit verköstigen." Sie geht noch mit Tom zurück in die Wohnung, packt sich ein paar Stücke Kuchen auf ein Tablett und verabschiedet sich dann von den beiden.

„Sag mal altes Haus, hast du solchen Hunger oder hast du einfach nur die Bäckerei ausgeraubt?" grinst Mike ihn an. Tom zieht eine Fratze und sagt lapidar, „ach halt die Klappe Mike. Mach lieber Kaffee, damit wir endlich uns den Bauch voll schlagen können und dann erzähl ich dir, was bei Sarah los war."

Er setzt sich an den Küchentisch und Mike macht zwei große Tassen Kaffee fertig, holt Teller raus und bald schon sitzen die beiden in bestem Einvernehmen und schlagen sich die Bäuche mit Kuchen voll. Dazwischen erzählt Tom mal mit vollem, mal mit leerem Mund von seinem Besuch bei Sarah. Und von Mike kommt jedes zweite Wort von Linda und dem Baby. Tom grinst in sich hinein.

Als auf einmal die Küchentür auffliegt und Linda in der Tür steht, schrecken die beiden auf. „Was habt Ihr denn veranstaltet? Habt Ihr ein schlechtes Gewissen oder warum erschreckt Ihr euch so, wenn ich reinkomme", schmunzelt Linda. Mike steht auf und nimmt Linda zärtlich in den Arm. Sie setzt sich nun zu den beiden Männern an den Tisch und schnappt sich ein Stück Kuchen. Herzhaft beißt sie hinein und fängt an, von der Therapie zu erzählen. Sie erzählt, wie zufrieden auch die Therapeuten sind und dass sie glaubt, dass Sarah das Schlimmste nun überstanden hat.

Tom und Linda fahren weiterhin jeden Tag in die Klinik und stehen ihrer Freundin bei der Therapie bei. Dr. Theesen sieht mit großer Befriedigung, wie seine Patientin von Tag zu Tag besser mit der Situation klar kommt und auch jeden Tag besser auf die Therapien anschlägt.

An einem sonnigen Samstag betritt er mit einem Frühstückstablett das Krankenzimmer. „Wow, Frühstück vom Chef persönlich serviert?" grinst seine Patientin. „Sie sind schon wieder ganz schön frech junge Dame. Ich möchte mit Ihnen reden. Was halten Sie davon, wenn Sie zum nächsten Freitag entlassen werden und ich Sie dann in die Tagestherapie aufnehme? Ich denke mal, Sie haben so gute Fortschritte gemacht, dass wir das jetzt ohne ein besonderes Risiko einzugehen auch in die Tat umsetzen sollten."
Sarah ist sprachlos. Dann nimmt sie die Hand von Dr. Theesen, zieht ihn zu sich herunter und gibt ihm einen Kuss auf die Wange. „Danke", haucht sie leise „das ist eigentlich schon seit Tagen mein größter Wunsch. Ich habe mich nur nicht getraut zu fragen." Sie strahlt über das ganze Gesicht. „Darf ich nach dem Frühstück Tom anrufen und ihm das erzählen?" Der Arzt bestätigt ihr das, schlägt ihr aber vor, erst einmal in Ruhe zu frühstücken. „Kommen Sie nach dem Frühstück in mein Büro. Wir machen gleich noch eine Gesprächstherapie und vorher rufen Sie dann Herrn Schäfer kurz an ja?" Sarah nickt und der Arzt lässt eine ziemlich glückliche junge Frau zurück.

21

Am nächsten Vormittag erhält Dr. Teesen einen Anruf von der Polizei in Hamburg. „Kripo Hamburg, Kretzing am Apparat. Spreche ich mit Herrn Dr. Theesen?" Als der Arzt dies bejaht fährt die Frauenstimme fort, „Sie haben mir mitgeteilt, dass Sie Frau Müller psychisch betreuen, und sie eine Therapie bei Ihnen macht. Ich möchte Ihnen mitteilen, dass der Täter, der Frau Müller das angetan hat, in der JVA (Justizvollzugsanstalt) während der Untersuchungshaft bei einer Schlägerei erstochen wurde. Ich möchte Ihnen jetzt nicht alle Einzelheiten erzählen – das kann ich auch gar nicht – aber Sie werden auch aus Erfahrung wissen, wie es in unseren Gefängnissen manchmal zugehen kann. Irgendwie scheinen die Mithäftlinge erfahren zu haben, um was für ein Verbrechen es hier ging. Soweit ich sagen kann, haben 4 oder 5 Häftlinge dem Täter in der Dusche aufgelauert. Die Justizbeamten kamen leider zu spät und konnten nicht mehr helfen. Bitte verstehen Sie mich nicht falsch. Aber ich dachte, ich teile es Ihnen besser mit, als dass ich das Frau Müller persönlich sage. Sie werden bestimmt besser beurteilen können, ob Ihre Patientin diese Angelegenheit jetzt schon verkraftet oder nicht, oder ob ihr diese Tatsache sogar bei der Genesung helfen könnte. Allerdings ist es vielleicht auch von Vorteil für die Genesung, dass Frau Müller jetzt vor Gericht natürlich keine Aussage mehr machen muss, oder?"

„Da haben Sie Recht Frau Kretzing. Ich danke Ihnen für das mir entgegengebrachte Vertrauen. Es ist in der Tat besser, dass ich mit Frau Müller darüber rede." Der Arzt macht eine kleine Pause und denkt nach. In dem Moment räuspert sich die Kripobeamtin „Herr Dr. Theesen, ich weiß, dass Sie Schweigepflicht haben. Aber Sie haben die Polizeiakten ja gelesen und wissen, was genau vorgefallen ist oder?"
„Ja, allerdings habe ich die Polizeiakten gelesen. Das hat mir auch sehr viel bei der Ausarbeitung der geeigneten Therapie für Frau Müller geholfen. Dafür hatte ich mich ja bei Ihnen schon bedankt, dass diese Sache so schnell und unbürokratisch über die Bühne gegangen ist. Aber Sie wollten doch sicherlich etwas fragen oder?"
Die Beamtin räuspert sich erneut. „Ich weiß, dass Sie Schweigepflicht haben. Aber der Fall ist mir sehr stark an die Nieren gegangen, wie Sie sich vorstellen können. Ich habe nur eine Frage und es wäre schön, wenn Sie mir die beantworten können. Geht es Frau Müller besser, und wird Sie über die Sache hinwegkommen?"

„Ja, diese Frage kann ich Ihnen beantworten. Frau Müller macht richtig gute Fortschritte und ich werde, wenn es Ihnen recht ist, Frau Müller Ihre Telefonnummer geben, ihr Grüße ausrichten und wenn sie mag, kann sie Sie ja im Laufe der nächsten Tage einmal anrufen. Was halten Sie davon?"

„Das wäre sehr freundlich von Ihnen Dr. Theesen. Dann möchte ich mich jetzt erst mal bei Ihnen bedanken und Sie auch nicht weiterhin aufhalten. Ich wünsche Ihnen einen schönen Tag und richten Sie Frau Müller bitte meine besten Wünsche aus."

Dr. Theesen verspricht dies und verabschiedet sich. Langsam lehnt er sich in seinen Arbeitsstuhl zurück. Er merkt gar nicht, dass er mit dem Kugelschreiber ständig auf seinen Schreibtisch klopft und versinkt in seinen eigenen Gedanken.

Erst ein lautes Klopfen an der Tür schreckt ihn hoch.

Nach einem „Ja bitte?" öffnet sich die Tür einen Spalt breit und Sarah steckt ihren Kopf durch den Türspalt. „Hatten wir jetzt nicht Gesprächstherapie Doc?" grinst sie ihn an. Der Arzt nickt nur und bittet sie herein. Über die Sprechanlage bestellt er bei seiner Sekretärin einen Tee und fragt Sarah, ob sie auch einen möchte. „Ja, sehr gerne sogar", antwortet sie „Wie kommen Sie jetzt darauf, eine Teestunde zu machen?" Sarah sitzt der Schalk im Nacken, doch als Dr. Theesen sie ernst anschaut, runzelt sie die Stirn und sieht ihn fragend an. „Was ist passiert? Gibt es
schlechte Nachrichten? Darf ich nun doch nicht nach Hause und in die Tagesklinik?"

„Nein, bzw. ich weiß es noch nicht", antwortet der Arzt ihr. „Frau Müller, ich habe gerade einen Anruf erhalten und würde mich gerne darüber mit Ihnen unterhalten. Das könnte jetzt schwierig für Sie werden, aber ich denke mal, wir müssen diese Angelegenheit unbedingt besprechen. Es kann allerdings auch sein, dass Sie durch die Neuigkeiten, die ich soeben erfahren habe, erleichtert sind und mit der ganzen Situation noch besser umgehen können."

Sarah rutscht nervös auf ihrem Stuhl hin und her. „Bitte nun schießen Sie schon los. Sie machen einen ja wahnsinnig, wenn Sie mich so auf die Folter spannen. Was ist passiert? Wer hat angerufen?"

„Also gut", der Arzt unterbricht jedoch sofort seinen Satz, als seine Sekretärin herein kommt und den beiden einen Tee auf den Tisch stellt. „Danke Frau Seliger, bitte können Sie dafür sorgen, dass uns in der nächsten, na sagen wir mal ein bis zwei Stunden niemand stört? Ich werde Ihnen Bescheid geben, sobald ich wieder zu sprechen und erreichbar bin ja?" Die Sekretärin nickt nur und verlässt wortlos das Zimmer.

„Also", Dr. Theesen räuspert sich „Ich hatte gerade einen Anruf von der Kripo aus Hamburg. Sie kennen sicherlich die Beamtin Frau Kretzing oder? Sie hat Sie im Krankenhaus nach der Tat aufgesucht und Sie haben ja auch mit Ihr geredet." Sarah nickt nur. „Gut, also Frau Kretzing hat gerade angerufen, sie lässt übrigens schöne Grüße und gute Besserung ausrichten. Sie hat mir mitgeteilt, dass der Mann, der Sie überfallen hat, in der Haft von einem Mithäftling bei einer Schlägerei erstochen worden ist. Er ist wohl noch ins Krankenhaus gebracht worden, jedoch unterwegs an seinen schweren Verletzungen gestorben."

Sehr genau mustert der Arzt nach diesen Worten die Reaktionen seiner Patientin. Sarah sitzt stumm auf ihrem Stuhl und schaut ihn an.

„Sie meinen er ist wirklich tot? Das heißt, er kann nie wieder entlassen werden und er kommt auch nie wieder zurück und kann keinem anderen Menschen und auch mir nichts mehr antun?" ungläubig schaut sie in seine Augen.

„Ja, genau das meine ich. Wie fühlen Sie sich nach dieser Neuigkeit?"

„Naja, also ehrlich gesagt, ich bin irgendwie erleichtert und ich muss das erst mal richtig verdauen. Ich brauche also nie wieder Angst zu haben, dass dieser Typ mir noch einmal über den Weg läuft ja?"

Der Arzt nickt nur.

„Darf ich Tom anrufen und ihm das erzählen? Er wird sicherlich genauso erleichtert sein." Sarah lächelt und dann stutzt sie ein wenig. Der Arzt beobachtet ihre Reaktionen genau.

Doch er kann lediglich Erleichterung feststellen. Keinerlei negative psychische Regung zeigt sich bei seiner Patientin. Er nickt. „Telefonieren Sie von hier aus. Ich komme gleich wieder, und dann werden wir noch ausführlich über die Situation reden. Einverstanden?"
Sie strahlt Dr. Theesen an, nimmt das Telefon und wählt Toms Nummer.

Als Tom sich meldet sprudelt Sarah die Neuigkeiten heraus. Tom ist am anderen Ende der Leitung sehr schweigsam. „Tom? Was ist denn los? Freust du dich denn gar nicht darüber? Er kann mir jetzt nie wieder etwas tun und anderen Frauen doch auch nicht." Sarah ist etwas verwundert.

„Doch Spatzerl, ich freu mich schon, dass wir nun endlich Ruhe vor diesem Schwein haben. Aber ehrlich gesagt, na ja, ich finde diese Art der Strafe einfach zu wenig. Entschuldige bitte. Ich freu mich aber, dass du dir jetzt keine Sorgen mehr machen musst und auch keine Angst mehr haben zu brauchst Liebling. Jetzt kannst du alles hinter dich lassen und dann können wir unser Leben von vorne beginnen oder?"

„Ja, Tom. Das können wir. Ich bin nur so froh. Ich weiß, man sollte sich nicht freuen, wenn jemand stirbt. Aber allein der Gedanke, dass er vielleicht doch irgendwann wieder auf freien Fuß gesetzt wird, das hat mir schon sehr zugesetzt. Das verstehst du doch oder?"

Ein Weilchen reden die beiden noch, bis der Arzt wieder das Zimmer betritt. „Tom, ich muss auflegen. Dr. Theesen ist wieder hereingekommen. Du kommst doch heute Nachmittag oder?" Tom verspricht ihr, am Nachmittag wieder vorbeizukommen und die beiden beenden das Gespräch.

Sarah fühlt sich rundum wohl. Ein wenig hat sie schon ein schlechtes Gewissen, weil sie sich über den Tod eines Menschen freuen kann. Sie erwähnt dies auch gegenüber ihrem Therapeuten. Doch dieser gibt zu Bedenken, dass aufgrund der vorangegangenen Ereignisse dieses Verhalten und die Denkweise als völlig normal eingestuft werden kann und es keinerlei Grund gebe, dies tiefgründig zu erforschen.

22

Ein paar Tage später ist es endlich so weit. Tom macht sich auf den Weg in die Klinik, um seinen Engel endlich nach Hause zu holen. Das ganze Wochenende haben sie nun für sich. Tom freut sich schon auf die gemeinsame Zeit, hat aber auch noch ein wenig Angst, ob Sarah sich wirklich bei ihm wohl fühlt und ob es nicht doch wieder zu einem Rückfall kommen kann.

Als Tom mit seinem Wagen die Einfahrt zur Klinik befährt, sieht er sie und Dr. Theesen schon am Eingang stehen.

Er hält an und steigt aus. Sarah fällt ihm um den Hals. Der Psychologe reicht ihm die Hand. „Ich konnte Ihre Freundin leider nicht mehr länger halten", grinst er. „Da habe ich mir gedacht, ich leiste ihr beim Warten ein wenig Gesellschaft. Ich möchte Ihnen beiden noch etwas mit auf den Weg geben." Beide schauen den Arzt erwartungsvoll an.

„Naja also ich möchte Ihnen nur eine schöne Zeit wünschen, Am Montagmorgen sehen wir uns hier wieder Frau Müller ja? Und übertreiben Sie es am Wochenende nicht, denn Sie haben jetzt eine lange Krankenhauszeit hinter sich. Übernehmen Sie sich nicht, weder körperlich", dabei schaut er Tom an, „noch seelisch. Ist das soweit in Ordnung?"

Sarah nickt nur und Tom verspricht dem Arzt, dass er alles tun wird, damit es ihr gut geht. „Sie wird sich schon nicht übernehmen Doktor. Dafür werde ich sorgen. Jetzt darf ich sie am Wochenende mal so richtig verwöhnen." Sarah verdreht die Augen, schmunzelt aber.

Dr. Theesen wünscht den beiden noch ein schönes Wochenende. Die beiden steigen in das Auto und fahren los. Lange noch steht der Arzt an der Eingangstür und schaut Beiden hinterher. ,Ich hoffe, das geht gut kleine Dame", denkt er sich und begibt sich dann auch wieder an seine Arbeit.

Sie fahren los. „Schatz ich habe eine Überraschung für dich. Aber du sollst aussuchen. Möchtest du nach Hause, oder magst du erst bei Linda und Mike vorbei?" „Liebling, wenn es dir nichts ausmacht, dann würde ich lieber erst heim zu dir ja? Wir können ja gerne morgen zu Linda und Mike fahren. Lass uns sie gleich anrufen und sagen, dass ich daheim bin, und dass wir morgen dann nachmittags oder abends kurz vorbei schauen. Was meinst du?"

„Ja du hast Recht", sagt Tom „Ich würde auch viel lieber heute mit dir allein bleiben und dich erst mal richtig verwöhnen. Ich hab da schon was geplant Spatzerl. Lass dich einfach überraschen ja?"

Sarah schaut Tom an. Dieser schaut nach vorne, schmunzelt aber geheimnisvoll. „Verrätst du mir, was du für eine Überraschung für mich geplant hast?" „Nein mein Schatz, denn dann wäre es keine Überraschung mehr." Sie will gerade protestieren, als Tom sie kurz lachend anschaut: „Du bist ein kleines vorwitziges Frauenzimmer und total neugierig. Wir sind gleich daheim. Das wirst du schon noch aushalten." Sarah dreht sich nach vorne und tut so, als ob sie schmollt. Doch Tom bleibt davon relativ unbeeindruckt. Er ist gespannt, wie seine Kleine auf die kleinen Überraschungen, die er vorbereitet hat, reagiert.

Zu Hause angekommen, nimmt Tom die Reisetasche aus dem Kofferraum und sperrt die Tür auf. „Willst du den Wagen nicht in die Garage fahren?" fragt Sarah. Tom schüttelt den Kopf. „Nein, im Moment möchte ich einfach mit dir nach oben gehen und die Zeit mit dir genießen, Schatz." Sie steigen die Treppe hoch und betreten als erstes das Wohnzimmer. Überall stehen frische Blumen. Riesige bunte Sträuße, teilweise in großen Eimern auf dem Boden. Die Eimer sind mit Alufolie umwickelt. Da stehen gelbe und lachsfarbene Rosen, gelbe, weiße und rosa Gerbera, in einem anderen Eimer ein ganzer Arm voll Sonnenblumen. Lilien, Rosen, kleine Vasen mit Vergissmeinnicht. Es duftet im Wohnzimmer, als ob sie einen Blumenladen betreten hat. Auch der komplette Wintergarten ist mit Blumen übersät. Sie ist total sprachlos. Stumm schaut sie Tom an. „Ist das alles für mich Schatz?" „Ja natürlich Liebling, für wen denn sonst. Aber geh mal weiter. Wir sollten deine Sachen mal in das große Schlafzimmer bringen und in den Schrank räumen ja? Möchtest du dann erst einmal richtig frühstücken oder hast du das schon in der Klinik gemacht?" „Ja ich würde gern noch mit dir frühstücken Schatz. Aber lass uns die Sachen erst wegräumen okay?" Sarah geht vor, die Treppe hoch in das große Schlafzimmer. Als sie die Tür öffnet, stockt sie kurz. In mehreren Vasen stehen riesige rote Rosen. Sie ist total überwältigt. Auf dem Bett liegen frische Rosenblütenblätter in Form eines großen Herzens. Langsam betritt sie den Raum.

Zwischen den Vasen stehen große Kerzenleuchter mit weißen Kerzen. Diese sind allerdings noch nicht angezündet. „Ich habe gedacht, wir machen es uns heute Abend hier so richtig im Kerzenschein gemütlich. Was meinst du Spatzerl?"

Sarah dreht sich zu Tom um. Sie schweigt lange. Dann geht sie langsam auf Tom zu, schlingt ihre Arme um seinen Hals und küsst ihn zärtlich auf den Mund. „Danke Schatz, so was Schönes hat noch niemand für mich gemacht. Ich bin tief beeindruckt und weiß gar nicht, was ich sagen soll." Tom freut sich. „Sag einfach gar nichts Spatzerl. Ich wollte, dass du dich wohl fühlst und dass es dir gut geht. Mehr möchte ich doch gar nicht. Und jede einzelne Rose und Blume in diesem Haus soll dir sagen, wie sehr ich dich liebe."

Tom kniet sich vor Sarah hin. Diese schaut ihm in die Augen und ist verdutzt. „Was machst du Tom?" „Psst Spatzerl, bitte sag jetzt nichts und hör mir einfach nur zu, bevor mich der Mut verlässt ja?" Überraschtes Nicken folgt. Tom nimmt ihre beiden Hände in seine Hände und schaut ihr tief in die Augen. „Liebling, ich liebe dich über alles und von ganzem Herzen. Ich habe in den letzten Wochen gemerkt, dass ich ohne dich nicht mehr leben kann und will. Ich bin kein Mensch mehr, wenn du nicht an meiner Seite bist." Er räuspert sich kurz. „Sarah Müller, möchtest du mich heiraten und mich zum glücklichsten Menschen auf der ganzen Welt machen?"

Ihre Augen füllen sich mit Tränen. Tom ist entsetzt. „Schatz, hab ich dich jetzt überrumpelt? Bitte sag, wenn du meinen Antrag noch nicht annehmen kannst ja?"

Doch Sarah schüttelt nur leicht den Kopf. Zwischen den Tränen kommt ein zärtliches Lächeln. „Tom, ich liebe dich über alles. Du hast mein Herz und ich möchte nichts sehnlicher, als deine Frau werden und dich glücklich machen. Ja, ich will deine Frau werden Liebling." Sie zieht ihn sanft zu sich hoch. Tom strahlt über das ganze Gesicht. „Danke mein Spatzerl. Ich werde dir die Sterne vom Himmel holen und die Welt zu Füßen legen. Dann können wir morgen Abend ja mit Linda und Mike unsere Verlobung feiern oder was meinst du?"
Sarah strahlt über das ganze Gesicht. „Ja mein Schatz, das können wir. Du sag mal", fragt sie nach einer kurzen Pause „Haben Mike und Linda eigentlich schon einen Termin für die Hochzeit festgelegt?"

„Denkst du da jetzt vielleicht gerade an eine Doppelhochzeit Spatzerl?" fragt Tom überrascht.

„Naja vielleicht", schmunzelt Sarah. „Dann brauchen unsere Freunde aus Hamburg nicht gleich zweimal hier runter zu kommen oder?"

„Naja Spatz, also ich denke mal, dass Mike und Linda schon sehr zeitnah heiraten wollen. Du kennst doch Linda. Meinst du wirklich, sie möchte mit einem dicken Bauch in die Kirche gehen? Wir haben jetzt Mitte August. Ich denke mal, dass die zwei sich was für den nächsten oder übernächsten Monat ausgedacht haben. Soweit ich weiß, wollte Linda nur warten, bis du aus der Klinik entlassen wirst. Denn Liebling, wir beide sollen Trauzeugen sein."

„Oh, daran habe ich ja gar nicht gedacht. Ich hätte Linda auch gerne als meine Trauzeugin Schatz. Na dann feiern wir halt zweimal." Tom nickt.

„Engerl, ich denke auch mal, dass im Moment der Hochzeitsstress noch ein wenig viel für dich wäre oder? Was hältst du denn davon, wenn wir im Dezember heiraten? Vielleicht gibt's dann hier auch Schnee und wir haben eine richtige weiße Weihnachtshochzeit?"

Sarah schaut Tom lange an und ist immer mehr begeistert von dieser Idee. „Ja Schatz, das hört sich sogar sehr schön an. Und dann lassen wir uns in einer kleinen Kapelle trauen?" „Spatzerl, ich glaube ich weiß schon, wo wir uns trauen lassen. Ich werde in den nächsten Tagen mit dir mal dorthin fahren, damit du es dir anschauen kannst ja? Aber nun wird erst einmal gefrühstückt, und dann legst du dich ein Weilchen hin okay? Du siehst nämlich etwas müde aus. Ich hoffe, ich habe dich nicht zu sehr aufgeregt Spatzerl"

„Nein, hast du nicht, aber du hast Recht. Ich bin ein wenig kaputt, auch wenn ich nicht weiß woher."

Tom nimmt Sarah in den Arm, küsst sie zärtlich und schiebt sie dann langsam wieder aus dem Schlafzimmer. „So mein Schatz, jetzt ab in den Wintergarten. Ich habe ein paar kuschelige Decken und Kissen auf die Couch dort gelegt. Du legst dich jetzt dahin und ich werde für uns beide das Frühstück zubereiten. Wir essen heute einfach im Wohnzimmer, damit du es gemütlicher hast ja?"

„Na ich kann mich wohl kaum dagegen wehren oder? Und ich denke mal du wirst auch jegliche Hilfe von mir heute ablehnen?" Als Tom bestätigend nickt gibt Sarah auf. Sie gehen die Treppe herunter und in den Wintergarten. Sarah legt sich auf die Rattancouch und Tom deckt sie liebevoll zu. „Schatz es ist doch gar nicht so kalt." „Lass gut sein Mauserl. Ich mach dir ein wenig Musik an und bin gleich wieder da." Er küsst sie zärtlich auf den Mund und begibt sich dann in die Küche, um das Frühstück zuzubereiten.

Mit einem voll beladenen großen Tablett kehrt er in den Wintergarten zurück. Sarah schaut auf. „Wow, wo hast du das alles hergezaubert Schatz?" Es gibt frische Eier, auf einem Teller angerichtetes frisches Obst, angefangen von Weintrauben, Ananas, Pfirsichen, Kiwis, Mangos bis hin zu Papayas. Frische Brötchen, Marmelade, eine kleine Käse- und Wurstplatte und eine Kanne heißen dampfenden Kaffees. „Alles nur eine Sache der Vorbereitung Spatzerl." Tom stellt ihr eine Tasse hin und schüttet frischen Kaffee ein. „Möchtest du Milch oder lieber Sahne in den Kaffee?" „Milch bitte."

Eine Weile lang frühstücken sie schweigend. Sarah genießt dieses Gefühl der Geborgenheit und fühlt sich wie eine Prinzessin. „Danke Liebling, weißt du wie schön das ist?" „Es freut mich, wenn ich dir damit eine Freude bereiten kann. Nach dem Frühstück werde ich abwaschen und du gehst ins Schlafzimmer und ruhst dich ein wenig aus okay?" Sarah schüttelt missbilligend den Kopf „Nein Schatz, lass mich bitte hier liegen ja? Ich möchte erst heute Abend mit dir zusammen ins Schlafzimmer gehen. Wenn es dir nichts ausmacht."

„Gut, ist in Ordnung. Ich denke mal, dass du es hier auch bequem hast, und vielleicht ein wenig schlafen kannst ja? Und heute Nachmittag bekommst du ein Wellnessprogramm von mir verpasst. Erst ein schönes heißes Bad, dann eincremen und eine sanfte Massage, und danach dann ein gutes Essen ja?"
„Was hältst du denn davon, wenn wir das Essen vorverlegen und danach ins Bad gehen und mit deinem Wellnessprogramm anfangen? Von da aus könnten wir doch dann gemeinsam ins Schlafzimmer gehen und ein wenig kuscheln oder?" Sarah zwinkert Tom schelmisch zu. „Spatzerl was hast du schon wieder für Ideen? Aber wir machen heute alles so, wie du es möchtest. Ich will dich verwöhnen, wie du noch nie verwöhnt worden bist."

Er geht zu Sarah, setzt sich zu ihr auf die Couch und nimmt sie zärtlich in den Arm. Sanft streichelt er ihren Kopf und küsst sie zärtlich. Er fühlt, dass sie in seinen Armen immer schwerer wird. Ihre Hand, die gerade noch seinen Arm gestreichelt hat, fällt langsam auf die Decke zurück. Sie ist eingeschlafen.

Langsam legt er sie auf das Kissen, drückt ihr noch einen liebevollen Kuss auf die Stirn und macht sich bereit, alles aufzuräumen und das Geschirr abzuwaschen.

Das Telefon klingelt. „Tom Schäfer." „Mensch Tom, wolltet ihr uns nicht Bescheid sagen, wenn ihr daheim seid?" eine ungeduldige Linda ist an der anderen Leitung. „Entschuldige Linda, das haben wir total vergessen. Ich habe hier einige Überraschungen vorbereitet. Wir haben gefrühstückt und jetzt ist mein kleiner Engel eingeschlafen. Ich möchte sie jetzt auch nicht aufwecken." Linda grummelt etwas vor sich hin. Tom erzählt ihr, was er alles vorbereitet hat. „Sarah hat wirklich ein Goldstück erwischt. Naja nicht ganz. Denn das größere Goldstück habe ich ja", lacht sie in den Hörer. „Hört mein Kumpel gerade mit, oder warum schmierst du ihm so viel Honig um den Mund?" fragt Tom lachend.

Sie unterhalten sich noch eine ganze Weile und kommen dann überein, dass Linda und Mike am nächsten Abend zu Tom kommen sollten. „Sarah und ich haben auch eine Überraschung für Euch", sagt Tom zum Schluss noch. Linda fängt sofort an zu bohren. Aber Tom bleibt hart. „Nein meine Liebe, auch du musst dich ab und zu mal in Geduld fassen. Vor morgen Abend bekommst du eh nichts aus mir raus." Linda schmollt. Doch das ist Tom herzlich egal. Er grinst sich einen. Diese Laune überlässt er gerne seinem Freund Mike. Der weiß schon, wie er diese kleine Hexe wieder beruhigen kann. Sie verabschieden sich und Tom macht sich weiter an die Arbeit.

Nachdem alles aufgeräumt ist, legt er eine CD mit Entspannungsmusik auf und begibt sich wieder in den Wintergarten. Wie ruhig und entspannt seine Kleine da schläft. Ihm wird wieder einmal bewusst, welch großes Glück er hat, und wie groß seine Liebe ist.

Und wieder einmal betet er zu Gott, dass ihn diesmal das Glück nicht verlässt.

Er setzt sich in den Sessel, der direkt neben der Couch steht und schaut Sarah beim Schlafen zu. Er weiß nicht, wie lange er so gesessen hat, als sie sich umdreht und langsam die Augen aufschlägt. Tom hält den Atem an. Sie ist so schön. Diesen tiefblauen Augen kann niemand widerstehen.

Langsam geht er zur Couch. Sarah will sich gerade aufsetzen. Er nimmt sie sanft in die Arme und zieht die Decke über sie beide. Zärtlich finden sich ihrer beiden Münder zu einem innigen und immer leidenschaftlicher werdenden Kuss.

„Spatzerl, wenn du so weiter machst, dann fällt das Wellnessprogramm aus", grinst Tom sie an. „Du weißt schon, was du da gerade mit mir machst oder?" Sarah schmunzelt nur. „Ich weiß gar nicht, was du hast? Ich küsse dich doch nur und streichel dabei deinen Nacken. Kann es sein, dass du da besonders empfindlich bist?"

„Du kleine Hexe", grummelt Tom leise. „Du weißt genau, was das in mir auslöst oder?" Sarah lacht nur. Sie streicheln sich beide zärtlich weiter und können gar nicht aufhören sich zu küssen.

Nach einer ganzen Weile sagt Tom. „Bist du hungrig? Oder sollen wir erst ins Bad gehen?" „Nein Schatz, ich bin noch so pappsatt von gerade. Ich glaub du hast Recht. Erst Wellness, und danach vielleicht essen. Ich denke mal, dass wir nach deinem Programm wohl mehr Hunger haben werden."

Sie schmunzelt vor sich hin. Tom nimmt sie einfach auf den Arm und trägt sie ins Badezimmer. Dort stellt er Sie einfach hin und lässt das Badewasser laufen. Auch hier stehen überall Kerzen. Er zündet sie alle nacheinander an. Dann lässt er einen Badezusatz in das Badewasser ein. Sie stutzt. „Was machst du da?" „Spatzerl, das ist ein Badezusatz aus Honig und Milch. Macht deine Haut noch weicher. Magst du den Geruch? Und fühl mal, wie sich das Badewasser anfühlt." Sarah taucht eine Hand in das Wasser. „Hm, das fühlt sich wirklich gut an Schatz."

Tom dreht sich um und fängt an, sie langsam auszuziehen. „Hey, Schatz, so haben wir nicht gewettet. Gleiches Recht für beide ja?" und Sarah lässt es sich nicht nehmen, auch Tom nach und nach auszuziehen. „Spatzerl, du sollst baden und ich wollte dich doch verwöhnen", murrt Tom. Doch sie lässt sich nicht davon abhalten. „Ich möchte mit dir zusammen in die Wanne gehen Schatz. Und sag jetzt nicht, sie ist nicht groß genug. Da passen wir beide ganz bequem rein okay? Setz du dich hin und ich komme dann vor dich und lehne mich an deinen Bauch ja?"

„Naja kann ich dir widerstehen?" fragt Tom. Er nimmt sie auf den Arm, steigt mit ihr in die Badewanne und setzt sie langsam vor sich hin. Seine Arme umfassen ihre Brüste und ihren Bauch. Er nimmt einen Schwamm und streichelt damit zärtlich ihre Haut. Sie lehnt sich an ihn und genießt diese Zärtlichkeiten. Zwischendurch dreht sie ihren Kopf zu ihm und küsst ihn auf den Mund. „Schatz, das ist so schön. Ich möchte nie mehr hier raus." Tom lacht schallend. „Spatzerl, dann würden wir hier schrumpeln. Aber ein Weilchen können wir das schon noch genießen. Und wenn das Wasser doch zu kalt wird, dann lassen wir halt einfach ein wenig heißes nachlaufen." Schweigend genießen sie das heiße Bad und beide streicheln und küssen sich gegenseitig. Tom muss sich heftig beherrschen, dass Sarah seine Erregung nicht merkt. Er hat ein wenig Angst vor ihrer Reaktion.

Doch er hat nicht mit dem weiblichen Instinkt seiner kleinen Frau gerechnet. Sie spürt genau, wie es in ihm aussieht. Und das kleine Luder nutzt die Gelegenheit auch sofort aus. Sie dreht sich um und fängt an, ihm den Hals und den Nacken zu küssen. Streichelt zärtlich seine Brust. Tom stöhnt nur kurz auf.

„Du kleines Biest. So sollte das nicht ablaufen. Ich möchte dich gleich erst noch ganz zärtlich massieren. Bitte Liebes, ich bin auch nur ein Mann, hab ein wenig Mitleid mit mir ja?" Schief lächelt er Sarah an. „Hm, du hast ja Recht Schatz, aber ich kann nun einmal nichts dafür. Meine Hände machen sich wirklich selbstständig."

Tom steht auf und steigt aus der Wanne. Er nimmt sich ein Handtuch und trocknet sich schnell ab. Dann beugt er sich rüber und hebt sie kurzer Hand hoch aus der Wanne heraus. Mit dem großen Badetuch, was er schon für sie bereit gelegt hat, reibt er sie zärtlich trocken und wickelt sie dann darin ein. Zärtlich rubbelt er sie weiter trocken. Sie lehnt sich an ihn und genießt einfach seine Zuwendungen.

Tom sieht ihr in die Augen, hebt mit einer Hand ihren Kopf und küsst sie zärtlich. Dann nimmt er sie auf den Arm und geht mit ihr ins Schlafzimmer. Sie schnurrt wie ein kleines Kätzchen. „Fühlst du dich wohl Spatzerl?" „Ja natürlich, spürst du das denn nicht?" antwortet sie.

Im Schlafzimmer legt er sie sanft auf das Bett und legt sich zu ihr. Er überdeckt Ihr Gesicht und ihren Hals mit Küssen. Langsam schiebt sich seine Zunge in ihrem Mund, um mit ihrer Zunge zu verschmelzen.

Seine Hände wandern über ihren Hals und über ihre Brust. Ihre Nippel werden langsam hart unter seiner Berührung. Tom muss sich zusammen nehmen, denn er ist so erregt, dass er am liebsten sofort über sie herfallen würde. Aber er möchte sie verwöhnen, mit allen Regeln der Kunst.

Zärtlich wandern seine Hände weiter runter über ihren Bauch und streicheln dort weiter. Seine Küsse wandern ihren Hals hinunter und landen auf ihrer Brust. Dort fängt seine Zunge ein langsames, kreisendes Spiel mit ihren Brustwarzen an, die auch sofort auf seine Berührungen reagieren. Sarah stöhnt leise. Ihre Hände streicheln seine Haare und seinen Nacken. Er bekommt eine Gänsehaut.

Auf einmal spürt Sarah Hände auf ihren Oberschenkeln, die sich langsam immer weiter nach oben in ihre intimste Zone bewegen. Ganz ruhig liegt sie da. Tom schaut ihr in die Augen. „Spatzerl, soll ich weiter machen?" „Ja Schatz, bitte hör nicht auf. Ich möchte es auch so gern wie du ja?"

Langsam und zärtlich streichelt Tom weiter. Seine Küsse gehen weiter runter über ihren Bauch und landen schließlich auf ihrem Venushügel. Das Gefühl ihrer weichen Haut und auch ihr Geruch machen ihn wahnsinnig vor Verlangen. Er schaut immer wieder in Sarahs Augen, die dunkler werden, und aus denen das gleiche Verlangen strahlt.

Mutiger macht er weiter. Er beugt sich zärtlich über sie und lässt seiner Zunge freien Lauf. Dabei streicheln seine Hände weiter ihren Bauch und ihre Brust. Er hat genau die Stelle gefunden, wo Sarah so erregbar ist. Sanft fährt seine Zunge über ihre Perle. Seine Lippen saugen langsam ihre Scham. Sarah stöhnt auf. „Tom, bitte. Du machst mich wahnsinnig. Ich möchte dich in mir spüren ja?" „Ja mein Engerl, aber gleich, hab noch ein wenig Geduld. Ich möchte, dass es schön wird. Und ich möchte, dass du erst mal genießt ja?"

Seine Zunge und seine Lippen werden fordernder. Er fühlt, wie ihre Perle größer wird und wie sie immer feuchter wird. Gierig leckt er ihren

Saft auf, fordert immer mehr von ihr. Sie rollt sich ein wenig hin und her, stöhnt immer lauter und krallt sich mit den Händen in seine Schultern. Er spürt genau, dass der Punkt nicht mehr weit ist, wo sie zum ersten Mal richtig abhebt. Langsam macht er weiter und lässt Sarah alle Zärtlichkeit spüren, die er zu geben fähig ist. Sie wird immer feuchter und mit einem lauten Stöhnen reagiert sie unter seinen Liebkosungen. Doch er hört nicht auf. Er küsst weiter ihren sanften Hügel und die glatte Haut, küsst ihre Oberschenkel an den Innenseiten und streichelt dabei sanft ihren Po. Langsam küsst er sich über ihren Bauch, ihre Brüste nach oben. Sarah nimmt ihn in die Arme und küsst ihn leidenschaftlich auf den Mund. Ihre Beine umschlingen sich um Toms Beine. Es sind keine Worte nötig.

Wie Verhungerte klammern sie sich an sich und tauschen Zärtlichkeiten aus. Tom kann sich kaum noch halten. Da spürt er ihre Hand an seinem kleinen Freund, der schon weit über sich hinausgewachsen ist. Zärtlich streichelt sie ihn. Laut stöhnend vergräbt er seinen Kopf in ihren Haaren. Sarah dreht ihn sanft auf den Rücken. Sie schaut ihm tief in die Augen und langsam, wie in Zeitlupe, setzt sie sich auf ihn. Er spürt, wie sie ihn ganz tief in sich aufnimmt. Oh Gott, er fühlt sich wie im Himmel. Das ist so herrlich.

Langsam und voller Zärtlichkeit bewegt sie sich auf ihm hin und her. Ihre Hüften kreisen endlos langsam. Die ganze Zeit schauen sie sich tief in die Augen. Toms Atem wird schneller und auch Sarah wird in ihren Bewegungen schneller. Leise stöhnt sie. Tom massiert dabei sanft ihre Brüste, knetet ihre Brustwarzen. Doch dann können sich beide nicht mehr halten. Wie ein Feuerwerk explodieren die zwei. Sie küssen sich leidenschaftlich und Sarah bleibt einfach auf Tom liegen. Ganz zärtlich streicheln seine Hände ihren Rücken weiter. Er zieht die Decke, die er vorher an die Seite geschoben hat, ein wenig über sie beide. Arm in arm bleiben sie eng miteinander verschlungen liegen. Es sind keine Worte mehr nötig zwischen den beiden.

Tom ist glücklich und auch erleichtert.

Nach einer ganzen Weile fragt Tom: „Hast du jetzt Hunger Spatzerl?"
„Ja, jetzt könnte ich wirklich etwas essen. Sollen wir uns kurz was zubereiten Schatz?"
„Ich habe alles vorbereitet Liebling. Ich brauche es nur aufzuwärmen", erwidert Tom und ist ein wenig stolz auf seine Vorbereitung. „Gut, aber

dann lass uns jetzt gemeinsam in die Küche gehen, das Essen warm machen und dann etwas essen ja?"

Sie stehen auf. Tom reicht Sarah ihren Morgenmantel und zieht selbst seinen an. So gehen beide in die Küche und bereiten ihr Essen zu. Tom öffnet eine Flasche Rotwein. Ein paar Minuten später sitzen sie glücklich im Esszimmer und genießen das Essen und den Wein.

Als sie fertig sind, räumt Tom ab. Sarah nippt an ihrem Wein. Sie schaut ihm hinterher. Was für ein Glück sie hat, diesen Mann zu haben, denkt sie sich. Als Tom wieder kommt, schaut sie ihn lange an. „Was ist los Spatzerl? Hat es dir bisher nicht gefallen?" „Was für eine Frage", antwortet sie. „Wem würde das nicht gefallen. Doch sogar sehr Liebling. Aber hast du was dagegen, wenn wir unseren Wein mitnehmen ins Schlafzimmer, und dort weiter kuscheln? Ich glaube nämlich nicht, dass ich jemals genug davon bekommen könnte."

Tom nimmt den Wein und die Gläser, und beide gehen wieder ins Schlafzimmer. Sie lieben sich die ganze Nacht und schlafen erst am frühen Morgen ziemlich erschöpft, sich in den Armen haltend ein.

23

Am nächsten Tag bereiten die beiden alles für den Besuch von Linda und Mike vor. Pünktlich um sieben klingelt es an der Tür.

Linda stürmt die Treppe herauf und fällt ihrer Freundin um den Hals. „Hey Große, sei mal nicht so stürmisch", lacht diese. „Du musst jetzt ein wenig vorsichtiger sein." „Ach quatsch", gibt ihre Freundin zur Antwort. „Ich bin schwanger aber nicht krank. Das muss auch noch jemand ganz bestimmtes", sie schaut auf Mike „lernen." Grinsend haken sich die Freundinnen ein und gehen in den Wintergarten. Tom hat dort schon Wein und auch extra alkoholfreien Wein für Linda bereitgestellt. Die beiden Freundinnen plappern los, als wenn sie sich Monate nicht gesehen hätten. Sarah erzählt von dem gestrigen Tag und wie Tom sie mit all den schönen Sachen überrascht hat.

Kurze Zeit später betreten auch die beiden Männer den Wintergarten. „Na Ihr habt es euch ja schon richtig gemütlich gemacht", grummelt Tom. „Eigentlich war der Platz neben meinem Schatz für mich reserviert", grinst er schief. „Jetzt mach mal halblang", erwidert Linda. „Du hast sie dein ganzes Leben noch an deiner Seite."

Tom und Sarah schauen sich eine Weile lang an. „Was ist los mit euch", fragt Linda. Tom setzt sich neben Sarah auf die Lehne der Couch. „Nun ja, wir haben Euch etwas mitzuteilen", beginnt er seine Rede. „Also ich habe gestern mein Engelchen gefragt, ob sie meine Frau werden möchte und sie hat ja gesagt."

Eine Weile ist es ruhig im Zimmer. Dann stürmt Linda auf ihre Freundin und umarmt sie heftig. Danach kann Tom sich ihrer Knutschattacke nicht erwehren. Mike nimmt Sarah in den Arm und drückt sie leicht. Danach geht er zu seinem Kumpel, gratuliert und klopft ihm auf die Schulter.

„Also, wir wollten euch auch noch etwas sagen", beginnt Mike. „Linda und ich haben beschlossen, dass wir nun am 08. September heiraten werden. Ihr beide seid unsere Trauzeugen." Linda stehen die Tränen in den Augen und auch Sarah muss sich beherrschen. Sie freut sich riesig für ihre liebste Freundin. „Tom, darf ich es den beiden erzählen?" Tom nickt daraufhin nur. „Also Tom und ich wollen uns heute Abend verloben. Und wir haben geplant, dass unsere Hochzeit im Dezember stattfinden wird. Eine richtige Winterhochzeit und wir hoffen, dass bis dahin auch Schnee liegt. Ist das nicht romantisch?" Sarah ist aufgeregt wie ein kleines Kind.

Lange sitzen die Freunde zusammen und diskutieren über Kinder und über die Hochzeiten. Es gibt so vieles zu bedenken, dass Sarah im Stillen recht froh ist, dass sie mit ihrer eigenen Hochzeit noch ein wenig Zeit hat.

Die Zeit bis September vergeht fast schon viel zu schnell. Sarah ist jeden Tag in der Tagesklinik und festigt sich immer mehr. Das Leben mit Tom zusammen ist einfach nur perfekt und sie ist glücklich, wie noch nie in ihrem Leben.

Diese Woche ist die letzte Anprobe für die Kleider. Lindas Brautkleid musste noch ein wenig geweitet werden, da mittlerweile doch zu sehen ist, dass sie ein kleines Bäuchlein hat. Linda erzählt Sarah, dass Mike es nicht lassen kann, ihr immer wieder über den Bauch zu streicheln und sie zärtlich in die Arme zu nehmen.

Sarah ist überwältigt von Lindas Kleid. Es ist im Gothic Stil gearbeitet. Linda hat sich für die Farbe rosa entschieden, die hervorragend zu ihrem dunklen Typ passt. Das Kleid hat eine enge Corsage aus Taft. Der Rock, ebenfalls aus Taft, fällt in weichen Wellen bis auf den Boden. Stellenweise ist er gerafft, so dass der Wellenfall gut zur Geltung kommt. Rechts an der Seite ist die Raffung so hoch gezogen, dass der darunter liegende dreifache Petticoat aus rosa Feintüll zu sehen ist. Das ganze wird noch komplettiert mit einem Satinhalsband mit einer rosafarbenen Rose und einem schlichten rosa Schleier, den sich Linda in die Haare stecken möchte. Die beiden Freundinnen sind sich schon einig, dass sie eine Hochsteckfrisur tragen werden.

Als Linda das Kleid und auch ihre Accessoires endlich komplett angezogen hat, stockt Sarah kurz der Atem. „Oh Linda, du siehst aus wie eine Prinzessin. Ich bin so auf Mikes Gesicht gespannt, wenn er dich dann endlich sieht." „Na ja Kleine, also dein Kleid als Trauzeugin und Brautführerin ist ja auch nicht zu verachten oder?"

Sarah dreht sich vor dem Spiegel hin und her. Sie hat sich für ein weinrotes Kleid im Empire Stil entschieden. Das Kleid wird unterhalb der Brust mit einer goldenen Stickerei gehalten, fällt aber nicht weit, sondern liegt bis zu den Hüften ganz eng an. Erst unterhalb der Hüfte, die ebenfalls mit einer goldenen Stickerei besetzt ist, fällt der Rock weit auseinander. Vorn ist er kürzer gehalten, so dass der rosafarbene Taftrock ebenfalls zu sehen ist, der mit ebenfalls goldener Stickerei besetzt ist.

„Ich freue mich schon, wenn wir dein Kleid anprobieren können", sagt Linda, seufzt jedoch dann vernehmlich. „Naja ich werde dann wohl echte Schwierigkeiten haben, in ein vernünftiges Kleid zu passen." „Ach quatsch", erwidert Sarah. „Schau doch mal hier", sie hält ein whiskyfarbenes mit gold abgesetztes Abendkleid ebenfalls im Empire Stil hoch. „Schau mal, das ist unterhalb der Brust gerafft und fällt in so kleinen Pliseefalten ganz weit bis auf den Boden. Das kannst du ohne weiteres noch im letzten Monat deiner Schwangerschaft anziehen." Die Verkäuferin, die gerade dazu gekommen ist, stimmt Sarah zu. „Aber natürlich. Wir werden dann nur wegen der Länge schauen müssen, dass wir das Kleid vorn ein wenig länger lassen und hinten dann nur einkürzen. Das kann man regeln. Machen Sie sich mal keine Gedanken. Soll ich Ihnen das Kleid zur Seite hängen?"

Die beiden Freundinnen beratschlagen noch ein Weilchen, lassen dann aber das Kleid für Linda an die Seite legen. „Wir werden dann im November wieder kommen, um mein Brautkleid auszusuchen. Und dann können wir ja Mitte Dezember schauen, inwieweit wir dann das Kleid ändern müssen. Wäre das in Ordnung?" Sarah schaut die Verkäuferin fragend an. „Ja natürlich ist das in Ordnung. Machen Sie sich keine Gedanken. Wir bekommen auch im November die neue Winterkollektion herein. Ich denke mal, da wird für Sie bestimmt auch etwas Schönes dabei sein."

Sarah nickt gedankenvoll. „Ich habe eine bestimmte Vorstellung von meinem Kleid", seufzt sie. „Ich werde dann mal vorbeischauen. Bisher ist zumindest meine Vorstellung nicht dabei."

Die Verkäuferin verspricht, Sarah anzurufen, wenn die neue Ware eingetroffen ist. Die beiden Freundinnen kleiden sich wieder um, nehmen das Braut- und das Abendkleid mit und gönnen sich erst mal einen Cappuccino in dem nächstgelegenen Cafe.

„Soll ich beide Kleider mit zu uns nach Hause nehmen", fragt Sarah. „Ja natürlich, wir hatten doch abgesprochen, dass Tom am Samstag zu

Mike fährt und die beiden sich dort umziehen und ich zu dir komme und wir beide uns dann bei Euch fertig machen oder? Ich komme mit meinen Haaren und auch mit dem Schleier doch gar nicht alleine klar."

„Ja, so machen wir das auch, und dein Vater holt uns beide dann ab, bevor es dann zum Standesamt und anschließend in die Kirche geht." „Ja, meine Eltern kommen morgen. Sie freuen sich schon. Und Mike geht echt der Arsch auf Grundeis. Ich versteh gar nicht, warum er solche Angst hat, meine Eltern kennen zu lernen."

Die beiden machen sich noch einen gemütlichen Nachmittag.

Aber auch noch andere Sachen müssen geregelt werden. Die Wohnung in Hamburg muss gekündigt werden und gleichzeitig schreibt sie auch die Kündigung zu ihrem Arbeitgeber.

Tom beauftragt ein Umzugsunternehmen und beide fahren für ein Wochenende nach Hamburg, um die persönlichen Sachen einzupacken und schon einmal mit nach München zu nehmen.

Die beiden machen es sich in Hamburg in der alten Wohnung bequem. Beide haben nicht die geringste Lust, abends raus zu gehen.

Tom ist auch im Stillen froh darüber, da er nicht genau weiß, wie sein Schatz reagieren wird. Bevor die zwei nach Hamburg aufgebrochen sind, hatte er Dr. Theesen noch um Rat gefragt, wie er sich verhalten sollte, falls Sarah in Hamburg doch wieder einen Rückfall erhalten würde. Aber der Arzt hatte ihn beruhigt und ihm versichert, dass dies nicht passieren würde, da seine Patientin sich wirklich gefestigt habe.

Doch es ist beiden die Erleichterung anzumerken, als sie am Sonntagabend mit den ganzen Sachen nach München zurück fahren.

Der Umzugsdienst ist für das Wochenende darauf bestellt worden. Sarahs Möbel werden alle in Toms Wohnung ihren Platz finden. Dafür kann er nun seine alten Wohnzimmermöbel auf den Sperrmüll bringen.

Als sie am Sonntagabend einträchtig auf der Couch beim Fernsehen sitzen, sagt Tom: „Weißt du Spatzerl, mir geht es im Moment richtig gut und ich bin heilfroh, dass wir nächste Woche endlich alles erledigt haben." „Du hast Recht Schatz. Mir geht es nicht anders. Dann haben wir danach am Wochenende noch die Hochzeit von Mike und Linda und dann wird es auch wieder ruhiger für uns."

Tom sieht zu Sarah und lacht laut auf. „Ja klar, von wegen ruhiger. So wie ich dich kenne, wirst du doch mit Sicherheit sofort danach mit den Vorbereitungen für unsere Hochzeit schon anfangen wollen oder?"

Die Frau an seiner Seite schmunzelt nur leicht. „Nicht unbedingt Schatz. Wir müssen zwar noch einige Sachen erledigen, aber ich habe, als ich mit Linda ihr Brautkleid und mein Kleid als Trauzeugin ausgesucht habe, schon eine genaue Vorstellung von meinem Kleid bekommen. Ich denke, dass bei der neuen Kollektion etwas dabei ist." Tom setzt sich kerzengerade auf und schaut Sarah an. „Wie soll es denn aussehen?" Er ist neugierig und möchte am liebsten alles wissen. Er stellt sich in Gedanken schon vor, wie sie in der kleinen Kapelle, die sie sich ausgesucht haben, neben ihm steht. Doch Sarah bleibt hart. Kein einziges Wort über die Art oder die Farbe des Kleides kommen über ihre Lippen. Lediglich ein „Lass dich überraschen und sei nicht so ungeduldig", kann Tom ihr entlocken.

Er gibt auf. Er weiß genau, dass er in dieser Hinsicht von ihr nichts herausbekommen wird. Und da er auch ihre Freundin mittlerweile bestens kennt, ahnt er schon, dass auch Linda ihm kein Sterbenswörtchen verraten würde.

Das Wochenende naht und der Umzugswagen hält vor Toms Haus. Es hat zeitlich alles gepasst, so dass die Arbeiter nun die Möbel in Toms Wohnung bringen können. Sarahs Schlafzimmermöbel finden in dem kleinen Schlafzimmer von Tom ihren Platz. Die beiden sind sich jedoch einig, dass dort auch irgendwann einmal ein Kinderbett stehen wird.

Die Möbel aus dem Wohnzimmer passen sich perfekt an das Ambiente von Toms Esszimmer an. Lediglich die Küche wird unten in der riesigen Garage im Erdgeschoss eingelagert. Die beiden wissen noch nicht genau, was sie damit anstellen sollen.

Als die beiden abends gemütlich auf der Couch im Wohnzimmer bei einem Glas Wein sitzen, sind sie sichtlich zufrieden und glücklich.

24

Es ist noch nicht einmal 8 Uhr morgens, als es stürmisch an der Haustür klingelt. Sarah, die gerade unter der Dusche herauskommt, öffnet die Tür. Wie üblich fällt ihr kurz darauf Linda wie ein Tornado in die Arme. Sarah kann sich ein Lachen nicht verkneifen. „Mensch Linda, du musst echt langsam ein wenig ruhiger werden", grinst sie ihre Freundin an. „Was soll denn dein Nachwuchs von dir denken?" Linda grummelt nur leise vor sich hin. „Süße ich bin so was von aufgeregt. Ich weiß gar nicht, ob ich das heute alles schaffe, so sehr schlottern mir die Knie." Die Freundin führt Linda in das gemütliche Wohnzimmer und drückt sie sanft auf den Sessel. „Nun setz dich erst mal hin. Tom ist auch noch hier. Ich bring dir eine Tasse Kaffee und dann machen wir es uns erst mal gemütlich. Wenn Tom dann zu Mike fährt, können wir zwei in Ruhe mit unseren Vorbereitungen beginnen. Wann kommt denn dein Vater und holt dich ab?" „Papa kommt genau um halb drei, und ich hab Mama überreden können, auch nicht früher hierher zu kommen. Ich möchte die beiden doch überraschen."

Sarah lacht. „Und deine Mutter hat sich echt dazu überreden lassen? Unfassbar. Ich bin ja mal gespannt, was unsere Männer zu deinem Kleid sagen werden. Die Friseurin kommt um zwölf. Bis dahin sollten wir zumindest die Haare gewaschen und getrocknet haben. Das mit der Hochsteckfrisur geht ja dann schnell und mit dem Schleier ja auch. Allerdings müssen wir bis dahin auch fertig angezogen sein. Ich bin genauso nervös wie du."

Die beiden trinken gemütlich ihren Kaffee und schwatzen über die bevorstehende Trauung. In diesem Moment kommt Tom ins Zimmer. „Hallo Linda", begrüßt er die Braut, „Spatzerl, ich fahre jetzt und mach mich auch direkt bei Mike fertig. Ich bringe ihn ja dann zum Standesamt. Fährst du mit meinem Wagen dann hinter Lindas Vater her?" „Äh, ja das kann ich machen, aber warum mit deinem Wagen Schatz? Ich dachte, den soll Lindas Vater nehmen, um mit Linda zum Standesamt zu fahren."

„Nein, es gibt eine Plan Änderung, aber das werdet Ihr zwei ja dann schon sehen." Er verabschiedet sich mit einem langen Kuss von Sarah und gibt auch Linda ein Küsschen auf die Wange. „Bis später Ihr zwei Schönheiten. Ich kann es kaum erwarten Euch zu sehen."

Mit diesen Worten ist er aber auch schon verschwunden. Die beiden Freundinnen sehen sich sprachlos an. Aber diese Stille hält nicht lange vor. Sie beratschlagen und grübeln, was die zwei sich schon wieder haben einfallen lassen.

Die Zeit vergeht viel zu schnell. Als es um zwölf an der Tür klingelt, ist Linda zwar schon fertig angezogen, jedoch rennt Sarah noch in ihrer hauchzarten Unterwäsche herum. Sie quiekt kurz auf, schnappt sich den Morgenmantel von Tom, der im Badezimmer hinter der Tür hängt und öffnet die Tür.

Die Friseurin Nele Bach kommt mit einem großen Koffer die Treppe hinauf. „Ohje, was hast du denn alles mitgebracht", entfährt es Sarah. „Naja, also ich brauche schon ein paar Hilfsmittel, damit ich eure Frisuren zaubern kann. Und du solltest dich mal so langsam anziehen. Soviel Zeit haben wir nu auch nicht mehr." Nele schmunzelt, als Sarah wie ein aufgescheuchtes Huhn durch die Wohnung rennt. „Ich stell dir erst mal ne große Kanne Kaffee, Tasse und alles auf den Tisch. Linda ist schon fertig, du kannst also mit ihr sofort anfangen", ruft Sarah ihr aus der Küche zu. In diesem Moment kommt auch Linda in das Esszimmer. Nele stockt der Atem. „Wow, Linda, das ist der absolute Hammer. Komm her und setz dich. Wenn du Kaffee trinken willst, bitte, aber nur, wenn ich dir vorher den Umhang umhängen kann. Nicht, dass auch nur irgendein Fleck auf das Kleid kommt." Linda schaut Nele an und lacht. „Wenn wir dich nicht hätten, daran habe ich echt überhaupt nicht gedacht."

„Naja, ich kenne das. Ich frisiere nicht zum ersten Mal eine Braut. Ich hab schon Sachen erlebt..." Nele kommt ins Schwatzen und fängt an, Lindas Haare zu frisieren. „Ich habe auch wie besprochen meine Schminkutensilien mitgebracht. Du bekommst ein richtig tolles Make up." Linda schaut zweifelnd. „Du brauchst gar nicht so zu schauen. Meinst du, ich habe meinen Visagistenlehrgang umsonst gemacht? Du kannst dich schon auf mich verlassen."

Es wird ein lustiges Frisieren und Nele schafft es, mit ihrer Lockerheit und ihren Sprüchen, Linda die Nervosität zu nehmen.

Nach einer Weile kommt auch Sarah fertig angezogen ins Esszimmer. Nele pfeift laut. Linda öffnet die Augen, die Nele ihr gerade schminkt und schaut Sarah an. „Also ehrlich Süße, wenn das Kleid nicht weinrot wäre, könnte man denken, du bist die Braut. Es steht dir echt hervorragend. Unsere Männer können echt stolz auf uns sein."

Die drei Mädels unterhalten sich lebhaft. Als Linda fertig ist, bekommt sie Anweisung von Nele, den Umhang anzubehalten. „Ich habe für Sarah noch einen zweiten Umhang mitgebracht. Einfach vorsichtshalber. Das passt schon."

Um viertel nach zwei hat Nele ihre Arbeit beendet. Stolz fordert sie die beiden auf, sich doch mal ins Schlafzimmer zu begeben und sich im Spiegel zu betrachten. Sie hat wirklich ganze Arbeit geleistet. Die beiden Freundinnen kommen aus dem Staunen nicht heraus. „Wow, Nele, ich wusste gar nicht, wie schön ich sein kann", sagt Sarah leise. Aber auch Linda schaut sich nur stumm im Spiegel an. Beide sind hoch zufrieden. „Bitte versprich mir, dass du mich bei meiner Hochzeit auch frisierst ja? Aber da möchte ich keine Hochsteckfrisur haben. Ich habe mir da schon etwas anderes ausgedacht."

Nele verspricht es und verabschiedet sich von den beiden. Kurz darauf klingelt es an der Tür. Sarah öffnet die Tür und Lindas Eltern kommen die Stiegen herauf. Lindas Mutter trägt ein dunkelbraunes Taftkleid, ganz schlicht und stilvoll und sieht so elegant aus, dass Sarah fast einen Knicks gemacht hätte. Sie begrüßen sich liebevoll und schauen sich nach Linda um.

In diesem Moment betritt auch Linda den Eingangsbereich. Sie fällt ihren Eltern um den Hals. Die beiden alten Herrschaften können sich nicht zurückhalten. Tränen der Rührung kullern die Wangen herunter. Lindas Mutter ist sprachlos und auch ihr Vater muss erst mehrere Male schlucken, bevor er seine Tochter ein wenig von sich weg hält und sie von oben bis unten betrachtet.

„Ich wusste ja schon immer, dass du eine Schönheit bist mein Kind, aber heute übertriffst du wirklich alles." Stolz ist aus seiner Stimme herauszuhören. „Hier habe ich deinen Brautstrauß, mein Kind." Er übergibt Linda einen großen Strauß dunkelroter Rosen, die wie ein Herz gebunden sind. In dem Strauß sind kleine rosafarbene Schleifen aus Organzaband eingewebt, die lang aus dem Strauß heraushängen. Es ist ein Traum.

„Seid Ihr bereit", fragt Lindas Mutter. „Wir müssen wirklich jetzt sofort los, sonst kommen wir zu spät." „Aber Mama, wir haben doch noch Zeit. Wir sind in fünf Minuten am Standesamt."

Die Mutter und auch der Vater schütteln den Kopf. „Nein, mein Schatz, wir werden ein wenig länger brauchen. Aber kommt ihr zwei, das werdet Ihr dann schon sehen."

Sie verlassen gemeinsam die Wohnung. Als die vier aus der Haustür treten, stockt Sarah und Linda das Herz. Vor der Tür stehen zwei große Kutschen. Schneeweiß. Die erste Kutsche ist mit dunkelroten Rosen über und über geschmückt. Davor sind sechs weiße Pferde angespannt, deren Fell in der Sonne glänzt wie flüssiges Silber. Dahinter steht eine kleinere weiße Kutsche, vor die ebenfalls zwei Pferde gespannt sind. Auf dem Kutschbock sitzt jeweils ein Kutscher in einer schneidigen Uniform, die die Herankommenden kurz begrüßen.

Linda fängt an zu stottern, doch ihr Vater nimmt sie behutsam in den Arm. „Wir beide fahren jetzt mit der großen Kutsche mein Kind. Und Sarah, du fährst mit meiner Frau in der kleinen Kutsche hinter uns her." „Aber Tom hat doch gesagt, ich soll mit seinem Auto fahren", erwidert sie verwirrt. „Er wollte euch nur ein wenig verwirren", schmunzelt Herr Abu Khamel.

Die beiden Freundinnen können nichts mehr sagen. Stumm steigen sie ein und die Pferde setzen sich in langsamen Gang in Bewegung. In leichtem Trab geht es dann weiter zum Standesamt.

Vor dem Rathaus warten Mike und Tom schon auf ihre Liebsten. Sie unterhalten sich gerade und malen sich die Gesichter der beiden aus, wie sie wohl auf die Überraschung reagiert haben. Da hören sie auch schon das leise Pferdegetrappel. Mike und Tom schauen in die Richtung, aus der sie die Kutschen erwarten. Fast das ganze Dorf ist auf den Beinen. Viele Freunde, Verwandte und Nachbarn sind anwesend, um dem Paar Glück zu wünschen und bei der Trauung dabei zu sein.

Als die erste Kutsche vor Mike anhält, stockt ihm der Atem. Lindas Vater steigt aus der Kutsche heraus und hilft Linda beim Aussteigen. Mike kann seinen Augen nicht trauen. Das ist seine Linda. Er nimmt sie kurz bei der Hand und flüstert ihr leise ins Ohr, „Mein Gott Schatz, du siehst aus wie eine Kaiserin. Womit habe ich so viel Glück verdient. Du machst mich zum glücklichsten Mann der Welt." Linda strahlt ihn an. Aber auch Mike sieht hervorragend aus. Er trägt einen schwarzen Anzug, ein weißes Hemd und eine silberne Brokatweste. Die beiden geben ein perfektes Paar ab. Auch Tom schluckt mehrmals, als er Linda sieht. Er tritt von einem Fuß auf den anderen. Diese Frau ist ja schon der Hammer. Er ist so neugierig, seine Kleine endlich zu sehen. Er weiß ja nicht, was sie trägt und ist aufgeregt wie ein kleines Kind.

Als auch die zweite Kutsche vor den Wartenden hält, steigt erst Lindas Mutter aus. Sie wird von den beiden Männern sanft begrüßt. Tom geht zur Kutsche, um seinem Engel beim Aussteigen zu helfen. Er reicht ihr die Hand, doch als er Sarah in diesem Traumkleid sieht, vergisst er völlig, ihr beim Aussteigen behilflich zu sein. Stumm schaut er sie nur an. Sein Engel hält ihm die Hand entgegen. Als Tom keinerlei Anstalten macht, ihr seine Hand zu geben, ruft sie leise seinen Namen. Erst beim dritten Mal scheint Tom aus seiner Trance zu erwachen. „Oh mein Gott, Spatzerl, du siehst wunderschön aus. Wie willst du das bei unserer Hochzeit denn noch übertreffen?" Tom nimmt ehrfürchtig die Hand. In ihren Augen schimmern Tränen. Sie hätte nie geglaubt, dass sie so eine Wirkung auf ihn erzielt. Langsam geht die ganze Gemeinschaft ins Rathaus. Mike und Linda vorneweg, danach Sarah und Tom und danach die Eltern, Verwandten und anderen Gäste.

Im Trauzimmer angekommen nehmen alle Platz. Die Standesbeamtin begrüßt alle und nimmt dann die Trauung vor.

Laut und vernehmlich hören alle Anwesenden, wie Mike und Linda sich ihre Liebe gestehen und sich ihr Jawort geben.

Nach der standesamtlichen Trauung geht es weiter. Nun jedoch sitzen die vier Freunde in der ersten Kutsche, und die Eltern von Mike und Linda nehmen in der zweiten Kutsche Platz. In einem langen Autokorso, der sich den Kutschen anschließt geht es zu einer kleinen weißen Kapelle.

Dort wartet schon der Pfarrer, um auch den kirchlichen Segen zu erteilen.

Die Trauung ist einfach nur ein Traum und Sarah wünscht sich im Stillen, dass es bei ihr und Tom genauso schön werden wird.

174

Nachdem auch der kirchliche Segen ausgesprochen ist, begibt sich die Feiergesellschaft in ein nahe gelegenes Hotel, wo die Hochzeitsfeier organisiert wird.

Es wird für alle eine lange Nacht. Aber auch in den nächsten Monaten wird noch von dieser Traumhochzeit gesprochen. Alle sind sich einig, dass es die schönste Hochzeit war, die sie seit langem miterlebt haben durften. Aber auch alle sind gespannt auf die nächste Hochzeit.

Nach der Feier kehrt langsam wieder der Alltag bei den Freunden ein. Sarah besucht weiterhin die Tagesklinik. Tom und Mike gehen ihrer Arbeit nach. Und Linda bereitet sich so langsam auf ihr Kind vor, das im Februar zur Welt kommen soll.

Mitte November kommt ein Anruf aus dem Brautgeschäft. Die Verkäuferin teilt mit, dass eine neue Lieferung angekommen ist, und dass ein Kleid dabei sei, das mit Sicherheit genau den Vorstellungen von Sarah entsprechen würde. Sarah verspricht, dass sie in den kommenden Tagen mit Linda vorbeikommt, um dann eine Anprobe vorzunehmen.

Am nächsten Morgen in der Tagesklinik, bittet Dr. Theesen sie in sein Büro.

„Ich möchte mit Ihnen heute ein Abschlussgespräch führen", beginnt er das Gespräch. Sarah schaut ihn verwirrt an. „Wieso Abschlussgespräch?" „Also junge Dame. Ich bin der Meinung, dass Sie völlig gesund und wiederhergestellt sind. Sollten Sie künftig meinen, dass Sie noch einmal ein Gespräch mit mir benötigen, bin ich jederzeit gerne für Sie da. Aber ich halte es nicht mehr für notwendig, dass sie weiterhin in die Tagesklinik kommen. Sie sind eine sehr starke junge Frau. Und ich glaube, dass Ihr zukünftiger Mann Ihnen weitaus mehr Halt und Sicherheit geben kann, als wir ganzen Therapeuten zusammen." Er lächelt seine Patientin aufmunternd an. Sie strahlt ihn an. „Ist das wirklich Ihr Ernst. Meinen Sie, dass ich es jetzt alleine schaffen kann?" „Ja, sonst würde ich das nicht sagen. Ich war schon im letzten Monat der Auffassung, aber ich wollte keinen Rückfall oder ähnliches riskieren. Jetzt bin ich mir absolut sicher. Wir werden diese Woche noch die Therapien fortsetzen und ab nächster Woche brauchen Sie dann nicht mehr hierher kommen."

Arzt und Patientin unterhalten sich noch lange, bevor sie wieder nach Hause fährt. Tom ist schon aus der Werkstatt zurück und hat schon das Essen vorbereitet. Als er die Tür hört, kommt er aus der Küche und schaut fragend. „Ich habe mir Sorgen gemacht Spatzerl. Warum kommst du heute so spät?"

„Schatz, ich hatte heute ein ganz langes Gespräch mit Dr. Theesen. Er meint, ich brauche ab nächster Woche nicht mehr in die Klinik zu kommen. Er sagt, ich bin gesund und es besteht auch keine Rückfallgefahr mehr. Ist das nicht herrlich? Wir können jetzt unser Leben ganz allein genießen und nur noch an uns denken."

Tom nimmt Sarah sanft in die Arme. „Mein Engerl. Ich verspreche dir, dass ich dein ganzes Leben lang auf dich aufpassen werde und dich beschützen werde. Ich werde dich wenn nötig, mit meinem Leben verteidigen. Dir wird nie wieder etwas passieren." Tränen glitzern in ihren Augen. Erst jetzt wird ihr so richtig klar, wie schwer auch die ganze Sache für Tom gewesen sein muss. Sie kuschelt sich eng in seine Arme. Tief schauen die zwei sich in die Augen und küssen sich leidenschaftlich.

Ein paar Tage später machen sich die zwei Freundinnen auf den Weg in den Brautmodenladen. Beide sind schon mächtig aufgeregt. Linda schimpft den ganzen Weg über und fragt ständig, ob es für ihren Bauch überhaupt noch ein Kleid gibt, was sie tragen kann, wo sie nicht wie ein rollendes Fass ausschaut. Doch Sarah lacht nur.

Im Geschäft angekommen, werden die zwei Frauen von der Verkäuferin herzlich begrüßt. „Ich sehe schon, dass wir an dem Kleid wahrscheinlich nur hinten ein wenig kürzen müssen", schmunzelt sie Linda an. Diese brummelt nur vor sich hin.

„Linda, probier bitte erst einmal dein Kleid an und lass es abstecken ja? Ich werde in der Zeit mal die Kleider durchschauen, die neu rein gekommen sind."

Die Verkäuferin zeigt Sarah einen Stand, auf dem die neuen Modelle hängen. Augenzwinkernd geht sie mit Linda in die Kabine, damit diese ihr Kleid anprobieren kann. Und wirklich. Es muss nur hinten ein Stück eingekürzt werden. Trotz ihres schon beträchtlichen Umfangs sieht Linda in dem Kleid einfach nur bezaubernd aus.

Es handelt sich um ein whiskyfarbenes Satinkleid im Empire Stil. Es ist über der Brust eng geschnitten. Unterhalb der Brust befindet sich eine kleine Satinschleife in gleicher Farbe. Von dort fällt der Rock in kleinen Plisseefalten bis auf den Boden. Linda hat sich entschieden, auch ihre Haare diesmal offen zu tragen. Sie wählt noch eine gleichfarbige Satinspange mit Blüte für ihre Haare aus. „Es könnte aber schon ziemlich kalt werden, wenn ich das Kleid so anziehe, oder meinen Sie nicht?" fragt sie die Verkäuferin. Diese nickt nur. „Ja, natürlich können Sie das so nicht tragen, zumindest müssen sie draußen etwas überziehen. Aber da habe ich etwas Passendes für Sie." Sie geht kurz nach hinten und kommt mit einem pelzigen Etwas wieder. „Legen Sie sich das einmal um", bittet die Verkäuferin. Es handelt sich um ein Cape aus Webpelz, was jedoch einem Nerz nachempfunden ist. Der Farbton ist eine Nuance dunkler, als das Kleid. Sarah dreht sich um und ist total begeistert. „Hey Freundin, du stiehlst mir an meiner Hochzeit die Show", lacht sie nur. „Du siehst fabelhaft aus. Das wird deinen Mike wieder völlig umhauen." Auch Linda ist begeistert.

„Gut, dann machen wir das so", sagt sie zu der Verkäuferin. „Ich zieh mich dann wieder um, damit wir uns endlich um die Braut kümmern können."

Sarah winkt die Verkäuferin leise heran, nachdem Linda in der Kabine verschwunden ist. „Meinten Sie dieses Kleid?" Sie zeigt auf das letzte Kleid auf der Stange. Die Verkäuferin nickt nur.

„Woher wussten Sie, dass es genau das ist, was ich suche?" „Das ist Intuition meine Liebe. Wenn ich solche Sachen nicht vermuten würde, dann wäre ich hier Fehl am Platze. Möchten sie es anprobieren?" Als Sarah nickt, hängt die Verkäuferin das Kleid in eine große Kabine. Auch ein Reifrock wird dazugehängt. „Bitte ziehen Sie sich schon einmal aus. Ich versorge Ihre Freundin erst einmal mit einem schönen Glas alkoholfreiem Sekt und bin dann sofort bei Ihnen."

In der Kabine zieht sie sich langsam aus. Nach kurzer Zeit ist die Verkäuferin bei ihr und hilft, zuerst den vuluminösen Reifrock, und dann das Kleid über zu ziehen. „Dabei werden Sie wohl die Hilfe Ihrer Freundin benötigen", vermutet die Verkäuferin. Als sie das Kleid hinten schließt, und Sarah sich im Spiegel betrachtet, kann sie ihr Glück kaum fassen. Es ist einfach perfekt. Genauso hatte sie sich ihr Traumkleid

177

vorgestellt. Die Verkäuferin holt ein paar weiße hohe Pumps und reicht sie ihrer Kundin. Als diese die Schuhe anzieht, schüttelt die Verkäuferin erstaunt den Kopf. „Das hätte ich allerdings nicht gedacht. Das Kleid sitzt perfekt. Die Länge ist genau richtig. Wir müssen nicht ein klitzekleines bisschen daran verändern. Das Kleid ist wirklich wie für Sie gemacht worden."

„Ich muss es jetzt Linda zeigen. Ich bin so aufgeregt, was sie sagen wird." Die Verkäuferin zieht den Vorhang der Kabine auf und geht voran. Linda schaut auf. Als sie Sarah hinter der Verkäuferin sieht, greift sie kurz mit ihrer Hand an ihr Herz. „Oh mein Gott. Das gibt es nicht. Das ist ein Traum Mädchen. Tränen rollen ihr über die Wangen. Sie ist seit der Schwangerschaft sowieso leicht am Wasser gebaut, aber der Anblick ihrer Freundin raubt ihr wirklich den Atem.

Sarah steht mitten im Geschäft. Sie ist so zierlich. Sie trägt einen Traum in weiß. Das Kleid besteht aus einer Corsage, die bis über die Hüften eng anliegt. Verziert mit rosafarbenen Rosenstickereien. Nein es sind Orchideen. Ab der Hüfte geht das Kleid in einem Meer von Tüll auseinander. Rund um die Hüfte ist eine Tüllschärpe geschlungen, in der zartrosafarbene Orchideen eingenäht sind. Das Kleid hat eine Schleppe, die fast einen halben Meter lang ist. Ein richtiges Sissi-Kleid. „Kannst du dir eigentlich vorstellen, was du mit Tom anstellst, wenn er dich so sieht?" Linda hat die Sprache wieder gefunden.

Sarah lächelt nur verträumt. „Ja Linda, ich kann es mir vorstellen. Und ich weiß, dass er den Anblick lieben wird." Sie steht da, ihre langen blonden Haare fallen in sanften Locken bis weit über die Schultern. Die Verkäuferin nimmt einen Schleier zur Hand, doch dann legt sie ihn wieder weg. „Ich habe etwas anderes für Sie", sie dreht sich um. Zwei verwirrte Augenpaare folgen ihr. Doch schon kurz darauf erscheint sie wieder und hält in ihrer Hand einen Traum aus Orchideen. Es ist ein kleiner halber Kranz, in deren Mitte ein Kämmchen steckt. Die Orchideen sind die gleichen, die sich auch um die Hüfte schlingen. Von dem Kranz fallen leicht gedrehte Organzabänder bis fast auf Hüftlänge herunter. Dazwischen sind kleinere Orchideenblüten eingenäht. Vorsichtig steckt sie diesen Kranz in die blonden langen Haare der Braut.

Die beiden Freundinnen schauen stumm in den Spiegel. Sarah strahlt wie eine Prinzessin. „Das ist so perfekt, dass es mir schon fast Angst macht." „Nein, noch nicht ganz", erwidert die Verkäuferin. Sie geht noch einmal nach hinten. Mit einem weiteren pelzigen weißen Cape und passenden Handschuhen für beide Frauen kommt sie zurück. „Auch Sie können bei diesen Temperaturen nicht so nach draußen gehen." Sie reicht den beiden die Handschuhe, und legt Sarah das Cape um. Es endet kurz unterhalb der Brust, eher wie ein Bolerocape.

Die beiden Freundinnen sind zufrieden und auch die Verkäuferin strahlt. „So eine schöne Braut hatte ich das letzte Mal im September", schmunzelt sie Linda zu.

Doch Linda schüttelt den Kopf. „Nein, ich war zwar auch traumhaft schön zu meiner Hochzeit, aber das hier übertrifft wirklich alles, was ich jemals gesehen habe."

Sie vereinbaren, dass die Freundinnen die Kleider Mitte Dezember, einen Tag vor der Hochzeit abholen. „Eher geht es nicht", erklärt Sarah. „Tom ist so was von neugierig. Ich glaube er würde wirklich schnüffeln. Aber da wir ihn ja schon einen Tag vorher zu Mike ausquartieren, können wir das Kleid abholen, wenn wir ihn zu Mike gebracht haben", lacht sie leise.

Die Freundinnen beschließen, ihr Hochgefühl mit einem guten Essen zu belohnen. Kurz rufen sie ihre Männer an, und verabreden sich in der Stadt bei einem Italiener.

Es wird ein lustiger Abend und die beiden Männer versuchen den ganzen Abend, aus den Freundinnen irgendeine Kleinigkeit heraus zu bekommen. Aber sie haben nicht mit deren Sturheit gerechnet. Kein einziges Wort kommt über deren Lippen.

Leicht beleidigt und grummelt müssen sich Tom und Mike eingestehen, dass sie bei ihren Frauen auf Granit beißen, wenn es darum geht, eine Überraschung aus den beiden herauszuholen. Trotz allem wird es noch gemütlich und als Linda spät anfängt zu gähnen, springt Mike auf und erklärt den Abend für beendet. „Es wird Zeit für meine kleine Mutti, dass sie ins Bett kommt", lacht er. Linda will protestieren, doch in dieser Hinsicht kommt sie gegen Mike nicht mehr an. Sie muss gehorchen, und die Freunde fahren nach Hause.

25

Viel zu schnell findet Sarah, naht auch ihr großer Tag. In den letzten beiden Wochen ist ihr ständig übel. Tom ist nur noch mürrisch, weil sie sich standhaft weigert, einen Arzt aufzusuchen. „Das ist die Aufregung vor der Hochzeit Schatz. Das wird schon wieder." Doch im Geheimen hat sie schon für Freitagmorgen einen Termin bei ihrem Arzt vereinbart. Mit Tom hat sie verabredet, dass er schon morgens zu Mike fährt. Linda soll sie dann um 9 Uhr abholen, um dann die fehlenden Besorgungen noch zu erledigen. Sarah hat Tom wohlweißlich nichts von ihrem Arzttermin gesagt, weil sie genau weiß, dass er sonst nicht von ihrer Seite weichen würde.

Als Linda am Freitag wie verabredet um neun vor der Türe steht, ist die Freundin schon fertig angezogen. Linda hebt die Augenbrauen hoch. „Hey, bekomm ich nicht mal nen Kaffee, bevor wir losfahren?" murrt sie. „Lass uns später in der Stadt frühstücken Süße. Ich muss in einer halben Stunde beim Arzt sein. Du kommst doch mit oder?"

Linda schaut Sarah ganz erschrocken an. „Was ist los mit dir?" „Ach eigentlich nichts weiter. Mir ist nur in den letzten Wochen ziemlich übel. Ich übergebe mich oft. Naja, das hat Tom Gott sei dank nicht mitbekommen. Aber so langsam mach ich mir selbst sorgen. Ich dachte es ist die Aufregung vor morgen. Aber das kann doch nicht so lange anhalten oder?"

Linda fängt schallend an zu lachen. „Süße, ich glaube das hat nicht wirklich was mit Aufregung zu tun. Sag mal du Schaf, erinnere dich mal daran, wie es mir vor ein paar Monaten ging."

Sarah hält in der Bewegung inne und starrt Linda an. „Meinst du... denkst du wirklich? Lass uns bitte schnell fahren, damit ich weiß, was los ist ja? Tom wird ausrasten."

Die zwei Freundinnen machen sich auf den Weg zum Arzt. Sie brauchen nicht einmal lange im Wartezimmer zu warten, bis sie aufgerufen werden. „Bitte komm mit rein", bittet Sarah ihre Freundin.

Das lässt Linda sich nicht zweimal sagen. Der Arzt führt eine gründliche Untersuchung durch. Dann bittet er sie in den Nebenraum. Grinsend zeigt er auf das Ultraschallgerät. „Ich glaube, Sie haben selbst schon vermutet, was ich Ihnen gleich als Diagnose mitteilen werde oder?" Sarah schaut den Arzt an. „Ist es wirklich... bin ich schwanger?" Der Arzt nickt bestätigend. „Ja, und wie schwanger Sie sind, das werden wir jetzt herausfinden."

Er schaltet das Gerät ein, drückt etwas Kontaktgel auf den Bauch und fährt mit dem Ultraschall sanft über ihren Bauch. Leise Klopftöne sind zu hören. Allerdings hört sich das schon ein wenig komisch an. Linda stutzt. Auch Sarah, die schon ein paar Mal mit Linda beim Ultraschall gewesen ist, schaut den Arzt ängstlich an. „Da stimmt doch etwas nicht oder?" fragt sie ihn atemlos.

Doch der Arzt schüttelt nur schmunzelnd den Kopf. „Nein meine junge Dame. Es ist alles in bester Ordnung." „Ja, aber, diese Herztöne sind doch so durcheinander und nicht regelmäßig", wendet Sarah ein.

„Naja, so können Sie das nun auch nicht sagen mein Fräulein. Also die Herztöne sind schon regelmäßig. Zumindest jede für sich." Er schaut die beiden Freundinnen abwechselnd an.

‚Na super', denkt Sarah, ‚so ein Witzbold.' Sie hat keine Lust auf Rate-spiele. Doch da schreit Linda auf. Sie schaut die ganze Zeit gebannt auf den Monitor. „Süße, es sind zwei. Schau doch mal richtig hin. Da sind zwei kleine Köpfchen zu sehen. Du bekommst Zwillinge." Ungläu-big schaut Sarah erst zum Arzt, dann hebt sie den Kopf, um auf den Monitor schauen zu können. Ihr Mund steht offen und es kommt kein Ton aus ihr heraus. Tränen laufen ihre Wangen herunter.

„Ist alles in Ordnung bei Ihnen", fragt der Arzt besorgt. „Ja alles in bes-ter Ordnung. Ich bin nur gerade sprachlos vor Glück." Der Arzt druckt ihr drei Ultraschallbilder aus. „Das wird eine perfekte Hochzeit und ein perfektes Hochzeitsgeschenk", bricht es aus Linda heraus.

Schnell klärt sie den Doc auf. Eine Weile unterhalten sie sich noch. Der Arzt vereinbart sofort einen weiteren Termin für die nächste Untersu-chung. Sie bekommt ein leichtes Medikament gegen die Übelkeit mit auf den Weg.

Als die beiden Freundinnen die Praxis verlassen, zerrt Linda Sarah sofort in das nächste Cafe. „Also du kannst jetzt sagen, was du willst, ich habe einen Bärenhunger. Und denk daran, du musst jetzt für drei essen", grinst sie die Freundin an.

Sarah könnte die ganze Welt umarmen, so glücklich ist sie. „Meinst du wir sollten gleich noch bei Mike und Tom vorbeifahren und ihnen die Neuigkeit mitteilen? Wir können doch dann heute Nachmittag noch mal in die Stadt und die Kleider abholen."

„Nein Süße, wir werden erst die Kleider holen, sie richtig gut einpacken lassen und im Auto verstauen. Dann können wir was zum Mittagessen besorgen und fahren dann zu Tom und Mike. Ich ruf Mike kurz an und sag Bescheid, dass wir mittags vorbei kommen, und was zum Essen mitbringen. Mehr aber nicht. Die beiden werden dann schon genug zu grübeln haben, was wir beide noch mit ihnen zu besprechen haben."

Sarah lacht. „Du bist ein Biest Linda. Aber gut, ruf mal an." Während Linda mit Mike telefoniert und ihm sagt, dass sie mittags noch vorbei kommen und ständig seinen Fragen ausweicht, kommt die Kellnerin und nimmt die Bestellung für ein reichhaltiges Frühstück auf.

Die beiden Freundinnen genießen das Essen. Sie tauschen sich über Schwangerschaft und Kinder aus. Reden über die bevorstehende Hochzeit und vergessen dabei fast die Zeit. Es ist schon halb zwölf, als die beiden endlich ihr Frühstück beendet haben und sich auf den Weg in das Brautgeschäft machen.

Dort probieren die beiden noch einmal die Kleider an. Alles ist in Ordnung, alles passt perfekt. Die zwei sind zufrieden. Die Verkäuferin packt alles sorgfältig in zwei große Kartons. Sarah hat die gute Nachricht auch schon ausgeplaudert. Die Verkäuferin schaut die beiden nachdenklich an. „Ich mache Ihnen einen Vorschlag. Ich habe doch Ihre Adresse. Was halten Sie davon, wenn ich Ihnen die Kleider nach Feierabend vorbei bringe. Dann brauchen Sie sich jetzt damit nicht abzuschleppen."

Die zwei Frauen sind heilfroh über diesen Vorschlag und stimmen begeistert zu. Sie machen sich auf den Weg, und gehen noch beim Chinesen vorbei, wo sie ein reichhaltiges Mittagessen einpacken lassen. Ziemlich spät kommen sie bei Mike zu Hause an. Die beiden Männer haben das Auto schon gehört und stehen erwartungsvoll an der Haustür. „Wir haben Hunger, es wird auch Zeit, dass ihr zwei endlich kommt.

Wollt Ihr uns verhungern lassen", brummt Mike. Linda geht zu ihm und gibt ihm einen Kuss auf den Mund.

„Na ich weiß nicht, Sarah, wenn wir so begrüßt werden, sollen wir erst essen und ihnen dann die Neuigkeit berichten, oder sollen wir es sofort sagen?" Tom nimmt seinen Engel zärtlich in den Arm. Schmunzelnd schaut sie ihm in die Augen. „Ach Linda, ich glaube, unsere Männer brauchen erst mal eine Stärkung. Danach ist dann auch jede Nachricht besser zu verdauen oder meinst du nicht?" Tom und Mike protestieren lautstark, doch sie haben wie immer verloren. „Ihr seid grausame Hexen ihr beide", schimpft Tom und Mike stimmt ihm grummelnd zu.

Doch wie immer ziehen sie auch dieses Mal wieder den Kürzeren. Bei den beiden Frauen haben sie keine Chance. Wenn die nicht reden wollen, dann tun sie es auch nicht. Mike und Tom verstehen bis heute nicht, dass die Mädels sich nur durch Augenblicke unterhalten können, ohne etwas zu sagen.

Sie wollen sich schon auf das Essen stürzen, als Sarah trocken sagt: „Ihr braucht jetzt gar nicht das Essen so runter zu schlingen. Bevor Linda und ich nicht auch gegessen haben, erfahrt ihr sowieso nichts." Tom muss sich arg zusammen reißen, um seinen Schatz nicht übers Knie zu legen. „Du bist so was von frech, irgendwann leg ich dich wirklich noch mal übers Knie", verspricht er.

Sarah und Linda schauen sich an, und fangen schallend an zu lachen. „Wetten nicht", gluckst Linda. Von Sarah kommt nur ein erschrockenes „Pssst!"

Tom brummelt sich was in seinen nicht vorhandenen Bart. Langsam, beherrscht, aber innerlich total aufgewühlt, macht er sich über sein Essen her.

Als alles verspeist ist, steht Linda auf und geht in die Kammer. Sie kommt mit einer Flasche Sekt wieder heraus, nimmt vier Gläser aus dem Schrank und stellt sie auf den Tisch. Mike hat in der Zwischenzeit den Tisch abgeräumt.

„Es ist ja hoffentlich alkoholfreier Sekt oder?" fragt er. Linda nickt nur bestätigend, sagt aber nichts.

183

Sie schenkt alle vier Gläser ein, nickt ihrer Freundin zu und setzt sich hin. Sarah steht langsam auf. „Schatz, ich habe dir etwas zu beichten", beginnt sie ihre Rede. Sie räuspert sich und nimmt langsam ihre Handtasche hoch. Linda ahnt schon, was ihre Freundin vor hat und grinst in sich hinein. „Jetzt sag schon, was du angestellt hast Spatzerl. So schlimm kann es doch auch nicht sein."

„Naja, also erstens Mal muss ich dir beichten, dass ich heute morgen mit Linda bei so einer Art Fotografen war." Linda gluckst und kann sich vor Lachen kaum halten. Tom und Mike schauen abwechselnd von einer zur anderen.

„Allerdings habe nicht ich etwas angestellt, sondern wohl eher du mein Schatz", fährt Sarah in aller Seelenruhe fort. „Und ob es schlimm wird, das wird sich dann noch herausstellen mein Schatz." Sie nimmt aus ihrer Tasche einen Umschlag, in dem der Arzt ihr die drei Ultraschallbilder verstaut hat und legt ihn vor Tom. Tom schaut sie fragend an. „Na nun mach schon auf. Du bist doch so neugierig oder nicht?"

Tom öffnet den Umschlag und schaut auf die Bilder. Er schaut Sarah an, dann Linda, dann Mike. Ein Strahlen überzieht sein Gesicht und er kann seine Tränen nicht mehr halten. Er springt von seinem Stuhl auf, der scheppernd zu Boden fällt, rennt um den Tisch und reißt seine Kleine in seine Arme. „Ist es wirklich wahr? Wir werden Eltern? Oh mein Engerl. Damit hast du mir die größte Überraschung bereitet, die es gibt."

Linda zwinkert Mike schelmisch zu. Da dieser seine Frau mittlerweile lange genug kennt, bemerkt er, dass das noch nicht alles zu sein scheint. Langsam nimmt er die Ultraschallbilder und schaut sie sich gründlich an. Mittlerweile ist ja auch er schon Experte von diesen besonderen Fotos geworden.

Ungläubig schaut er zu Linda, dann wieder auf die Fotos. Linda und er verstehen sich blind. Sie nickt ihm nur freudestrahlend zu. Mike bekommt einen Lachanfall, der sich in einen Hustenanfall verwandelt. Er kann kaum sprechen, doch Tom versteht gerade noch so viel, dass er sich die Bilder doch mal besser genauer anschauen sollte.

Tom schaut fragend in die Runde. Alle haben ein Schmunzeln im Gesicht. Er setzt sich auf den Stuhl, zieht Sarah auf seinen Schoß und nimmt die Bilder von Mike entgegen. Nachdenklich schaut er sich die Bilder an. Aber Tom hat keine große Erfahrung mit diesen Bildern, doch dann sieht er es auch. Er schaut hoch und es kommt nur ein Flüstern aus seinem Mund: „Zwei?" Sarah kann nicht antworten. Ein Kloß steckt ihr im Hals. Sie nickt nur zaghaft.

„Oh mein Gott", entfährt es Tom. Er nimmt seinen Engel zärtlich in die Arme und vergräbt seinen Kopf an ihrem Hals. Er fängt hemmungslos an zu weinen. Sarah ist total verunsichert, und schaut Mike erschrocken an. Doch als dieser nur aufmunternd nickt, streichelt sie Tom zärtlich den Rücken.

Nach einer Weile hat Tom sich wieder im Griff. Er nimmt ihren Kopf in beide Hände und küsst sie zärtlich. „Mein Engerl, ich werde jetzt noch mehr auf dich, nein auf euch aufpassen." „Oh nein", entfährt es Linda. Ein böser Blick von Mike und von Tom trifft sie. Doch Linda grinst nur. „Na dann mal viel Spaß Mama", witzelt sie. Das kann ja noch heiter werden. Dessen wird Sarah sich auch gerade bewusst. Aber sie ist viel zu glücklich.

„Sollen wir mit nach Hause fahren und euer Gepäck rein tragen", fängt Tom auch sofort an. Die beiden Frauen erzählen von ihrer Vereinbarung mit dem Brautmodengeschäft. Lange sitzen die vier noch um den Tisch herum und reden. Der Abschied am frühen Abend fällt Tom so schwer wie nie zuvor.

„Ihr seht euch doch morgen Mittag schon wieder", zwinkert Linda ihm zu. Das wirst du jetzt auch noch aushalten Tom.

So ganz ist Tom nun mit dem getroffenen Arrangement nicht mehr einverstanden, aber er ergibt sich in sein Schicksal.

„Wir werden Euch morgen abholen lassen Spatzerl. Die Familie kommt heute am späten Abend hier an und wir treffen uns morgen um drei an der Kapelle. Ihr werdet um Punkt halb drei abgeholt. Bitte wartet ja?"

Sarah schaut Tom an. „Aber bitte nicht mit der Kutsche oder? Ich glaube das wäre echt ein wenig zu kalt Liebling." Tom grinst sie nur an. „Du wirst es schon sehen, ich verrate jetzt auch nichts mehr." Er gibt Sarah einen langen und zärtlichen Abschiedskuss. Auch Mike und Linda fällt die kurze Trennung offensichtlich nicht leicht.

Es dauert noch eine ganze Weile, bis die vier sich auseinander reißen können und die beiden Frauen sich auf den Weg in Toms behagliches Zuhause machen.

Als sie dort ankommen, steht auch schon die Verkäuferin vor der Tür. Sie bringt die Ware sogar noch nach oben. Sarah bietet ihr noch einen Kaffee an, der jedoch dankend abgelehnt wird. „Ich habe auch heute noch einiges vor. Ich wünsche Ihnen für die Zukunft alles Gute und ich würde mich freuen, wenn Sie und auch Sie", sagt sie zu Linda gewandt, „mir vielleicht von den Hochzeitsfotos jeweils eines für unsere Ausstellung zur Verfügung stellen könnten."

Die beiden versprechen es und verabschieden sich. Linda lässt sich auf die Couch fallen. „Weißt du was", beginnt sie, doch sie wird von Sarah sofort unterbrochen. „Ja, ich bin genauso müde wie du. Lass uns die Sachen wegräumen und dann ins Bett gehen. Ich bin echt total kaputt heute. Das war schon alles ein wenig viel für einen Tag."

Lachend fallen die Freundinnen sich in die Arme. Sie stellen noch kurz den Wecker auf acht Uhr und legen sich dann schlafen. Ein wenig unterhalten sie sich noch im Bett, doch es kehrt schnell Ruhe ein.

Am nächsten morgen sind beide schon kurz vor dem Wecker wach. Sarah begibt sich erst einmal in die Küche und bereitet das Frühstück vor. Sie zieht die Jalousien hoch und quietscht freudig auf. „Was ist denn jetzt schon wieder los", fragt ihre Verfolgerin sie ziemlich verschlafen. „Schau mal Linda, es hat heute Nacht geschneit. Das habe ich mir doch so sehr gewünscht für unsere Hochzeit." Die Angesprochene schaut aus dem Fenster. „Ohje, ich hoffe, wir kommen heile an." Noch ziemlich verschlafen und morgenmuffelig tappt sie ins Badezimmer und kurze Zeit später hört Sarah nur noch die Dusche rauschen.

Lächelnd geht sie ins Schlafzimmer und schaut sich die Kleider an. Träumend steht sie davor und streichelt sich zärtlich über ihren Bauch. So findet Linda sie, die mit Handtuch und Turban aus dem Bad kommt.

„Genauso habe ich auch davor gestanden vor meiner Hochzeit", sagt Linda. „Ich zieh mir nur schnell den Morgenmantel über. Sollen wir dann erst frühstücken?" „Nein Süße, meine Haare brauchen so lange zum trocknen, lass mich erst duschen gehen okay? Dann haben wir ein wenig mehr Zeit zum Frühstücken. Nele kommt um neun. Dann soll sie erst dich fertig machen und danach dann mich. Ich muss mein Kleid sowieso zum Schluss anziehen, sonst weiß ich nicht, wo ich mich hinsetzen soll. Der Umgang von Nele wird bei meinem Kleid nicht viel bringen", grinst Sarah.

Sie verschwindet schnell unter die Dusche. In der Zwischenzeit nimmt Linda die Brötchen aus dem Backofen. Als sie hört, dass das Rauschen der Dusche verstummt, gießt sie Kaffee ein. Auch Orangensaft hat sie aus dem Kühlschrank geholt und in zwei hohe Gläser damit gefüllt.

Sarah kommt in die Küche. „Hm, das sieht richtig lecker aus. Orangensaft? Fängst du jetzt auch schon damit an?" Linda lacht nur. „Naja komm, ein wenig solltest du schon auf deine Ernährung achten, denk bitte daran, dass du gleich zwei Babys in deinem Bauch hast. Du wirst die Vitamine brauchen können."

Die beiden Freundinnen genießen das Frühstück und kurz darauf klingelt es schon an der Tür. Sarah öffnet und lässt Nele rein.

Nele beginnt auch sofort mit der Arbeit. Sarah will sich gerade vom Acker machen. Doch Nele durchkreuzt den Plan der beiden Freundinnen. „Nein, meine Liebe, setz du dich bitte als Erste hin, damit ich dir deine Haare auf die Spiralwickler drehen kann. Das dauert dann sowieso, bis die trocken sind. In der Zeit kann sich Linda anziehen und ich dreh dann ihr auch die Haare auf. Dann schminke ich Linda, und danach bist du dran. Und danach müssten dann auch die Haare trocken sein, dass wir frisieren können. Doch bevor ich deine Haare mache, müsstest du dich auch anziehen, denn ich muss dir doch dein Krönchen in den Haaren feststecken oder?"

Sarah und Linda schauen sich an, und beide stimmen zu.

Es wird, wie schon ein paar Monate vorher, eine lustige Runde. Nele ist von Lindas Kleid total begeistert. Aber Linda winkt nur ab. „Warte erst mal, bis du die Braut gesehen hast. Da wirst du echt ausflippen. So was hab ich seit Sissi nicht mehr gesehen." Jetzt ist auch Nele neugierig.

Als Sie mit beiden fertig ist, macht Sie zuerst Linda die Haare. Sarah schaut die Freundin ganz verzückt an. „Du siehst aus wie ein Engel.

Wenn ich nicht wüsste, was du für ein Biest bist, könnte ich glauben, dass du gerade vom Himmel gefallen bist", grinst sie ihre Freundin an.

Linda streckt ihr die Zunge heraus. „Ja nee, is klar." Aber Sarah hat Recht. Sie sieht wirklich wunderschön aus. Die Korkenzieherlocken umkringeln ihr Gesicht und lassen Linda sehr zart und sehr jung wirken. Sarah hofft im Stillen, dass ihr die Locken auch so gut stehen wie der Freundin. Leise seufzt sie auf.

„Könntest du dich jetzt bitte anziehen Kleine", fragt Nele. „Nein, das schaffe ich nicht alleine. Da brauche ich Hilfe. Ich muss halt warten, bis du mit Linda fertig bist."

Nach ein paar Minuten ist Linda erlöst. Sie geht mit Sarah ins Schlafzimmer und hilft ihr beim Anziehen. Träumerisch dreht Sarah sich noch einmal vor dem Spiegel. „Nun komm, mit den Lockenwicklern siehst du nicht gerade wie eine Braut aus." Linda grinst ihre Freundin frech an.

Sehr undamenhaft streckt sie ihr die Zunge heraus. Linda geht vor ins Esszimmer und Sarah kommt hinterher.

In dem Moment dreht Nele sich um. Fast wäre ihr die Kaffeetasse aus der Hand gefallen. Ihr entfährt nur ein „Wow" Sprachlos schaut sie die Braut an. „Du hast Recht Linda. So was habe ich auch seit Sissi nicht gesehen. Das ist einfach perfekt. Oh Kleine, du bist die schönste Braut. Sorry Linda, aber wenn ich mit Sarahs Haaren fertig bin, wird sie leider der wahre Engel sein", grinst Nele.

„Das macht nichts. Es ist ja heute auch ihr Tag nicht war Prinzesschen. Ich hoffe, dass deinem Tom genauso die Sprache wegbleibt wie Mike damals."

„Also", beginnt Nele, „das kann ich euch garantieren. Linda, hol doch bitte schon mal das Kränzchen raus. Und auch die Handschuhe und die Capes. Wir müssen uns ein wenig beeilen. Wir haben wirklich nur noch eine knappe Stunde Zeit."

Schnell nimmt sie die Lockenwickler aus den Haaren und kämmt ganz sanft die Frisur in Form. Sie nimmt Linda das Kränzchen ab und befestigt es vorsichtig. „Ich glaube, ich werde es noch mit ein paar extra Klämmerchen feststecken."

„So, und jetzt zieht mal bitte Eure Handschuhe an und schaut Euch im Spiegel an, ob Ihr zufrieden seid mit meinem Werk." Alle drei begeben sich ins Schlafzimmer. Linda hatte die ganze Zeit im Esszimmer schon kein Wort gesagt. Sarah schaut in den Spiegel. Sie erkennt sich kaum wieder. Ist sie das wirklich. Diese Traumfrau, die ihr da entgegenstrahlt? Das kann doch gar nicht sein. Sie fühlt sich so wunderschön.

„Oh Süße, ich bin fertig geschminkt, ich könnte so heulen wenn ich dich so sehe." Linda muss an sich halten. „Na meinst du mir geht es bei dir anders", antwortet Sarah. „Nele, du hast ein Meisterwerk hingelegt. Ich danke dir tausendmal."

„Na das freut mich doch. Und wehe ihr kleckert Euch noch voll. Ich werde mich jetzt vom Acker machen. Ich bin gleich auch an der Kapelle. Da sehen wir uns ja. Ich freu mich schon auf die dummen Gesichter der Männer. Also bis gleich. Ihr habt noch knapp zehn Minuten. Soll ich Euch noch bei Euren Capes helfen, oder bekommt Ihr das alleine hin?" „Das kriegen wir schon hin", entgegnen beide wie aus einem Munde.

Die beiden Freundinnen verabschieden Nele. „Mensch Linda, jetzt weiß ich, wie weich deine Knie waren. Ich hab das Gefühl, ich stehe auf Eiern."

Sie nimmt das schokofarbene Cape und legt es Linda um, dann nimmt sie ihr Cape. Linda stellt sich hinter Sarah und hält vorsichtig deren Haare und die Bänder vom Kränzchen hoch. „Hilfst du mir nachher in der Kapelle, das Cape auszuziehen?" bittet Sarah ihre Freundin. „Ja natürlich."

Kurz darauf klingelt es an der Tür. Lindas Vater kommt die Treppe hinauf. Linda fällt ihm quietschend um den Hals. „Wo ist Mama?" „Sie wartet schon an der Kapelle Schatz. Seid Ihr beide fertig? Ich bin Euer Chauffeur."

Linda schaut ihn verwundert an. Sie ruft kurz nach ihrer Freundin und als diese in den Blickwinkel des alten Herrn tritt, ringt dieser sichtlich um Fassung. „Mein Gott Mädchen, bist du geradewegs aus dem Himmel gekommen?" Sarah lacht nur. „Komisch, die gleichen Worte hat Sarah gerade zu mir gesagt Papa." „Naja komm, ich hab gesagt, wenn ich nicht wüsste, was du für ein Biest bist." Sanft knufft Linda ihre Freundin in die Seite.

Doch nun drängt Lindas Vater die beiden. Beide wickeln sich in ihr Cape. Als sie nach draußen kommen, trauen sie ihren Augen nicht.

Eine riesig lange Stretchlimousine steht vor der Tür. Die Türen stehen weit offen. „Sarah", Lindas Vater räuspert sich. „Ich habe deinen Brautstrauß abgeholt. Linda hat ihn ja in Auftrag gegeben. Er liegt im Wagen. Komm Ich helfe dir beim Einsteigen." Er reicht ihr die Hand und Linda zupft Sarahs Kleid zurecht. Dann steigt auch sie in das Auto ein. Ihr alter Herr nimmt hinter dem Steuer Platz und schon geht es los.

Sarah nimmt ihren Strauß in die Hand. Tränen glitzern in ihren Augen. „Er ist so schön", flüstert sie leise und dankbar.

Genau wie bei Lindas Strauß, wurde auch dieser Brautstrauß in Herzform gebunden. Allerdings aus rosafarbenen Orchideen. In dem Strauß sind, wie auch in dem Kranz auf dem Kopf, weiße Organzabänder eingewebt, an deren Enden jeweils auch wieder eine Orchideenblüte befestigt ist.

Langsam nähern sie sich der Kapelle. Sarah und Tom haben es so arrangiert, dass sie in der Kapelle von dem Standesbeamten getraut werden, und der Pfarrer direkt im Anschluss seinen kirchlichen Segen erteilt.

Tom soll in der Kapelle vor dem Altar auf sie warten. Mike steht vor der Kapelle, um Linda in Empfang zu nehmen. Lindas Vater begleitet Sarah zum Altar und übergibt sie dann an Tom.

Alle Gäste befinden sich schon in der Kapelle. Die Glocken läuten und die Orgel beginnt zu spielen, als die Limousine vor der Kirche stoppt.

Lindas Vater steigt aus und Mike und er helfen Linda beim Aussteigen. Mike nimmt seine Frau in die Arme und küsst sie zärtlich. „Du siehst einfach nur bezaubernd aus mein Liebling." „Warte, bis du Sarah siehst Schatz", erwidert Linda.

Herr Abu Khamel reicht nun der Braut die Hand und ist auch ihr beim Aussteigen behilflich. Linda schaut verstohlen ihren Mann an. Mike schaut auf Sarah, nein er starrt sie an. Was für eine Erscheinung, denkt er sich und er freut sich ehrlich für seinen besten Freund.

Zärtlich knufft Linda Mike in die Seite. „Hey, du bist mit mir verheiratet mein Schatz." „Das weiß ich, und ich will auch gar nicht tauschen, aber sie ist wirklich der pure Wahnsinn. Hoffentlich macht das Herz von unserem guten Kumpel den Anblick mit", grinst er nur.

Die beiden gehen vor und Sarah folgt ihnen am Arm von Lindas Vater in die Kapelle. Sie gehen bis vor den Altar.

Ein Raunen geht durch die kleine Kirche. Die Leute halten den Atem an. Einigen stehen die Tränen beim Anblick von Sarah in den Augen.

Als Mike und Linda sich seitlich neben Tom stellen und Tom nun das erste Mal einen vollständigen Blick auf Sarah werfen kann, haut es ihn fast um. Ihm bleibt der Mund offen stehen und er kann die Augen nicht von ihr wenden.

Das ist SEINE Sarah, gleich seine Frau, die Mutter seiner Kinder. Er kann sein Glück nicht fassen. Er betet ein leises Gebet. Lindas Vater reicht Sarahs Hand zu Tom. Sie schauen sich tief in die Augen und reine Liebe ist darin zu sehen.

Herr Abu Khamel setzt sich zu seiner Frau, die ihre Tränen nicht mehr halten kann und nimmt sie sanft in die Arme.

Der Standesbeamte und auch der Pfarrer treten vor das Brautpaar und beginnen mit der Trauung.

Sowohl Sarah, als auch Tom gestehen sich ihre Liebe und ewige Treue. Mit einem beiderseitigen festen JA schließen auch sie den Bund fürs Leben.

Nachdem der Pfarrer seinen Segen erteilt hat, die Ringe getauscht sind, nimmt Tom seine frisch angetraute Frau zärtlich in die Arme.

„Mein Liebling. Ich liebe dich über alles in der Welt. Ich kann mein Glück nicht in Worte fassen, aber ich hoffe, du fühlst, was auch ich fühle." Sarah schaut Tom tief in die Augen und nickt nur. Langsam beugt er sich zu ihr herunter und ihre Lippen vereinigen sich zu einem leidenschaftlichen Kuss.

- ENDE -